WALTER-JÖRG LANGBEIN
DAS SPHINX-SYNDROM

Meiner Lebensgefährtin
Barbara Kern
gewidmet

WALTER-JÖRG LANGBEIN DAS

SPHINX SYNDROM

Die Rückkehr der Astronautengötter

Eine neue Schöpfung
hat begonnen

Langen Müller

Fremdsprachige Ausgaben:
Bulgarien, Lettland, Polen, Tschechien

Besuchen Sie uns im Internet unter:
http://www.langen-mueller-verlag.de

4. Auflage September 2003 – Sonderproduktion

© 1995 by Langen Müller in der
F. A. Herbig Verlagsbuchhandlung GmbH, München
Alle Rechte vorbehalten
Umschlagentwurf: Wolfgang Heinzel
Umschlagfoto: The Image-Bank, München
Satz: Schaber Satz- und Datentechnik, Wels
Gesetzt aus der 11/13 Punkt September auf Scantext 2000
Druck: GGP Media, Pößneck
Printed in Germany
ISBN 3-7844-2534-8

Inhalt

Zum Geleit

Zu Füßen der Cheopspyramide ruht majestätisch, aus gewachsenem Fels gehauen, das vielleicht rätselhafteste Werk von Menschenhand: die große Sphinx. Dargestellt wurde vor rund fünf Jahrtausenden ein Wesen, das urzeitlichen Mythen entsprungen zu sein scheint: ein Löwe mit menschlichem Haupt.

Viele Jahrhunderte lang tat man die Sphinx als märchenhaftes Fabelwesen ab. Doch schon der Mediziner Karl Gustav Carus, ein Freund Goethes, vermutete Ende des 18. Jahrhunderts, daß dieses rätselhafte Wesen auf »eine Wissenschaft aus Urzeiten, die verlorengegangen ist« hinweise.

Auf was für eine »verlorengegangene Wissenschaft«? Die Sphinx, 57 Meter lang, 20 Meter hoch, ist zwar das größte Exemplar ihrer Art, doch keinesfalls einzigartig, alles andere als ein Unikat.

Sphinxe wurden in Ägypten vor Jahrtausenden zu Tausenden in Stein verewigt. Jahrtausendealte Darstellungen sphinxartiger Wesen sind heute zum Beispiel im Archäologischen Museum von Bagdad zu bestaunen. Da gibt es unter anderen ein kurioses Figürchen: Auf dem menschlichen Leib einer Frau mit zierlichen Brüsten thront ein monströses Haupt. Auch den Eingang des Ischtar-Tempels von Babylon zierten vor Jahrtausenden sphinxartige Wesen, geheimnisvolle Fabeltiere, scheinbar zusammengesetzt aus verschiedenen Tierarten. Im Louvre finden sich wieder andere Sphinx-Wesen, zum Beispiel der »Becher des Gudea«, gut

4000 Jahre alt. Er trägt eine Gravur, die ein Mischwesen aus Vogel, Schlange und Mensch zeigt.

Heute erfahren wir fast tagtäglich aus den Medien, wie weit Wissenschaftler auf dem Gebiet der Gentechnik gekommen sind. Es scheint nur noch eine Frage der Zeit zu sein, bis moderne Frankensteins die genetischen Anlagen von verschiedenen Arten zu neuartigen, bislang unbekannten Wesen mixen können werden. Denkbar sind dann auch Sphinx-Wesen wie Mensch-Tier-Kombinationen. Was künftige irdische Wissenschaftler bewerkstelligen können, dazu scheinen außerirdische Experimentatoren bereits heute in der Lage zu sein. Fast tagtäglich werden aus den USA entsetzliche Fälle von Tierverstümmelungen gemeldet. Viele Wissenschaftler versuchen das blutige Gemetzel totzuschweigen, doch immer mehr mutige Experten untersuchen das unheimliche Massaker. Das Resultat ihres Forschens: Da werden Tieren mit hypermodenen Instrumenten innere Organe entfernt, manchmal ganze Körperteile chirurgisch abgenommen, da wird auf unbekannte Art oft das gesamte Blut aus den Kadavern extrahiert. Es kommen Instrumente zum Einsatz, die irdischen Wissenschaftlern erst in (ferner?) Zukunft zur Verfügung stehen dürften.

Die Cherokee-Indianer sagen zu diesen Vorfällen: »Das tun die Sternenmenschen!« Wirken Außerirdische als »Jack the Rippers« aus dem All?

Fast tagtäglich kommt es auch zu Entführungen von Menschen. Sie werden an Bord von UFOs genommen und erleben, wie Kleinwüchsige außerirdische Tiere wissenschaftlich zu Tode sezieren. Aber auch mit menschlichen Entführungsopfern wird experimentiert. Männern werden Samenproben entnommen, Frauen werden künstlich befruchtet, nach Monaten wieder entführt und ihrer Embryos beraubt.

Die Außerirdischen sind dabei, eine neue Schöpfung zu kreieren. Sie arbeiten an monströsen Mischwesen, an Kreationen, zusammengesetzt aus verschiedenen Arten. Sie mischen außerirdische, menschliche und tierische Gene. Sie produzieren zum Beispiel Riesen, die oft in unseren Tagen im Zusammenhang mit UFO-Sichtungen gemeldet werden.

Was da geschieht, ist nicht neu. Schon in grauer Vorzeit kamen Außerirdische zur Erde, vermengten eigene mit menschlichen Erbanlagen. Riesen entstanden. Schon vor Jahrtausenden schufen die Besucher aus dem All Monster, etwa in Ägypten und auf der Osterinsel. Den Genlabors dieser Fremden entsprangen alten Geschichtsbüchern zufolge auch die Sphinxe.

Kein Wunder, daß die Fremden aus dem All in grauer Vorzeit ob ihrer Macht als »Götter« verehrt wurden!

Die Astronautengötter der Vorzeit sind zur Erde zurückgekehrt. Eine neue Schöpfung hat begonnen, die freilich sehr an einen Alptraum erinnert.

Wir wissen aus uralten, heiligen Überlieferungen, daß die Astronautengötter mit brachialer Gewalt modernste (atomare?) Waffen einsetzten, grauenhafte Ausrottungen inszenierten, wenn sie mit »Produkten« ihrer Experimente nicht zufrieden waren. Wie werden sie sich künftig uns Menschen gegenüber verhalten? Wenn neue »Adams und Evas« entstehen – was wird aus den Überbleibseln der ersten Schöpfung, aus uns Menschen?

Das »Sphinx-Syndrom« schlägt eine Brücke zwischen grauer Vorzeit und Gegenwart. Es zeichnet die Geschichte des intelligenten Menschen auf. Nur wenn wir unsere Herkunft als Menschheit kennen, haben wir eine Chance auf Zukunft. Alle Fakten müssen auf den Tisch – mögen sie auch noch so unangenehm sein.

Walter-Jörg Langbein

11

Vorwort:
»Big Mama« oder »Jack the Ripper« aus dem All?

Wir schreiben den 31. März 1977. Gegen 22 Uhr schließt sich die Wolkendecke über Sterling, Colorado, USA. Kein Stern blinkt mehr am Himmel. Auch der Mond ist nicht mehr zu sehen.

Die tief hängenden Wolken sinken noch tiefer, wirken erdrückend schwer, unheimlich, ja bedrohlich. Plötzlich taucht ein UFO auf. Es scheint riesig zu sein, fast greifbar nah. Ein gewaltiges Quadrat mit einer Seitenlänge von etwa 100 Metern kriecht langsam unter den Wolken dahin. Es strahlt in warmen Orangetönen, pulsiert wie ein lebendes Wesen, wechselt von Minute zu Minute die Farbe, und das in einem fließenden Wandel. Es wird rot, kurz darauf grün.

Kein Geräusch geht vom UFO aus. An seiner Unterseite tauchen kleine Lichtpunkte auf, rotieren und lösen sich vom großen Objekt. Sie streben in alle Himmelsrichtungen davon, sausen mit atemberaubender Geschwindigkeit davon, auch in die Höhe, wo sie die Wolkendecke durchbrechen, um aus dem Blickfeld zu verschwinden. Wenige Minuten später tauchen sie wieder auf, um in den Hauptkörper zu versinken.

Die meisten Bewohner von Sterling, Colorado, schenken dem grandiosen Schauspiel am Himmel ihrer Stadt kaum Aufmerksamkeit. Was da am 31. März 1977 geschah, gehörte nämlich in jenen Tagen schon fast zur Normalität, zur Routine.

Irgendwann im November des Jahres 1976 fing es an, dauerte bis ins Frühjahr 1977 an. Fast jede Nacht tauchten sie auf: das Riesen-UFO und seine Trabanten.

Die meisten Bürger zucken bald nur noch mit den Achseln, gehen zur Alltagsroutine über. Nur die Farmer aus Sterling und Umgebung sind wütend und empört. Sind viele von ihnen doch davon überzeugt, daß es sich bei dem Flugobjekt um ein Riesenraumschiff handelt. Und daß mit den Ablegern Wesen aus dem All landen, Wesen wie Jack the Ripper, die ihr Vieh abschlachten.

Die Angst der Bauern ist alles andere als unbegründet. 72 tote Rinder haben sie in wenigen Wochen auf ihren Weiden gefunden, alle grausam verstümmelt. Niemand kann sagen, wie die Tiere getötet wurden. Die Kadaver sind fast immer blutleer, und keiner kann sagen, wie das Blut aus den Tieren entfernt wurde, was damit geschah.

Auch weiß niemand, wie den Tieren die entsetzlichen Wunden beigefügt wurden. Raubtiere kommen ebensowenig in Frage wie irrsinnige Tierquäler der perversen Art.

Die Wunden sind den Tieren mit chirurgischer Präzision wissenschaftlich exakt zugefügt worden. Teile wurden von kundigen Operateuren entfernt, manchmal innere Organe, manchmal die Geschlechtsteile, Euter, Augen, Zunge, auch Stücke vom Darm. Manchmal wurden Fleischpartien bis auf die Knochen säuberlich entfernt. Und das offenbar mit High-Tech-Werkzeug.

Nie gab es auch nur die geringste Blutspur. Dabei müßten doch die armen geschundenen Tiere förmlich im eigenen Blut schwimmen bei den massiven, entsetzlichen Wunden, die ihnen zugefügt wurden. Von wem?

»Das waren die Jack-the-Rippers aus dem All!« meinen Farmer. »Das können nur UFO-Wesen getan haben!«

Sheriff Lou Girodo, der als Chefermittler im Auftrag des

Bezirksstaatsanwalts die grausamen Tierverstümmelungen untersucht, gibt ihnen recht: »Tatsächlich ist es sehr wahrscheinlich, daß das, was mit den Tieren geschieht, auf das Konto von Kreaturen aus dem Weltall geht!«

Die Vermutung des Sheriffs mag kühn anmuten, ist aber keineswegs nur bloße Spekulation, alles andere als unbegründet. Stets wurden in unmittelbarer Umgebung der Fundorte der verstümmelten Tiere rätselhafte Abdrücke gefunden, kreisrund, mehrere Zentimeter tief. Als seien da Objekte gelandet, die mit steifen Füßen auf (metallenen?) Platten standen, vergleichbar mit der Mondfähre, die die ersten Menschen auf unseren Trabanten brachte.

Zwei Farmarbeiter melden eine unheimliche Begegnung, die die UFO-These zu bestätigen scheint. Auf ihrer Farm südwestlich von Sterling waren wiederholt Rinder auf die unheimliche Art getötet worden. Wachen wurden postiert, rund um die Uhr. Auch auf dem Getreidesilo der Farm.

Gegen vier Uhr morgens taucht ein UFO auf, hellstrahlend überschwemmt es die Landschaft mit unheimlichem Licht. Drei Wesen werden sichtbar. Sie werden später von Augenzeugen als »menschenähnlich« beschrieben, sollen sich aber nicht wie Menschen bewegt haben. »Sie gingen nicht, sie liefen nicht, sie schwebten über dem Boden.«

Die Polizei wird alarmiert, doch die Gestalten sind wie vom Erdboden verschluckt, auch das UFO.

Zwischen November 1976 und Februar 1977 wurden im Großraum Sterling fast jede Nacht ein riesengroßes UFO und Trabanten gesichtet. Tausende Menschen sahen die Besucher. Immer wieder. So erregte das merkwürdige Phänomen bald keine Aufmerksamkeit mehr.

Allein schon die enorme Zahl an Augenzeugen kann keinen Zweifel mehr an der Realität der Sichtungen zulassen. Darüber hinaus gibt es aber auch handfeste Beweise.

Polizeibeamter Keith Wolferton, vom Sheriffbüro Great Falls, Montana, ist mit der Untersuchung des Falls beauftragt. »Big Mama and her babies«, »Große Mutter und ihre Babys«, nennen die Einheimischen das Riesen-UFO und seine Trabanten. Eine eher zärtliche, irgendwie unpassend-beschönigende Bezeichnung, wenn man an die grausamen Tierverstümmelungen denkt.

Keith Wolferton: »Wir haben eine klare Radarsichtung. ›Big Mama‹ wurde in einer Höhe von 7000 Metern geortet. In dreieinhalb Sekunden stieg das Objekt um weitere 8000 Meter.«

Kein bekanntes irdisches Fluggerät ist zu solch einer Leistung imstande.

Eine unheimliche Begegnung mit »Big Mama« hatten Rancher Pat McGuire und sein Cousin Mark Murphy. Bei einem nächtlichen Jagdausflug sahen sie aus etwa drei Kilometer Entfernung durch die Zielfernrohre ihrer Waffen ein riesiges Flugobjekt zur Erde sinken. Im Tiefflug schwebte es, schräg stehend, über einen steil abfallenden Berghang, berührte dabei fast den Erdboden.

Rote, gelbe, blaue und weiße Lichter, so die beiden Zeugen, rotierten sowohl an der Ober- wie auch an der Unterseite des Objekts.

Pat McGuire: »Es schwebte über einer Koppel, auf der ein Muttertier mit seinem Kalb stand. Erst hörten wir das angsterfüllte Muhen und Blöken der Tiere, das sich zu Panikgeschrei verstärkte. Dann war alles plötzlich unheimlich, ja gespenstisch still. Als wir Stunden später nachsahen, war nur noch das Kalb da. Das Muttertier war spurlos verschwunden.«

Von einem UFO entführt?

Sheriff Tex Graves aus Sterling: »Das ist durchaus möglich!« Der Gesetzeshüter mußte Hunderte verstümmelter Tiere untersuchen. »Tiere, die auf eine Art und Weise getötet worden waren, die unbeschreiblich ist. Davon bekomme ich noch heute Alpträume!«

Immer wurden »Big Mama« und ihre Trabanten am jeweiligen »Tatort« gesehen.

Sheriff Tex Graves hat einen Flugschein. Immer wieder stieg er in seine Sportmaschine, wenn »Big Mama« auftauchte, versuchte, dem riesigen Flugobjekt näher zu kommen. »Aber vergeblich! Das Ding ging immer auf Distanz! Näher als fünf Meilen kam ich nie heran!«

Chefuntersucher Lou Girodo: »Wer für diese Tierverstümmelungen verantwortlich ist? Sehr wahrscheinlich Kreaturen, die nicht von unserem Planeten, sondern aus dem Weltall stammen!«

Berichte über Besucher aus dem All gibt es schon seit Jahrtausenden, von Wesen, die von den Sternen zur Erde kamen. Sie gingen als Götter in Mythen, heilige Bücher und Religionen ein.

Höhlenmalereien zeigen sie ebenso wie als Kultobjekte verehrte Statuen. Alles spricht dafür, daß diese Götter der Vorzeit zur Erde zurückgekehrt sind.

Der Mensch entstand in grauer Vorzeit als künstliches Produkt wissenschaftlicher Versuche, durchgeführt von Außerirdischen. Diese Fremden, diese Astronautengötter, sind zur Erde zurückgekehrt. Um zu beobachten, wie ihr Projekt »Testlabor Erde« gediehen ist.

Wir Menschen sind in diesem Spiel nichts anderes als ihre »Versuchskaninchen«, ob uns das gefällt oder nicht.

Teil I

Genesis – Sie schufen Menschen und Monster

»Die Menschheit, so wie wir sie heute kennen, geht auf wissenschaftliche Experimente zurück, die außerirdische Besucher in grauer Vorzeit durchführten.«

(Erich von Däniken)

1   Testlabor Erde – Testprodukt Mensch

In grauer Vorzeit errichteten die Astronautengötter ein Testlabor. Auf dem Grund des Meeres. Zweck: Erschaffung des intelligenten Menschen. Was sich nach moderner Science-fiction anhört, wurde schon vor Jahrtausenden beschrieben. Und zwar in der Bibel.

Wir kennen den Text wohl alle – freilich nur in einer arg verstümmelten, verfälschten Fassung. Von der »Genesis«, vom Schöpfungsbericht des Alten Testaments ist die Rede.

Am Anfang ...

Will man den Genesis-Text wirklich verstehen, muß man ihn im hebräischen Original lesen, Wort für Wort neu übersetzen. Das habe ich während meines Studiums der Theologie ausgiebig getan.

Der wohl bekannteste Satz der Bibel überhaupt ist: »Am Anfang schuf Gott den Himmel und die Erde.« Leider enthält dieser Satz, so wie wir ihn aus gängigen Bibelausgaben kennen, gleich eine Reihe von Übersetzungsfehlern, die den ursprünglichen Sinn des Textes stark verfälschen, ja völlig verbergen.

So müßte »Am Anfang« präziser mit »Aus dem, was am Anfang war« wiedergegeben werden. Das heißt: Hier wird nicht von der Erschaffung unserer Welt aus dem Nichts geschrieben. Vielmehr wird etwas aus bereits Bestehendem, Vorhandenem fabriziert. Von wem?

Von Gott – sagen unsere modernen Übersetzungen.

Im Originaltext ist aber nicht von Gott in der Einzahl die Rede, sondern von den Elohim, von Göttern in der Mehrzahl. Was schufen diese Elohim aus dem Vorgefundenen? Und wo? Im 1. Buch Mose, Kapitel 1, Vers 2 erfahren wir, daß der »Geist Gottes« über den Wassern schwebte. Auch hier haben emsige Übersetzer, die sich dem Eingottglauben verpflichtet fühlten, aus den Elohim-Göttern Gott in der Einzahl gemacht.

Schwierigkeiten hatten sie mit dem, was über den Wassern schwebte. Liest man den Originaltext, hört sich die Sache ganz anders an: »Und das Brausen (oder: das Schnauben) der Götter schwebte über dem Meer.«

Sollte damit ein Raumschiff der Astronautengötter gemeint sein, das die Meeresfluten aufwirbelte? Der Gedanke bietet sich an!

In den Versen 6 und 7 des 1. Buches Mose, Kapitel 1, wird es dann spannend: Die Götter bauen etwas. Und zwar mitten im Wasser. Genauer gesagt: unter dem Wasser, auf dem Meeresgrund.

Sie errichteten eine Kuppel, ein künstliches Gewölbe. Wörtlich heißt es: »Die Götter errichteten ein festes Gewölbe inmitten der Wasser und trennten das Wasser oberhalb und unterhalb der Kuppel.«

Leider enthält der biblische Text weder geographische Angaben noch nähere Informationen zur Beschaffenheit der Kuppel. Der wohl bekannteste Sammler jüdischer Mythen und heiliger Texte, Louis Ginzberg, stellt fest, daß in außerbiblischen, uralten Texten sehr wohl konkrete Hinweise auf besagte Kuppel zu finden sind. In Texten, die zwar bei den Juden des Alten Israel als heilig angesehen, aber nicht ins Alte Testament aufgenommen wurden.

Demnach war die Kuppel durchsichtig, aus extrem hartem Material gefertigt und nur »drei Finger dick«. Damit sie die auf ihr ruhenden Wassermassen tragen konnte, war sie mit der »Kraft des Feuers« gehärtet worden.

Diese Kuppel wurde auf dem Grund des Meeres errichtet: von den Göttern. Zunächst war unter wie über dem Gewölbe Wasser. Dieser Sachverhalt wird im 1. Buch Mose, Kapitel 1, Vers 7, sehr exakt wiedergegeben: »Die Götter schieden zwischen den Wassern, die unterhalb der Kuppel waren, und dem Wasser, das oberhalb der Kuppel war.« Als nächster Schritt wurde das Wasser aus der Kuppel herausgepumpt. Folge (siehe 1. Mose 1,9): »Es wurde sichtbar das Trockene.« Das nunmehr trockene Land, der Meeresboden, wurde von den Astronautengöttern bearbeitet, kultiviert. 1. Buch Mose, 1. Kapitel, Vers 11: »Und die Götter sprachen: Das Land lasse hervorsprießen Gesproß, Kraut, Samen bringend, Fruchtbäume, Frucht tragend.« Schließlich fixierten die Götter »Lampen« (Scheinwerfer) an der Kuppel. »Um zu scheiden zwischen dem Tag und der Nacht. Und sie seien zu Zeichen und Zeiten zwischen den Tagen und den Jahren.«

1. Mose 1, Vers 26, verrät, was die Götter mit der Unterwasserstation vorhaben.

Wieder wörtlich aus dem Original übersetzt: »Und die Götter sprachen: Lasset uns einen Menschen machen, in unserem Bilde, nach unserer Ähnlichkeit.«

Es fällt auf, wenn wir zu heutigen Übersetzungen greifen, daß in Vers 26 die Mehrzahlform von Gott erhalten blieb: »Lasset uns Menschen machen!«

Offenbar wurde hier ein Bruchstück korrekter, ursprünglicher Übersetzung bis in unsere Tage gerettet. Um Einwänden vorzubeugen: Der »Pluralis majestatis«, die Pluralform, in der Kaiser und Könige der Vergangenheit zu sprechen pflegten und die heute noch gelegentlich von Buchkritikern angewendet wird, um sich vom niederen Volk zu unterscheiden, war zu biblischen Zeiten vollkommen unbekannt. Auch die Interpretation, es sei deshalb von »uns« die Rede, weil damit Gottvater, Sohn und Heiliger Geist gemeint seien, also die sogenannte Trinität, ist nichts anderes als nachträgliche fromme Umdeutung. Die christliche Lehre von der Dreifaltigkeit war zu biblischen Zeiten des Alten Testaments vollkommen unbekannt.

Zurück zum Text des Alten Testaments. Die Götter bauten auf dem Grund des Meeres ein Testlabor, eine kleine, überschaubare und kontrollierbare Miniaturwelt. Ähnlich gehen heutige Gentechniker vor. Ihre Geschöpfe entstehen auch nicht in der freien Natur, sondern in Testlabors, wo alle nur denkbaren Einflüsse von den Experimentatoren nach Belieben verändert werden können. Laut Schöpfungsbericht entstand diese Welt in nur wenigen Tagen.

Bibelkritiker haben immer eingewandt, es sei undenkbar, daß unsere Welt in einer Woche aus dem Nichts geschaffen wurde. Außerirdischen Wissenschaftlern aber mag es durchaus möglich gewesen sein, auf dem Grund des Meeres ein Testlabor innerhalb weniger Tage aufzubauen.

Adam und seine Kinder

Laut Genesis (1. Mose 2, Vers 21) schufen die Götter Eva aus einer Rippe Adams. Diese Aussage bereitet auch heute noch Bibelforschern Kopfzerbrechen und verleitet Atheisten zu unangebrachtem Grinsen. Eine Erklärung ist möglich: Der biblische Text basiert auf älteren sumerischen Texten. Das sumerische Keilschriftzeichen für »Rippe« heißt »ti«. »T.« hat aber noch eine weitere Bedeutung: »Lebenskraft«. Bietet sich da nicht eine neue, dem Zeitalter der Gentechnik angemessenere Interpretation förmlich an: »Die Götter nahmen von Adams Lebenskraft?«

Die Lebenskraft hat ihren Sitz in der Zelle. Ein Gen ist der

Informationsträger der Vererbung. Die Grundinformation liegt bereits im DNS-Molekül. Verändert man die Basenreihenfolge in einem DNS-Molekül, so schafft man durch diese künstliche Mutation ein Gen mit anderen Erbfaktoren.

So entsteht beispielsweise aus einem »dummen Affen« ohne Sprachzentrum ein intelligenter Mensch, der sich sprachlich artikulieren kann. Damit das so veränderte Wesen aber kein Einzelexemplar bleibt, sich fortpflanzt und vermehrt, müßte der mutierte, veränderte Chromosomensatz auch einem weiblichen Exemplar eingepflanzt werden.

Dieser Vorgang, zumindest aber eine künstliche Befruchtung wird wiederum in der Bibel beschrieben, im 1. Buch Mose, im Vers 25 des Kapitels 4. Das lassen heutige Übersetzungen kaum vermuten. Steht da doch lapidar: »Und Adam erkannte nochmals sein Weib, und sie gebar einen Sohn und nannte ihn Seth, denn gewährt hat mir Gott einen anderen Samen für Abel, welchen Kain erschlug.«

Erst die wörtliche Übersetzung macht deutlich, was gemeint ist. Seth (oder Schet) heißt zu Deutsch »der Setzling«. Oder »der Eingepflanzte«. Vers 25 wörtlich übersetzt: »Und Adam schwängerte nochmals seine Frau, und sie gebar einen Sohn, den nannte sie Setzling (oder: Eingepflanzter), denn gesetzt haben mir die Götter fremden Samen für Abel, welchen der Kain erschlug.«

Eine sorgsame Analyse des Originaltextes verrät: Hier wurden offensichtlich zwei verschiedene Sätze miteinander vermischt. Der eine Satz ist in der dritten Person verfaßt: »Und Adam schwängerte ... und sie gebar.« Der andere, aus einer vermutlich älteren Quelle stammend, steht in der ersten Person. Da berichtet Eva selbst: »Denn gesetzt haben mir die Götter fremden Samen für Abel, welchen der Kain erschlug.«

In »Nala und Damayanti«, einem Teilstück aus dem alt-

22

indischen Epos »Mahabharata«, wird unabhängig vom Alten Testament und Jahrtausende früher entstanden, ein ähnlicher Vorgang beschrieben. Da erfahren wir, daß der Mächtigste seiner Zeit, ein gewisser Bhima, einen einzigen großen Wunsch hatte, der ihm bislang unerfüllt blieb.

Er wollte einen Nachfolger, anschließend noch weitere Kinder. Davon erfuhr der Rsi, der Vermittler zwischen den himmlischen Göttern und den Menschen. Als Rsi einige Zeit beim königlichen Ehepaar weilte, wurde ihm die detailreiche Wunschliste vermittelt, eine exakte Beschreibung, wie die Kinder aussehen sollten. Rsi gab diese Informationen an Gott Dhamana weiter. Der ließ drei »Knaben- und drei Mädchenperlen« anfertigen. Die wurden der Königin, Bhimas Frau, einverleibt, und sie wurde schwanger. In der gewünschten Reihenfolge gebar sie drei Knaben und drei Mädchen, die alle exakt so ausfielen, wie sich das Herrscherpaar sie gewünscht hatte.

Vom »Mahabharata« zum wahrscheinlich ältesten Text der Weltgeschichte überhaupt, zum »Gilgamesch-Epos«. Auf der ersten Tafel dieses altsumerischen heiligen Buches wird behauptet, Gilgamesch sei nur zu einem Drittel Mensch, zu zwei Dritteln aber Gott gewesen.

Wie in der Bibel soll die trostlose Einsamkeit Gilgameschs durch einen Gefährten gemindert werden. Das fordert der Held nachhaltig, beschwert er sich doch bei Gottheit Aruru: »Du, Aruru, schaff mir ein Bild, ein Wesen, doch nicht nur ein Tier der Wüste.«

Enkidu wird kreiert, dabei aber ausdrücklich betont, daß er ursprünglich »wie ein Tier« gewesen sei, »mit den Tieren an der Tränke« soff und auch bei den Tieren schlief. Erst durch göttliche Manipulation wird er vom wilden Tierwesen zum intelligenten Menschen.

Es geht dem Verfasser nicht darum anzuzweifeln, daß es eine stete Entwicklung vom primitiven Einzeller zum affenähnlichen Vorfahren des Menschen gab. Daran gibt es keinen Zweifel. Die Kernfrage betrifft nur den Sprung in der Entwicklung zum intelligenten Wesen. Zum Homo sapiens.

Verantwortlich für diesen »Sprung« sind nach den alten Überlieferungen die Götter aus dem All.

Stufe II der Labortests

Wo genau sich das Testlabor der Götter auf dem Meeresboden befand, wird im Alten Testament leider nicht angegeben. Die Bibel enthält aber eine präzise Beschreibung der Zerstörung dieser Anlage durch die Götter selbst: das Ende von Phase I der Labortests.

Im 1. Buch Mose (Kapitel 6, Verse 11 und 12) beschließen die Götter, die meisten Lebewesen ihres Testlabors zu vernichten. Nur wenige Auserwählte sollen überleben. So erhält Noah den Auftrag, eine Arche zu bauen. (1. Buch Mose, Kapitel 6, 14–16.) Die Götter geben genaue Anweisungen. So entsteht ein kastenförmiges Schiff (133,5 m lang, 22 m breit und 13,4 m hoch), von der Wasserverdrängung her in etwa vergleichbar mit der legendären »Titanic«.

Liest man die Beschreibung der Arche genau, und dazu reichen gängige Bibelübersetzungen, dann glich sie freilich mehr einem U-Boot als einem herkömmlichen Schiff. Sie wird nämlich rundum wasserdicht gemacht, nicht nur am Rumpf, also tauchfest. (»Mache dir einen Kasten von Tannenholz und verpiche ihn mit Pech inwendig und auswendig!« 1. Buch Mose, Kapitel 6, Vers 14.)

Erst als alle zu rettenden Lebewesen verstaut sind, öffnen die Götter »die Schleusen der Kuppel«. (1. Buch Mose, Kapitel 7, Vers 11, wörtliche Übersetzung!) Das Testlabor auf dem Meeresboden wird geflutet. Wassermassen brechen von oben (!) ein, überschwemmen wieder das einst trockengelegte Land. Noch steht die Arche auf dem Trockenen, das ändert sich aber schnell. Sie steigt und steigt, höher und höher.

Kurzzeitig wird sie zum »U-Boot«, ist von Wasser umschlossen, schaukelt aber schon bald auf dem Meer. Die von den Göttern auserwählten Tiere und Menschen sind gerettet, alle übrigen Lebewesen ertrinken jämmerlich.

Zu den überlebenden Menschen gehörte Noah. Der aber war, so weiß es die Lamech-Rolle (ein apokrypher Bibeltext) zu berichten, ein Produkt der »Wächter des Himmels«.

Die im Testlabor erzeugten Menschen sind aus der begrenzten Miniaturwelt auf dem Meeresboden in die »Freiheit« entlassen worden. Die Besiedelung der Erde konnte beginnen. Und damit Stufe II des Plans der Götter.

Die Götter oder »Söhne des Himmels« erscheinen uns aus heutiger Sicht in einem alles andere als positiven Licht. Sie waren Experimentatoren, die Lebewesen kreierten, beobachteten und dann ohne ersichtliche Gefühle beschlossen, welche Exemplare überleben durften und welche getötet wurden. So erinnern sie uns in ihrem Verhalten an Wissenschaftler unserer Tage, die keine Gefühle welcher Art auch immer für ihre Versuchskaninchen entwickeln.

Im Verlauf der Menschheitsgeschichte sollten die Astronautengötter immer wieder in das Leben der Menschen eingreifen. Bevorzugt wählten sie kleine, überschaubare Gruppen aus, die sie vom Rest der Welt isolierten.

Adam hat gelebt

Wer an »Adam und Eva« als Individuen glaubt, die wirklich gelebt haben, findet sich auch in unserer vermeintlich doch so aufgeklärten Welt und Zeit meist hämischem Spott ausgeliefert. Dabei entspricht es dem aktuellen Forschungsstand, daß sie alles andere als fiktive Gestalten sind.

Umstritten ist lediglich noch die Frage, wie viele »erste Menschen« als unsere Vorfahren angesehen werden müssen.

1986 untersuchte der amerikanische Genetiker Douglas C. Wallace von der Emory-Universität, Atlanta, mit seinem Team bestimmte Bestandteile der menschlichen Erbanlagen, die Mitochondrien. Ergebnis: Alle heute lebenden Frauen gehen auf vor 100 000 Jahren in Afrika lebende Frauen zurück – auf »Evas«.

Douglas C. Wallace blieb in der wissenschaftlichen Welt nicht allein. Die Genetiker J. S. Jones und S. Rouhani, University College, London, sowie Jim S. Wainscoat und Team, Universität Oxford, kamen nach Untersuchungen der geographischen Verteilung der Abarten eines Bestandteils des menschlichen Bluts (Beta-Globulin) zur Erkenntnis, daß etwa vor 100 000 Jahren in Afrika sechs Frauen lebten, die als »Evas« der heutigen Menschheit angesehen werden müssen.

Und im Frühjahr 1994 veröffentlichte der Tübinger Immungenetiker Professor Dr. Jan Klein eine Forschungsarbeit, die er mit Kollegen aus Japan und den USA erstellt hatte. Demnach geht die heutige Menschheit auf wohl mindestens 500, vielleicht auch 10 000 Individuen zurück.

Nach uralten heiligen Überlieferungen entstanden die »Adams und Evas« nicht zufällig. Zu intelligenten Wesen wurden sie, weil außerirdische Besucher auf der Erde Manipulationen vornahmen. Nach heutigem Verständnis waren das Eingriffe in die Gene.

»Nichts ist unglaubwürdiger als die Wirklichkeit!« (F. M. Dostojewski.)

Exkurs in die Gegenwart:
Kampf um Planet Erde

Seit Jahren läuft in den USA eine Vielzahl von Prozessen gegen Militärbehörden und Geheimdienste. Weil die Verfassung jedem Bürger Informationsfreiheit zusichert, so argumentieren die Kläger, dürften amtliche Dokumente über UFOs und Besuche von Außerirdischen auf der Erde auf keinen Fall geheimgehalten werden. Solche Prozesse ziehen sich nicht selten lange hin, verlaufen aber oft sehr erfolgreich. So wurden in den vergangenen Jahren schon Tausende Seiten geheimer UFO-Dokumente per Gerichtsbescheid freigepreßt.

Die führenden UFO-Experten sind aber überzeugt, daß erst ein kleiner Teil des geheimen Materials der Öffentlichkeit zugänglich gemacht wurde.

Seit Mitte der 80er Jahre verfolge ich eine interessante Spur. Es geht dabei um Dokumente, verfaßt von hohen Militärbehörden, wonach die Erde seit etwa 50 Jahren Besuch von Außerirdischen erhält. UFO-Forscher und Fachautor Robert C. Girard aus New York hatte allem Anschein nach mehr Glück als ich. Er erhielt von »einem hochrangigen US-Militär« Einblick in einige der gesuchten Akten.

Demnach wird die Erde seit den 40er Jahren unseres Jahrhunderts von zwei miteinander verfeindeten Gruppen von Außerirdischen besucht, die von Zeta Reticuli kommen.

Die erste Gruppe wird wie folgt beschrieben: kleinwüchsige Wesen mit großen Augen und grauer Hautfarbe. Diese Wesen behaupten, ihre Vorfahren hätten vor 30 000 Jahren die Erde besucht und durch genetische Manipulationen den Menschen geschaffen. Nun komme man wieder, wolle nachsehen, wie sich das Experiment entwickelt habe.

Angeblich warnen die kleinwüchsigen Außerirdischen

Vertreter der US-Regierung bereits seit Jahrzehnten vor der zweiten Gruppe. Deren Vertreter, großgewachsene, hellhäutige Typen, seien eine Bedrohung für Erde und Mensch – behaupten die Kleinen. Und angeblich steht ein Krieg der beiden Gruppen von Außerirdischen bevor – um den Besitz von Planet Erde inklusive lebendem und totem Inventar.

Die kleinwüchsigen Fremden sehen unseren Planeten als ihr Testlabor an. Und uns Menschen als die Nachfahren ihrer Versuchsobjekte.

»Ein Tag wächst aus dem anderen, ein Jahrhundert aus dem vorhergehenden heraus. Taten und Ereignisse, die sich scheinbar nicht begreifen lassen, schlagen ihre verborgenen Wurzeln in die Vergangenheit.« (Karl May.)

2 Das Atlantis der Südsee

Der wohl einsamste Flecken Erde ist die Osterinsel. Ganze 180 Quadratkilometer klein, ist sie von einer erdrückenden, gigantischen Meerwüste umgeben. 3600 Kilometer Salzwasser trennen sie von der Küste Chiles, 3200 von der Perus, 6200 vom Neuseelandstrand.

Ich bin überzeugt: Die Astronautengötter nutzten vor Jahrtausenden die kleine Insel als Testlabor und schufen geheimnisvolle Monsterwesen. Die isolierte Lage der Insel ließ sie für diesen Zweck als geradezu ideal erscheinen.

Wer war der erste?

Eine gute Woche besuchte ich die Osterinsel, fuhr tagelang im Jeep umher. Tage verbrachte ich allein im Ranu-Raraku-Krater, wo die Osterinselkolosse aus dem Vulkangestein gemeißelt wurden.

Der Steinbruch wirkt so, als habe gerade ein Zauberer mit einem magischen Trick Hunderte, ja vielleicht Tausende Arbeiter verschwinden lassen. Eben müssen sie noch hier gewesen sein, mitten in der Arbeit haben sie aufgehört – und sind verschwunden.

Es gibt am Rand des Steinbruchs fertiggestellte Riesenstatuen, die nur darauf zu warten scheinen, daß sie an ihre Bestimmungsorte irgendwo auf der Insel geschleppt werden. Andere sind erst halb fertig. Ihre Vorderseiten sind schon aus dem Stein gehauen, doch an den Rücken sind sie noch mit der gewachsenen Lava verbunden. Es sieht so aus, als ob sie aus dem Stein herauswüchsen, als sei da eine Art Geburtsprozeß im Gange.

Ich schreite eine der halbfertigen Statuen ab. 23 Meter ist sie lang. Erstaunlich, die Steinmetzen haben gewaltige Mengen Stein zwischen Figur und »Decke« herausgeschlagen. 1,82 Meter messe ich, auf einer Länge von 23 Metern!

Ich saß so manche Stunde im Steinbruch und hätte mich kaum gewundert, wenn die Arbeiter plötzlich wieder zurückgekehrt wären. Vielleicht nach einer regulären Pause. Oder nach einem Warnstreik für mehr Lohn. Tatsächlich wurde der Steinbruch bereits vor Jahrhunderten, wenn nicht gar vor Jahrtausenden verlassen. Warum? Das weiß niemand.

Thor Heyerdahls kühne Behauptung, die Steinkolosse seien »ganz leicht« herzustellen gewesen, konnte nicht bewiesen werden. Das Experiment des sympathischen Norwegers scheiterte kläglich. Seine Gehilfen schlugen wie wild auf den angeblich so weichen Stein ein, mußten schon nach Tagen aufgeben. Und in der Kraterwand zeigte sich, kaum erkennbar, der angedeutete Umriß einer bestenfalls mittelgroßen, eher kleinen Figur.

Unbekannt ist, warum die Produktion der Riesen eingestellt wurde. Unbekannt ist, wie sie aus dem Stein geschlagen, befördert und aufgestellt wurden.

Ja, die Unklarheiten um die Osterinsel fangen schon dort an, wo man doch eigentlich absolute Klarheit vermutet.

In jedem Lexikon steht, Jacob Roggeveen habe das Eiland Ostern 1722 entdeckt und nach dem hohen christlichen Fest benannt. Allem Anschein nach war aber Roggeveen keineswegs der erste. Andere Seefahrer sind ihm zuvorgekommen. 1578 stieß der spanische Seefahrer Juan Fernandez vor der Küste Chiles im Stillen Ozean, wo nach seinen sonst so verläßlichen Karten nur einsames Meer zu erwarten war, auf »ausgedehntes Festland«. Die Insel sei von kultivierten Menschen bewohnt gewesen. Staunend notierte der Kapitän in sein Logbuch: »Sie waren weiß und gut gekleidet, unterschieden sich in allem von den Bewohnern Chiles und Perus.«

Der Seemann war überzeugt, das geheimnisvolle Südland entdeckt zu haben, das viele Geographen jener Jahre irgendwo östlich von Neuseeland vermuteten.

Kaum wieder zurück im heimatlichen Hafen, plante Juan Fernandez eine gezielte Exkursion zum neuen Land, heimlich freilich. Niemand sollte ihm seine Insel, bei der es sich um die Osterinsel gehandelt haben muß, streitig machen. Doch aus der neuerlichen Reise wurde nichts. Der Kapitän starb.

1697 brach Freibeuter Eduard Davis, Pirat und Mann von derbem Humor, mit seinem Schiff »Bachelor's Delight« (»Freude des Junggesellen«) auf. Ziel: das Südland.

Auch er fand die Osterinsel, interessierte sich aber nicht für das armselige Fleckchen, ging nicht einmal an Land.

1671 hatte Arnold Roggeveen, ein geschäftstüchtiger niederländischer Weinhändler, das gleiche Ziel vor Augen. Er wollte mit den Bewohnern von Südland lukrative Handelsabkommen schließen. Freilich nahm sich der Amtsschimmel schon im 17. Jahrhundert viel Zeit, wenn es um die Bearbeitung eiliger Akten ging. So erhielt Roggeveen erst fünf Jahre später, 1676, die notwendigen Papiere und Genehmigungen für seine geplante Reise. Zu spät: Da konnte der Geschäftsmann die nötigen Kosten für ein solches Unternehmen nicht mehr tragen.

Ein halbes Jahrhundert später beschloß sein Sohn Jacob Roggeveen, den Traum des ehrgeizigen Vaters endlich zu verwirklichen.

Das gesuchte Südland fand er freilich nicht, dafür »entdeckte« er am 7. April 1722 die Osterinsel, vermutlich als dritter neuzeitlicher Seefahrer.

Roggeveen ist enttäuscht, geht kurz von Bord. An Land bemerkt er, daß die Eingeborenen »Idole aus Stein gehauen« anbeten. Die Bewunderung ob der handwerklichen Kunst der Osterinsulaner weicht bald unangebrachter Enttäuschung. Roggeveen untersucht nämlich eine der Statuen und kommt zum falschen Schluß, sie sei aus Lehm geformt.

Die Insel gerät schnell in Vergessenheit, 1870 taucht sie wieder auf. Der spanische Kapitän Don Felipe Conzales y Haeyda »schenkt« das Eiland der spanischen Krone. 1888 wird die Insel chilenisch.

Wer der erste neuzeitliche Entdecker der Osterinsel war, ist zumindest umstritten. Totales Chaos, babylonische Sprachverwirrung beherrscht die Szene, wenn es darum geht, woher die Bewohner der Osterinsel ursprünglich kamen.

Atlantis der Südsee

Schon zu Beginn des 20. Jahrhunderts stellte der britische Forscher Elliot Smith die These auf, die Osterinsel sei »vor langer Zeit« von Ägyptern besiedelt worden. Tatsächlich gibt es, wie die russischen Osterinselexperten Fjodr Petrowitsch Krendeljow und Alexandr Michailowitsch Kandratow feststellen, Ähnlichkeiten zwischen Hieroglyphen Ägyptens und der rätselhaften Osterinselschrift. Zufall?

Eine weitere Spur weist nach Indien. Erstaunlich viele Ähnlichkeiten zwischen den alten indischen Schriftsystemen, etwa Hindustans, den urindischen Schriften und den Zeichen der Osterinsel fallen auf.

Freilich gibt es da ein Problem: Die Schriften Indiens sind

mindestens 3500 Jahre alt, während die Zeichen der Osterinsel erst vor wenigen Jahrhunderten entstanden sein sollen.

Die Parallelen zwischen beiden Schriften sind aber unübersehbar, unbestreitbar!

1932 hielt der ungarische Forscher W. von Hevesey einen vielbeachteten Vortrag an der »Academie Française«. Kernsatz: 100 Schriftzeichen beider Systeme »stimmen überein«.

Der Wissenschaftler vertiefte sich weiter in die Materie, verglich weitere Schriftzeichen. Ergebnis: Beide Systeme haben etwa je 400 Schriftzeichen. 175 davon wurden sowohl auf der Osterinsel als auch in Indien benutzt. Da kann schwerlich der Zufall verantwortlich gemacht werden.

Doch noch erstaunlichere Parallelen wurden entdeckt. Vor etwa 6000 Jahren entstand im Zweistromland das »Gilgamesch-Epos«. Die Sprache, in der es verfaßt ist, weist Besonderheiten auf, die sie stark von allen übrigen Sprachen unterscheidet. So fehlen die sogenannten Hilfswörter, genau wie bei den Texten auf den Schrifttafeln der Osterinsel.

So wurden nicht einzelne Silben durch Zeichen, sondern ganze Wörter mit Hilfe einer einzigen Hieroglyphe dargestellt, genau wie bei den Schrifttafeln der Osterinsel.

Mehrere Erklärungen sind möglich:

1. Zweistromland- und Osterinsel-Kultur sind gleich alt und standen miteinander in Kontakt.

2. Beide Kulturen sind gleich alt und wurden beide von den gleichen Astronautengöttern besucht.

3. Beide Kulturen sind unterschiedlich alt, erhielten unabhängig voneinander Besuch von Außerirdischen.

Thor Heyerdahl plädiert dafür, daß die Osterinsel von Südamerika, von Peru aus, besiedelt wurde. Er behauptet, daß große Ähnlichkeit bestehe zwischen den Steingiganten Tiahuanacos in den Anden und den Osterinselriesen.

Ich selbst habe beide Statuentypen wiederholt vor Ort studiert und kann keine Übereinstimmung feststellen. Ich muß Professor Alfred Metraux beipflichten, der treffend schreibt: »Ich suchte vergeblich nach der kleinsten stilistischen Ähnlichkeit. In der Tat wäre es schwierig, sich eine unterschiedlichere handwerkliche Tradition vorzustellen.«

Inzwischen ist freilich Thor Heyerdahls These unwiderlegbar als falsch erkannt worden. Eine Arbeitsgruppe unter Leitung der Anthropologin Erika Hagelberg von der Universität Cambridge untersuchte die DNA von Menschen aus dem Raum Polynesien, aus Peru und von der Osterinsel. Ergebnis: Sollten jemals Kontakte zwischen der Osterinsel und Peru bestanden haben, dann können sie nur »kurzfristig und sporadisch« gewesen sein.

Fazit der »Ärztezeitung« (15. 6. 1994): »Die Ergebnisse sprechen nach Ansicht der Forscher für eine Besiedelung der Osterinseln von Polynesien her, dokumentieren aber auch eine Eigenständigkeit, die sicherlich Hunderte von Jahren währte.«

Bei meinem Besuch auf der Osterinsel mußte ich feststellen, daß die Einheimischen ob des Gelehrtenstreits über die Herkunft der Ureinwohner, ihrer Vorväter, arg belustigt sind.

Osterinsulaner Raul Teave, der sich wie kein zweiter Einheimischer auf dem rätselhaften Eiland auskennt: »Da gibt's keine Diskussionen mehr! Wir haben doch die Tatsachenberichte unserer Ahnen! Die Urheimat meines Volkes war das Atlantis der Südsee. Es hieß Maori Nuinui und lag weit im Westen der Osterinsel. Maori Nuinui (zu deutsch: Groß Maori) wurde von Taenen Arei regiert, in schwerer Notzeit. Immer weitere Teile der Insel versanken in den Fluten. Das Leben aller Bewohner von Maori Nuinui war bedroht. Wie Atlantis würde Maori Nuinui im Meer versinken.«

Gab es Maori Nuinui wirklich? In der wissenschaftlichen Literatur fand ich deutliche Hinweise darauf, daß es solch einen Kontinent wirklich gegeben hat.

Die Evolutionswissenschaftler Alfred Wallace und Thomas Huxley waren überzeugt: Die heutige Bevölkerung Ozeaniens ist die Nachkommenschaft eines versunkenen Reiches, das einst auf einem Kontinent im Stillen Ozean blühte. Die Marquesas-Inseln, die Fidschi-Inseln, aber auch Samoa und Tonga seien Überbleibsel dieses Kontinents.

Bislang standen Tier- und Pflanzenkundler vor manchem Rätsel. Geht man davon aus, daß einst in der Südsee ein Kontinent existierte, von dem heute nur noch spärliche Inselreste vorzufinden sind, beantwortet das manche – unbequeme – Frage.

Etwa wieso auf den Marquesas-Inseln Süßwasserfische der Gattung Halaxis vorkommen, genauso wie auf Neuseeland. Die Fische vertragen kein Salzwasser, können sich nur über Flüsse ausbreiten – und das geht nur über eine Landbrücke. Gab es also eine Verbindung zwischen Neuseeland und den Marquesas-Inseln?

Auf Fidschi gedeihen Frösche, kleine Schlangen und Echsen – auch sie vertragen kein Salzwasser. Nur über eine Landbrücke können sie von Insel zu Insel gelangt sein. Wie kamen Schlangen von Samoa nach Tonga?

Wieso gibt es auf den Inseln Ozeaniens bestimmte Käfer-, Spinnen-, Mollusken-, Schmetterlings- und Wurmarten, die für Amerika und Asien typisch sind? Zwischen den Ländern muß es einst eine Landverbindung gegeben haben!

Auf den Hawaii-Inseln finden sich Pflanzen, die für Nordamerika, Australien, Südamerika, Indonesien und Polynesien typisch sind.

Ethnograph John Macmillan Brown: »Die Osterinsel ist

35

der Überrest eines Atlantis der Südsee, das durch eine Naturkatastrophe weitgehend zerstört wurde. Dieser Kontinent war die Landbrücke, auf der sich Tier- und Pflanzenarten verbreiteten, so daß sie heute auf den durch Unendlichkeiten von Meerwüsten getrennten Inseln vorkommen.«

Noch im 17. Jahrhundert waren die weiten Gefilde um die Osterinsel noch keineswegs zur Ruhe gekommen. Seebeben gab es immer wieder. Kleinere Inselchen verschwanden über Nacht, neue tauchten ebenso schnell auf. Um irgendwann zu versinken, oft von niemandem bemerkt.

Zurück zu Maori Nuinui. Die Insel war dem Untergang geweiht. Immer größere Landteile brachen ab, versanken. Hotu Matua übernahm die Regierungsgewalt von seinem Vater Arei. Er sandte die besten Seeleute aus, um eine neue Heimat für sein Volk zu finden. Vergeblich. Enttäuscht und frustriert kamen die Kundschafter immer wieder heim.

Da griff der fliegende Gott Make Make ein. Zahllose bildliche Darstellungen dieses Gottes sind auf der Osterinsel erhalten geblieben. Heutige Zeitgenossen erkennen problemlos in Make Make einen Astronautengott.

Make Make brachte den Priester Hau Maka durch die Lüfte auf ein ihm unbekanntes Eiland. Auf die Osterinsel. Er beschrieb ihm den Weg, wie man die Insel von Groß Maori aus erreichen konnte, warnte vor gefährlichen Riffen. Schließlich brachte er den Priester wieder zurück nach Groß Maori.

Hotu Matua war begeistert. Die sieben besten Seefahrer wurden sofort ausgesandt. 30 Tage benötigten sie für die Hin-, 40 Tage für die Rückreise. Sofort nach ihrer Rückkehr begann man mit der überstürzten Evakuierung des gesamten Volkes. 120 Tage soll es gedauert haben, bis alle Menschen von Groß Maori in die neue Heimat gelangt waren.

W. A. Obrutschow vermutet, daß die Osterinsulaner sofort mit dem Bau der Steinstatuen anfingen. Noch saß ihnen der Schrecken von der Flut, die sie von der Heimat vertrieben hatte, tief in den Knochen.

Bauten sie die Riesenstatuen, um zu verhindern, daß auch die Osterinsel vom Meer verschlungen würde? Sollten die Kolosse den Einbruch des Meeres aufhalten?

Monster auf der Osterinsel

Die Astronautengötter studierten das Völkchen auf der Osterinsel, so wie heutige Forscher das Verhalten von Versuchstieren analysieren – immer aus der Distanz.

Als es zu blutigem Kriegsgemetzel zwischen zwei Gruppen der Osterinselbevölkerung kam, beobachteten die Götter nur das Geschehen. Einen blutigen Genozid, dem eine ganze Bevölkerungsgruppe zum Opfer fiel, verhinderten sie nicht. Sie beobachteten nur. Genauso wie Wissenschaftler unserer Tage interessiert verfolgen, wie ein Ameisenstamm einen anderen bekämpft.

Die Astronautengötter waren allgegenwärtig auf der Osterinsel: Make Make und zahllose »Untergötter«. Manche Götter legten sich »den Panzer der heiligen Schildkröte« an, berichten alte Osterinselmythen. Dadurch seien sie in der Lage gewesen, sich unter Wasser wie an Land zu bewegen. Immer wieder sollen »fliegende Eier« gesichtet worden sein – Flugmaschinen der Götter.

Zusammen mit den »fliegenden Göttern« tauchten noch andere Wesen auf, rätselhafte Monster, Mischwesen aus Vogel und Mensch, aus Mensch und Tier »gemixt«.

Skulpturen auf den Salomon-Inseln in Melanesien zeigen sie: Wesen mit Vogelköpfen und Menschenleib. Große, starre Augen glotzen stumpf ins Leere. »Tangata-Manu«

heißt so ein Monsterwesen auf der Osterinsel, eine Chimäre aus Vogel und Mensch. Raul Teave erklärte mir, daß Götter diese Kreaturen geschaffen haben. Leider zerfallen heute Ritzbilder und Reliefdarstellungen von solchen Wesen zusehends. Niemand bemüht sich, sie zu restaurieren oder doch zumindest den weiteren Verfall aufzuhalten. Fehlt es am Geld? Oder ist man manchmal über das Verschwinden jener oft erschreckenden Monsterdarstellungen gar nicht so unglücklich?

Noch 1864 sah Missionar Eyraud zahllose Holztäfelchen auf der Osterinsel, über und über mit Schriftzeichen bedeckt. Als Hieroglyphen wurden auch Miniaturbilder von Mensch-Tier-Mischwesen verwendet. Wahrscheinlich in Texten über jene furchteinflößenden Monster.

Bischof Jaussen gab den Befehl, die heiligen Aufzeichnungen der Osterinsulaner müßten eingesammelt werden. Die Einheimischen hätten sie den Europäern auszuhändigen. Die Eingeborenen aber versteckten ihre Schätze in nur wenigen Eingeweihten bekannten Höhlen, tief unter der Osterinsel. Das Mißtrauen der Osterinsulaner war nur zu berechtigt. Mit Fremden hatten sie alles andere als gute Erfahrungen gemacht.

1862 tauchten sechs peruanische Schiffe auf. Sklavenjäger stürmten die Insel. Fast die gesamte männliche Bevölkerung wurde eingefangen und verschleppt. Die Männer sollten unweit der Küste Südamerikas auf den Chincha-Inseln Guano (Vogeldung) abbauen.

Tepano Jaussen, Bischof von Tahiti, protestierte gegen den Gewaltakt. Die Regierung von England schloß sich an. Ergebnis: Die Sklavenhändler mußten ihre Opfer wieder freilassen.

Doch von mehreren tausend Gefangenen lebten nur noch »etwa einhundert«. Und als diese Elenden in die Heimat zurückkehrten, krank, ausgemergelt und dem Tode näher als dem Leben, brachen unterwegs die Pocken aus. Bis auf 15 starben alle – und die brachten die Pocken auf die Osterinsel, wo sich eine Epidemie ausbreitete.

Niemand kennt die genaue Zahl der Todesopfer auf der Osterinsel – es war ein Großteil der Gesamtbevölkerung. Es starb auch der letzte echte Nachkomme des legendären Hotu Matua. Es starben Schriftkundige, die die hölzernen Tafeln mit Hieroglyphen zu lesen und zu deuten vermochten.

1914 sprach Katherine Routledge, die Pionierin der Osterinselforschung, mit dem letzten »Wissenden« der Osterinsel. Der alte Mann war in einer Heilanstalt für Leprakranke untergebracht. Aber obwohl Katherina Routledge das Vertrauen vieler Einheimischer gewonnen hatte, weigerte sich der greise Mann, die Wissenschaftlerin in das Geheimnis der Schrift einzuweihen. »Das Mysterium muß Fremden vorenthalten bleiben!« erklärte der Wissende sterbend.

Ein Rätsel der Osterinsel ist nicht zu übersehen: Es sind die gewaltigen Statuen, teilweise über 20 Meter hoch. An die 1000 hat es wohl einmal gegeben. Die meisten wurden umgestürzt, manche hat man zertrümmert. Warum? Niemand kennt die Gründe für den unbeschreiblichen Vandalismus.

Die Osterinselforscher Macmillan Brown und Konteradmiral Subow, einer der Väter der sowjetischen Meeresbiologie, hielten die Osterinsel für ein heiliges Zentrum eines rätselhaften Kults, den wir wohl nie mehr verstehen lernen könnten.

Mag sein, daß noch manch wichtige Funde in geheimen Höhlen versteckt liegen, die manches Rätsel aufklären könnten. Doch selbst wenn es noch Einheimische gibt, die die Verstecke kennen, schweigen sie darüber. 1951 schloß ein Einheimischer einen Vertrag mit den Europäern, verpflichtete sich, verborgene Schätze den Forschern zugänglich zu machen. Daraus wurde nichts. Der Mann wurde ermordet.

Heute werden auf der Osterinsel mit großem technischen Aufwand kleinere bis mittelgroße Statuen wieder aufgerichtet. Sie blicken uns heutige Besucher ironisch an, irgendwie wirken sie überheblich. Als ob ihnen das eigentliche, das größte Rätsel der Osterinsel vertraut sei. Das Geheimnis der Tier-Mensch-Monster.

3   Monster in Ägypten

Die Vogel-Mensch-Monster der Osterinsel gehören zur Gattung der Chimären. Chimaira war in der griechischen Mythologie ein dreiköpfiges, feuerspeiendes Ungeheuer, ein Mischwesen aus Löwe, Schlange und Ziege. Eine Bronzeplastik dieser Kreatur – sie stammt aus dem 5. Jahrhundert v. Chr. und ist etruskischen Ursprungs – kann man im »Museo Archeologico«, Florenz, bewundern.

Sphinx und Co.

Die berühmteste Chimäre überhaupt ist die Sphinx von Giza. Das Wesen mit dem Löwenleib und dem menschlichen Kopf ruht majestätisch am Fuße der Cheopspyramide. Es stellt die Wissenschaft auch heute noch vor Rätsel, was so mancher Vertreter der Zunft der Gelehrten nicht so gerne zugibt.

So ist das Alter des geheimnisvollen Mischwesens umstrittener denn je. Herodot, der etwa 450 v. Chr. das rätselhafte Land am Nil bereiste, beschreibt zwar die großen Pyramiden, erwähnt aber die Sphinx mit keinem Wort. Plinius (23–79 n. Chr.) hingegen notierte: »Vor den Pyramiden steht die Sphinx, eine Gottheit der dortigen Bewohner, welche noch weit mehr Bewunderung verdient, aber von den Schriftstellern fast mit Stillschweigen behandelt wird. Sie ist aus einem einzigen natürlichen Stein gearbeitet, und das rote Gesicht dieses Ungeheuers wird als göttlich verehrt.«

In der 4. Dynastie soll es, so die wissenschaftliche Literatur, entstanden sein. Das entspräche einem Alter von etwa 4500 Jahren. Doch diese Datierung steht nicht erst seit Jahrzehnten auf wackeligen Beinen. 1952 meldete der Archäologe Kurt Lange in seinem Standardwerk »Pyramiden, Sphinxe, Pharaonen« Bedenken an: »Ihre Zuschreibung an Chefren steht auf recht schwachen Füßen.«

Doris Wolf, Wissenschaftsautorin aus Zürich, kommt in »Was war vor den Pharaonen?« (1994) zum gleichen Schluß. Es gebe keinen Beweis dafür, daß die Sphinx »nur« 4500 Jahre alt sei und nicht aus weit früheren Epochen stamme.

Tatsächlich war dieses Fabelwesen bereits 500 Jahre früher häufig benutztes Motiv für zahllose Künstler. Schon in vordynastischer Zeit, also 3000 v. Chr., wurden zahllose Kleinplastiken und Reliefs von Löwen-Menschen-Wesen angefertigt. Für den angesehenen Ägyptenforscher John Anthony West ist die Sphinx ein »Erbstück« aus einer Epoche, die Jahrtausende vor den Pharaonen eine hoch entwickelte Zivilisation hervorbrachte.

Der Kopf der »Großen Sphinx von Giza« weist deutliche Beschädigungen auf. Diese Verstümmelungen gehen auf einen Mamelukensultan zurück, der – aus religiösem Eifer – seine Soldaten den »Götzenkopf« mit Kanonen beschießen ließ.

John Anthony West untersuchte andere Schäden – am massigen Leib des Fabelwesens. Er kam zum Schluß, daß sie eindeutig auf größere Mengen Wasser zurückzuführen sind. Sie können nur zwischen 10 000 und 15 000 v. Chr. entstanden sein, als es nämlich in Ägypten zu sintflutartigen Überschwemmungen kam und das Niltal längere Zeit dauernd anhaltend unter Wasser stand.

Als Ursache dieser »Sintflut« haben Geologen das Abschmelzen der Gletscher zum Ende der letzten Eiszeit erkannt.

Geologen haben auch in den letzten Jahren die erheblichen Wasserschäden an der Sphinx bestätigt. So kam Professor Robert M. Schoch vom »Boston University's College of Basis Studies« mit seinem Team zum Ergebnis, daß die Sphinx mindestens aus der Zeit zwischen dem 5. und dem 7. vorchristlichen Jahrtausend stammt, wenn sie nicht noch älter ist. Auch war die rätselhafte Riesenfigur bereits vor 4500 Jahren, als sie nach Ansicht vieler Gelehrter erst entstand, bereits erheblich beschädigt worden und mußte ausgebessert werden. Einzigartig ist die Sphinx, wie alt sie auch sein mag, nicht. Im Alten Orient des 20. vorchristlichen Jahrhunderts gehörte sie zu den beliebtesten Motiven, etwa auf assyrischen Rollsiegeln. Je weiter wir in der Geschichte zurückgehen, um so größer ist die Zahl der Variationen, die wir von diesem Wesen vorfinden.

Neben den »typischen« Mischwesen Löwe-Mensch gibt es weitere Sphinx-Kombinationen, aus Stier und Greif mit menschlichem Kopf, als Flugwesen mit Adlerklauen. Manchmal haben Sphingen gar zwei Köpfe und zwei Oberkörper.

Sehr beeindruckende Exemplare der geheimnisvollen Gattung sind die Sphingen von Memphis, von Karnak (hier sind es Widder-Mensch-Mischungen) oder von Luxor.

Erdrückend ist die Fülle archäologischer Funde, die im Ägyptischen Museum in Kairo ausgestellt werden. Selbst Wochen reichen nicht aus, um auch nur die wichtigsten Stücke der kostbaren Sammlungen zu bestaunen.

Ein Besuch im Museum lohnt sich aber schon allein wegen der unzähligen Sphingen, von Heerscharen von – oft auch geflügelten – Mischwesen. Besonders rätselhaft: ein Wesen mit dem Leib einer Schlange und dem Kopf eines Menschen.

Monster aus dem Labor

Während die Erzeugung von Mischwesen der Osterinsel, jener geheimnisvollen Vogel-Menschen, im unklaren bleibt, halten ägyptische Quellen fest: Die Götter fabrizierten die Monster der unheimlichen Art. Der ägyptische Historiker Manetho verfaßte eine Chronik von Ägyptens Göttern und Herrschern. Für Manetho waren die Götter alles andere als Fiktion, sondern reale Wesen wie die irdischen Herrscher auch.

Die Götter waren keine eiligen Besucher, die der Erde nur kurzzeitig Aufmerksamkeit schenkten. Penibel notierte Manetho: 13900 Jahre waren sie hier und herrschten über das Land am Nil. Ihnen folgten die Abkömmlinge jener himmlischen Wesen. Ihre Regentschaft währte weitere 11000 Jahre. Die Götter waren es, so Manetho, die furchteinflößende Wesen schufen.

1995 lösen Wissenschaftler heftige Proteststürme aus, wenn sie auf dem Wege der Genmanipulation besondere Tomaten oder Kartoffeln kreieren, die besonders unempfindlich gegen Schädlinge sind. Derlei Experimente muten freilich wie harmloses Kinderspiel an, wenn wir die Kreaturen bedenken, die von den Göttern ins Leben gerufen wurden. Historiker Eusebius listet sie penibel auf:

»Menschen mit Schenkeln von Ziegen und Hörnern am Kopfe, noch andere, pferdefüßige, und andere von Pferdegestalt an der Hinterseite und Menschengestalt an der Vorderseite. Erzeugt hätten sie (die Götter, Anmerkung des Autors) auch Stiere, menschenköpfige, und Hunde, vierleibige, deren Schweife nach Art der Fischschwänze rücksseits an den Hinterteilen hervorliefen, auch Pferde mit Hundeköpfen ... sowie andere Ungeheuer, pferdeköpfige und menschenleibige und nach Art der Fische beschwänzte, dazu weiter auch allerlei drachenförmige Unwesen und Fische und Reptilien und Schlangen und eine Menge von Wunderwesen, mannigfaltig gearteten und untereinander verschieden geformten.«

Abbildungen solcher Monster wurden vor Jahrtausenden geschaffen. So werden im französischen Louvre einige etwa 4200 Jahre alte Miniaturen gezeigt, die menschenköpfige Stiere darstellen. Im Eingangsbereich des Ägyptischen Museums, Kairo, sah ich in einer Glasvitrine sorgsam in Stein gearbeitet als Halbrelief fremdartige Chimären. Ihre Leiber erinnern an Pferde mit Löwenfüßen. Auf unnatürlich langen, kraftvollen Schlangenhälsen sitzen verhältnismäßig kleine Löwenköpfe. Die beiden Monster stehen einander gegenüber, gehen angriffslustig aufeinander los. Zwei (wie die Kreaturen realistisch dargestellte) Menschen versuchen vergeblich, die Untiere zu bändigen. Sie zerren an Stricken, die um die Hälse der Wesen geschlungen sind.

Ich gewinne den Eindruck, daß die beiden Männer die Wesen nicht mehr lange unter Kontrolle halten können.

Im Britischen Museum, London, wird eine Stele ausgestellt, die ebenfalls Menschen und Monster zeigt. Sie verherrlicht Assurnasirpal II., den legendären assyrischen König, der wegen seiner grausamen Härte in die Geschichtsbücher einging. Großartig angelegte Feldzüge führten die Heere des Herrschers bis weit über die Grenzen seines Reiches hinaus. Auch nach Ägypten?

Auf der Stele wird demonstriert, welche Schätze von Kriegszügen mitgeschleppt wurden: Gefäße, vermutlich voll mit kostbaren Ölen, prall gefüllte Säcke, aber auch lebendes Beutegut wie Elefanten und Mischwesen. Aus Ägypten?

Ein Krieger hat ein affenähnliches Wesen mit Menschenkopf auf die Schultern genommen. Gleichzeitig führt er ein etwa schäferhundgroßes »Tier« an der kurzen Leine.

Treffender ist wohl der Ausdruck »ein Ding«. Das »Ding« ist kein Tier im herkömmlichen Sinn. Es geht aufrecht auf Menschenfüßen, hat Menschenhände und einen Menschenkopf, aber den Leib und den Schweif eines Tieres. Ein zweites Mischwesen wird von einem weiteren Bändiger geführt.

Was geschah mit den von den Göttern geschaffenen Monstern?

In diesem Zusammenhang muß eine weitere Schöpfung der Götter erwähnt werden: die Riesen.

Laut Genesis (1. Buch Mose, Kapitel 6, Vers 4) gingen die Kolosse aus der Verbindung zwischen Göttersöhnen und Menschentöchtern hervor.

Der in Rußland geborene Experte für semitische Sprachen und Buchautor Zecharia Sitchin legt überzeugend dar, daß der Name dieser Geschöpfe – im hebräischen Original Nephilim – eine Verbindung mit den Astronautengöttern unterstreicht. Nephilim heißt so viel wie »die vom Himmel Gestiegenen«.

Die Nephilim wurden von den Göttern erschaffen – im Testlabor auf dem Meeresgrund – und vernichtet, als die Unterwasserstation absichtlich geflutet wurde.

Riesen tauchen übrigens als furchteinflößende Wesen auch in der Mythologie der Osterinsel auf. Im wahrsten Sinne des Wortes. Entsteigen sie doch den Fluten des Meeres.

Wurden die Monster Ägyptens wie die Riesen von ihren Schöpfern, den Astronautengöttern, vernichtet? Oder wurden sie, nachdem die Götter wieder einmal zu den Sternen heimgekehrt waren, von den Menschen getötet, die sich vor den unheimlichen Kreaturen fürchteten – jetzt aber, als die Götter wieder weg waren, keine Rache von den Himmlischen befürchteten? Darüber geben die Aufzeichnungen der antiken Schriftsteller und Historiker keinen Aufschluß.

Vielleicht wissen wir aber, wo die Monster bestattet sind!

Särge von wahrhaft monströsen Ausmaßen wurden in dem gewaltigen unterirdischen Gewölbe von Sakkara vor Jahrtausenden deponiert, wie für die Ewigkeit. Ein Beispiel mag das belegen: Länge des Sarges: 3,85 Meter, Breite: 2,25 Meter, Höhe: 2,50 Meter. Dicke der steinernen Sarkophagwand: 43 Zentimeter. Auch der Deckel ist mehr als imposant: ein Steinmonster aus Granit, 43 Zentimeter dick! Sarg und Deckel zusammen wiegen, nach vorsichtigen Schätzungen, etwa 100 Tonnen.

Jeder Sarg ist aus jeweils einem einzigen Granitblock gemeißelt. Der verwendete Stein stammt aus der Gegend von Assuan. Das heißt, daß die Steinsärge jeweils rund 1000 Kilometer weit befördert werden mußten. Eine geradezu ans Unvorstellbare grenzende Leistung, die da vollbracht werden mußte. Und das ohne Maschinen! Und warum geschah das alles?

Noch heute spulen gelangweilte Touristenführer vor Ort die Erklärung ab, die auch in den gängigen archäologischen Büchern zu finden ist: In den riesigen Särgen wurden die heiligen Apis-Stiere bestattet.

Trotzdem ist die Erklärung falsch, mag sie auch noch so oft wiederholt werden. In keinem einzigen der Särge wurde je auch nur eine einzige Stierleiche gefunden. Auguste Mariette, ein französischer Pionier der Archäologie, grub viele Dutzend Särge der großen Art aus. Er fand sie, seit Jahrtausenden unberührt, mit einer stinkenden Bitumenmasse gefüllt, die beim kleinsten Druck zerbröselte. Stiere waren zu keinem Zeitpunkt in den Särgen gewesen!

Was auch immer vor Jahrtausenden in den Riesensärgen bestattet wurde: Man hat die toten Körper mit peinlicher, geradezu ans Pedantische grenzender Sorgfalt zu winzigen Stücken verarbeitet, dann mit einer teerartigen Masse verrührt und dem Gemisch gelegentlich ein Götterfigürchen beigegeben. Die Masse wurde dann in die Särge – ich bin versucht, drastisch zu formulieren – abgefüllt und mit zigtonnenschweren Deckeln verschlossen.

In Ägypten wurde die Kunst des Balsamierens als Teil einer Religion zelebriert. Man glaubte, daß der Körper eines Menschen oder Tieres bestmöglich erhalten werden müsse, wenn ein Weiterleben nach dem Tode gewährleistet sein sollte. Ohne Mumie gab es kein ewiges Leben.

Was auch immer vor Jahrtausenden in den Riesensärgen bestattet wurde: Es wurde alles getan, um ein Weiterleben nach dem Tode unmöglich zu machen.

Wer oder was wurde zerstückelt, um nie wieder zum Leben zu erwachen? Und dann noch zusätzlich in steinerne »Tresore« gesperrt, um ja nicht wieder das Licht der Welt zu erblicken? Die Riesen der Vorzeit? Oder andere Monsterkreaturen?

Exkurs in die Gegenwart: Frankenstein 1994

Im Jahr 1994 gelangen dem chinesischen Forscher Jiang Kanzhien-Wladimirowitsch im russischen Exil Experimente, die uns an Frankenstein oder die Götter der Vorzeit erinnern.

Studiert hat er an der Universität Schenyang, China, das Riesenreich aber während der Kulturrevolution verlassen. Er ließ sich im russischen Chabarowsk nieder.

Jiang Kanzhien-Wladimirowitsch stellt heute mit einer von ihm entwickelten Maschine Mischkreaturen her. Etwa Maispflanzen, in die er Erbinformationen des Weizens eingeschmuggelt hat. Oder er kombiniert Gurke mit Kürbis. Er hat sich aber auch schon an Tierversuche herangewagt und Hühnerküken mit Enten zu neuen, von der Natur

48

nicht vorgesehenen Mischwesen kombiniert. Etwa Kaninchen mit Ziegen. Derlei Kreationen sollen ihm mit seiner Erfindung, einer Maschine, die er »Bio-UHF« nennt, gelungen sein.

Der »Frankenstein 1994« behauptet, daß es ihm dabei gelingt, die Tatsache zu nutzen, daß jede lebende Zelle elektromagnetische Wellen im Ultrahochfrequenzbereich aussendet. Der Wissenschaftler ist überzeugt: Jede lebende Materie, Pflanze wie Tier und Mensch, übermittelt mit diesen Wellen genetische Informationen. Und mit solchen Wellen sei es möglich, fremde Informationen in lebende Zellen einzuschleusen.

Mit seiner Maschine benutzt er etwa Mais als Sender und strahlt wichtige Erbinformationen in Weizen. Ergebnis: eine neue Pflanze, Weizen-Mais, mit Weizenähren, doch mit Maiskörnern statt Getreide als Fruchtertrag.

Weitere Schöpfungen muten gespenstisch an: ein Hühnerküken mit Schwimmhäuten zwischen den Zehen, mit Entenschnabel und dem für Enten typischen Häutchen über den Ohrenöffnungen. Eine Kaninchen-Ziege hat Zähne, die wie Hörner gekrümmt sind.

Seit nunmehr 20 Jahren laufen die unheimlichen Experimente. Lange Zeit bekundete die wissenschaftliche Welt keinerlei Interesse, nach dem Motto, daß nicht sein kann, was nicht sein darf.

»Ohne Eingriffe in die Erbsubstanz können die Genanlagen nicht verändert werden. Übermittlungen von Geninformationen via Strahlen von einem Wesen zum anderen sind undenkbar!« bekam er von einem Vertreter des in Chabarowsk ansässigen »Forschungsinstituts für Landwirtschaft« zu hören, und dabei hatte er den Eindruck, daß eben dieses Institut seine Erfindung stehlen wollte. Wie der Erfinder Erbinformationen von einem Lebewesen in die eines anderen »strahlt«, das bleibt sein Geheimnis.

Die Experimente des »chinesischen Frankenstein« erinnern in verblüffender Weise an die inzwischen verfilmte Kurzgeschichte »Die Fliege« von George Langelaan.

Sir Robert Browning erfindet in dieser Geschichte eine Methode, mit der es möglich ist, lebende wie tote Materie in einem Sender in seine Atome zu zerlegen und in einem Empfänger wieder zusammenzusetzen. Als er sich schließlich selbst der Maschine anvertraut, kommt es zu tragischen Fehlern. Sir Robert Browning befand sich nicht allein im Sender, eine Fliege war in den Apparat hineingeraten. So wird er als monströses Mischwesen mit Fliegenkopf und einem Fliegenarm wieder zusammengefügt.

Die Langelaan-Story ist reine Fiktion. Die Erfindung von Jiang Kanzhien-Wladimirowitsch auch? Man möchte es fast hoffen!

Aber es gibt auch Beweise: Sorgsam in Spiritus oder Formalin konservierte Gurken-Kürbisse, Weizen-Mais, Hühner-Ente, Kaninchen-Ziege. Und niemand weiß, welche Monstrositäten nie der Öffentlichkeit gezeigt werden.

Inzwischen soll man Jiang Kanzhien-Wladimirowitschs Experimente auch in wissenschaftlichen Kreisen sehr ernst nehmen. Der Erfinder soll großzügige Unterstützung erhalten, üppige Finanzen, ein eigenes Labor.

Zu befürchten ist, daß seine Experimente zur Geheimsache erklärt worden sind und der Öffentlichkeit weder Rückschläge noch Fortschritte offenbart werden.

Da erhebt sich die bange Frage, die alptraumhafte Visionen zur Folge haben kann: Gibt es schon Versuche mit Menschen und Tieren? Hat Jiang Kanzhien-Wladimirowitsch schon, wie die Astronautengötter auf der Osterinsel und in Ägypten, Tier-Mensch-Monster entstehen lassen? Wir werden es vielleicht niemals erfahren.

4   Experiment Wüste –
Manna von den Göttern

In grauer Vorzeit schufen die Astronautengötter den Menschen in einem Testlabor auf dem Grund des Meeres. Auf der Osterinsel experimentierten sie weiter. Mischwesen entstanden. Ähnliche Tier-Mensch-Chimären kreierten sie vor Jahrtausenden in Ägypten. Wie auf der Osterinsel isolierten die Astronautengötter eine andere Gruppe von Menschen. 40 Jahre lang lenkten sie eine überschaubare Anzahl von Menschen durch die Wüste. Und stellten ihnen eine außerirdische Maschine zur Verfügung, die Nahrung produzierte: Manna.

Eines der bekanntesten biblischen Wunder ist die Speisung der aus der ägyptischen Gefangenschaft fliehenden Juden mit Manna.

Schon der Begriff der geheimnisvollen göttlichen Speise ist letztlich ungeklärt. Der Versuch einer Herleitung: Als die Israeliten die ihnen unbekannte Nahrung zum ersten Mal sahen, fragten sie: »Was ist das?«, »man hu« in ihrer Sprache. Daraus habe sich die Bezeichnung »Manna« abgeleitet. (Siehe hierzu: 2. Buch Mose, Kapitel 16, Vers 15.) Man(n)a ist aber auch im Melanesischen bekannt, als Begriff für die »übernatürliche göttliche Hilfe«. Für die Osterinsulaner war »mana« die »Kraft«, mit der die fliegenden Götter den Menschen halfen. Laut Bibel (2. Buch Mose, Kapitel 16, Vers 14) sah es – Manna – »fein, flockig, wie Reif« aus. Sein Geschmack wird mit dem von Flachkuchen mit Honig verglichen. (2. Buch Mose, Kapitel 16, Vers 31.) »Einsichten in die Heilige Schrift« hält treffend fest: »Kein

heute bekannter natürlicher Stoff entspricht völlig der biblischen Beschreibung des Mannas, es ist also kaum möglich, es mit einem bekannten Produkt zu identifizieren.«
Dennoch wurde versucht, eine natürliche Erklärung für das Phänomen zu finden. So wird anhaltend die Vermutung geäußert, Manna könne von Coccidien, Schmarotzern an den Tamariskengewächsen, hervorgerufen werden, als weißliches, süßes Sekret. Diese erstmals 1823 von Christian Gottfried Ehrenburg vorgetragene Mutmaßung ist bis heute alles andere als bewiesen. Ausdrücklich wird im Bibeltext betont, daß das Manna am jeweils 7. Tag nicht zur Verfügung stand. (Siehe hierzu 2. Buch Mose, Kapitel 16, Vers 25.) Damit scheidet die Erklärung, Manna komme in der Natur vor, aus. Es sei denn, die Coccidien seien gewerkschaftlich orientiert gewesen und hätten, vielleicht durch Streiks, einen Ruhetag pro Woche erkämpft.
Die Bibel selbst enthält einige Hinweise auf einen außerirdischen Ursprung des Nahrungsmittels Manna. So spricht der Psalmist (siehe Psalm 78, Vers 24) vom »Korn des Himmels«. Ein weiterer Psalm formuliert ähnlich: »Brot vom Himmel.« (Siehe Psalm 140, Vers 40.)
Was mit »Manna« als dem »Brot der Starken« gemeint ist, das ist nicht ohne weiteres verständlich. Es sei denn, man bezieht Psalm 103, Vers 20, mit ein, wo die »Engel«, die »himmlischen Wesen«, als »mächtig an Kraft« beschrieben werden. Ist dann mit dem »Brot der Starken« das »Manna der Engel« gemeint?
»Einsichten über die Heilige Schrift« verweist in diesem Zusammenhang auf das Neue Testament, auf Galater 3, Vers 19. »Es wurde durch Engel übermittelt«, so das beachtliche Nachschlagewerk, beziehe sich auf die himmlische Wunderspeise. Wurde Manna von Außerirdischen zur Verfügung gestellt?

George Sassoon ist Elektronikspezialist und Sprachforscher. Der Engländer fand außerhalb der Bibel in den heiligen, geheimen Texten der Kabbala eine verblüffende Erklärung für das Manna-Wunder.

Zur Sammlung altüberlieferter Texte in der Kabbala gehört das dreibändige Werk des Sepher-ha-Joachai, das »Buch des Glanzes«. Angeblich wurde es von Simon Bar Joachai im 2. Jahrhundert schriftlich niedergelegt.

Im »Zohar« stieß George Sassoon auf eine merkwürdige Beschreibung, die – so schien es auf den ersten Blick – eine kuriose Schilderung einer »Gottheit« enthielt, die als »Uralter der Tage« bezeichnet wird.

Schon rasch bemerkte George Sassoon, daß da kein Lebewesen beschrieben wird, sondern etwas Mechanisches, eine Maschine, die aus verschiedenen Teilen zusammengesetzt und wieder auseinandergenommen werden kann ... und muß. Ein zerlegbarer Gott aber mutet mehr als befremdlich an!

Sassoon forschte weiter.

Offensichtlich lag kein theologischer Text vor, sondern eine äußerst detailreiche Beschreibung eines technischen Gerätes, verfaßt von jemandem, der zwar sehr exakt auch komplizierte Sachverhalte darlegen kann, dem aber moderne Technik fremd ist.

Die seltsame Maschine erfüllte eine ganz konkrete Aufgabe. Sie erzeugte Manna.

Laut Kabbala hatte der »Uralte der Tage« zwei Schädel. Einer saß über dem anderen. In der technischen Rekonstruktion handelte es sich beim »oberen Schädel« um ein Destilliergerät, über dessen wellige Oberfläche Luft zu Wasser kondensiert wurde. Das Wasser gelangte in einen Behälter, in dessen Zentrum eine starke Lichtquelle angebracht war, die eine Grünalgenart, vermutlich Chlorella, gedeihen ließ. Die Algen produzierten das Manna sechs Tage in Folge.

Dann mußte die Maschine gereinigt und gewartet werden. An diesem Tag ruhte die Produktion.

Die Entdeckung von George Sassoon wurde von Rodney Dale, einem Biologen und technischen Schriftsteller, bestätigt. Die Forscher taten sich zusammen. Je intensiver sie sich mit dem Kabbala-Text auseinandersetzten, den sie in der Originalsprache analysierten, desto klarer erschien ihnen, was hinter dem so oft schwer verständlichen Geheimtext steht: die Beschreibung einer außerirdischen Maschine zur Erzeugung von Manna.

Im Frühjahr 1976 publizierten sie ihre Erkenntnisse in einem der besten Wissenschaftsmagazine der Welt, im »New Scientist«. Weitere Artikel in zahllosen Publikationen folgten, ein Buch (»Die Manna-Maschine«, Rastatt 1979) schloß sich an.

Schlußfolgerung der gründlichen Recherche: »Maschinen dieser Art wären eine notwendige Ausstattung in Raumschiffen, da sie eine Doppelfunktion ausüben. Sie beschaffen nämlich Sauerstoff zum Atmen und Nahrung. Woher kam die Manna-Maschine? Man ist versucht zu spekulieren, daß die Erde vor ungefähr 3000 Jahren von Wesen aus dem All besucht wurde und daß diese Besucher die Manna-Maschine mitbrachten.«

Sassoon und Dale stießen bei der Rekonstruktion der Manna-Maschine freilich auf ein entscheidendes Problem. Der Apparat erzeugte täglich etwa eineinhalb Kubikmeter Manna. Diese Menge würde ausreichen, um etwa 600 Menschen zu ernähren, wäre aber viel zu klein, um die 600000 Israeliten, die laut Bibel 40 Jahre durch die Wüste zogen, mit Nahrung zu versorgen.

Das Problem mag durch einen Übersetzungsfehler entstanden sein. Die erschreckend hohe Zahl von 600000 kann auch mit »600 Häupter« übersetzt werden. Wahrscheinlich wurden also nur 600 und nicht 600000 Menschen durch die Wüste geleitet. Von wem?

Moses, so schreibt die Bibel, war der Chef der fliehenden Israeliten. Moses selbst bekam Order – von Jahwe.

Die Bibel beschreibt sehr ausführlich, wie Jahwe seine Landung auf dem Berg Sinai ankündigt. Er läßt Sicherheitsmaßnahmen ergreifen. So werden »Schranken«, wohl Zäune, errichtet (siehe 2. Buch Mose, Kapitel 19, Vers 22), um das Volk vor dem »herabfahrenden Jahwe« zu schützen.

Offensichtlich ist hier nicht vom allmächtigen Gott die Rede, an den Christen wie Juden glauben. Der braucht keinen Zaun, um sich das Volk vom Leibe zu halten.

Ein landendes Raumschiff freilich kann durchaus Menschen gefährden, die ihm zu nahe kommen. Ein allmächtiger, liebender Gott hingegen bringt Menschen nicht in Gefahr, wenn er das vermeiden möchte. Will er niemanden gefährden, braucht er nicht das primitive Hilfsmittel Zaun. Und da er allgegenwärtig ist, hat er auch kein lärmendes, gefährliches Vehikel nötig.

Die Bibel vermerkt, wie das Volk ängstlich die errichteten Zäune als Grenze, die nicht überschritten werden darf, akzeptiert. Aus sicherer Entfernung wird die Landung des göttlichen Vehikels beobachtet:

»Und es geschah am dritten Tage, als es Morgen war, da kamen Donner und Blitze und ein schweres Gewölk auf dem Berge und mächtig starker Posaunenschall, da erbebte das ganze Volk im Lager.« (2. Buch Mose, Kapitel 19, Vers 16.)

Wenig später (im Vers 18): »Und der ganze Berg Sinai rauchte, weil der Ewige auf ihn herabgestiegen war im Feuer, und es stieg auf der Rauch eines Ofens, und der ganze Berg bebte gewaltig.«

Jahwe wünscht Moses zu sprechen (Vers 20): »Und der Herr stieg herab auf den Berg Sinai, auf den Gipfel des Berges, und Moses stieg hinan.« Jahwe warnt neuerlich:

Das Volk dürfe auf keinen Fall zu nahe kommen. Moses erinnert daran, daß weisungsgemäß Schutzzäune erbaut worden seien.

Keine Frage: Der allmächtige Gott hätte an diesen Sachverhalt nicht erinnert werden müssen, denn er ist allwissend. Jahwe erteilt Moses den Auftrag, seine Schar durch die Wüste zu führen.

Als sich Moses länger auf dem Berg Sinai aufhält, murrt das Volk, will Moses den Gehorsam verweigern. Darüber ist Jahwe sehr erbost. Er will die Ägyptenflüchtlinge töten. (Siehe 2. Buch Mose, Kapitel 32, Vers 10.) Moses aber gelingt es, Jahwe umzustimmen. Es sehe doch vor den Ägyptern mehr als komisch aus, so Moses, wenn die Israeliten zunächst aus der Sklaverei befreit worden seien, um dann anschließend getötet zu werden. (Siehe 2. Buch Mose, Kapitel 32, Verse 11 und 12.)

Die Wankelmütigkeit Jahwes ist ein Wesenszug, der kaum zu einem allmächtigen Gott, wohl aber zu einem Außerirdischen mit Schwächen paßt.

40 Jahre dauert der Zug durch die Wüste. 40 Jahre lang erteilt Jahwe Anweisungen. (Siehe hierzu auch Kapitel 13.) Immer wieder trifft er sich mit Moses, fährt zu diesem Zweck in seiner »Wolkensäule« herab. (Siehe hierzu 2. Buch Mose, Kapitel 33, Vers 9.) Jahwe bekommt ein Zelt außerhalb des Lagers der Israeliten zugewiesen, exklusiv für Treffs mit Moses. Tag und Nacht begleitet Jahwe den Menschenzug durch die Wüste. »Jahwe zog vor ihnen her, bei Tag in einer Wolkensäule, um ihnen den Weg zu zeigen, bei Nacht in einer Feuersäule, um ihnen zu leuchten, damit sie bei Tag und Nacht wandern können. Nicht wich die Feuersäule bei Nacht von der Spitze des Volkes.« (2. Buch Mose, Kapitel 13, Vers 21.)

Ulrich Dopatka, Verfasser des Standardwerkes »Lexikon der Außerirdischen Phänomene« (ursprünglich »Lexikon der Prä-Astronautik«), kommt zum Schluß, daß es sich bei Jahwe um einen Astronauten gehandelt hat. Und in der »Wolken-« beziehungsweise »Feuersäule« sieht der Buchautor und Diplombibliothekar ein außerirdisches Raumschiff: »Ein Flugkörper, der Rauch entwickelt und Feuer ausstrahlt? Eine Rauchentwicklung fällt am Tage natürlich mehr auf als bloßes Feuer, während in der Nacht gerade Feuerschein weiter zu sehen ist.«

Als Lenker dieses biblischen Flugvehikels wird Jahwe angegeben, in gängigen Übersetzungen erhält er die umschreibende Bezeichnung »Herr«. Wer aber war Jahwe? Professor Dr. Georg Fohrer, Verfasser des Standardwerkes »Einleitung in das Alte Testament«, erklärte dem Autor gegenüber: »Jahwe war ursprünglich einer der vielen Götter ohne herausragende Bedeutung. Erst nach der erfolgreichen Flucht aus Ägypten stieg er zum Hauptgott auf, der es sich verbeten hat, daß neben ihm noch andere Götter verehrt wurden.« Ohne die Flucht aus Ägypten, so Fohrer, wäre Jahwe wohl eine unbedeutende Lokalgottheit geblieben.

Auch das Lexikon »Das geheime Wissen der Frauen« von Barbara G. Walker rechnet Jahwe zu den Elohim, den Schöpfergöttern. Professor Hans Schindler, Archäologe aus Wien, beschäftigte sich in seinen letzten Lebensjahren intensiv mit Fragen zum Alten Testament. Lange unterhielt ich mich mit dem Wissenschaftler über Israels Weg durch die Wüste.

»Wieso dauerte die Flucht der Israeliten so lange?« wollte ich wissen. – »Weil Jahwe die Flüchtlinge nicht auf direktem Weg durch die Wüste ziehen ließ, sondern kreuz und quer herumführte.« – »Warum geschah dies?« fragte ich nach. – Professor Schindler, der der Theorie von vorgeschichtlichen Astronautenbesuchen aufgeschlossen gegenüberstand, meinte, daß man darüber nur spekulieren könne.

»Wenn Astronauten im Spiel waren, dann war es für sie wahrscheinlich so etwas wie ein wissenschaftliches Experiment. Sie isolierten eine Volksgruppe, schnitten sie von äußeren Einflüssen ab. Das sind ideale Bedingungen für Wissenschaftler, die das Verhalten der Menschen studieren wollen.« Über die Motive Jahwes, so Professor Schindler, könne man nur spekulieren. Dann stellte er eine interessante Hypothese zur Verfügung: »Es könnte ein Experiment der Astronautengötter gewesen sein. Sie stellten eine Art Astronautenkost zur Verfügung. Vielleicht wollten sie testen, wie sich das Zeug bei langjährigem Verzehr auf den Menschen auswirkt. Solche Tests würden Rückschlüsse auf lange Raumflüge ermöglichen.« Als weitere, besonders kühne Spekulation bot der Gelehrte an: »Vielleicht sorgten die Außerirdischen auch dafür, daß künftige Generationen eine Beschreibung der Manna-Maschine finden würden. Um bei Raumfahrten, die Menschen wohl sicher einst selbst durchführen würden, eine solche Maschine einzusetzen?«

Auf Dauer waren die Ägyptenflüchtlinge alles andere als zufrieden mit der »Götterspeise«. Tagein, tagaus die gleiche Kost … Im Alten Testament wird ausdrücklich darauf hingewiesen, daß ihnen das Manna »zuwider« wurde. Abschätzig nannten sie es das »verächtliche Brot«, sehnten sich nach Ägypten zurück. (4. Buch Mose, Kapitel 21, Verse 5 und 6.) So gesehen war das »Manna-Experiment« alles andere als ein voller Erfolg.

Erster Exkurs in die Gegenwart:
Wo ist die Manna-Maschine heute?

Aaron soll versucht haben, einen Krug mit etwa 2,2 Litern Manna für künftige Generationen aufzubewahren. Er stellte das Gefäß in die Bundeslade. (Siehe 2. Buch Mose, Kapitel 16, Vers 32–34.) Als die Lade in Salomos Tempel aufgestellt wurde, war der Krug mit dem Manna verschwunden. (2. Buch Samuel, Kapitel 6, Vers 17.) Die Manna-Maschine selbst dürfte von König David nach Jerusalem geschafft worden sein. König Salomo, Davids Sohn, baute für sie einen Tempel. Nur Priester und hohe Beamte bekamen den Apparat noch zu Gesicht. 587 v. Chr. wurde der Tempel zerstört. Auch die Manna-Maschine? Einer jüdischen Überlieferung zufolge wurde sie gerettet und in einer unterirdischen Höhle in der Nähe von Jerusalem versteckt. Der geheime Ort war anscheinend zu gut gewählt. Als Jahre später einige Priester die Maschine wieder bergen und nach Jerusalem bringen wollten, fanden sie die Höhle nicht mehr. Sollte die Manna-Maschine also noch heute in einer unterirdischen Höhle in der Nähe von Jerusalem zu finden sein?

Die Autoren Dr. Johannes und Peter Fiebag (»Die Entdeckung des Grals«) halten es nicht nur für möglich, sondern auch für sogar sehr wahrscheinlich, daß in der Bundeslade zumindest Teile der Manna-Maschine aufbewahrt wurden. Wo sich die Bundeslade heute befindet, ist freilich eines der großen Rätsel der Archäologie geblieben.

Nach dem »Kebra Negest«, dem Nationalepos der Äthiopier, wurde die Lade nach Äthiopien transportiert. Das Epos berichtet, wie Salomo und die Königin von Äthiopien einen Sohn miteinander zeugten. Als er ins Erwachsenenalter kam, bekam er bei einem Besuch bei seinem Vater in Jerusalem die Bundeslade geschenkt. Er nahm sie mit zurück in die Heimat. Dort soll sie sich noch heute als zentrales Heiligtum in der Marienkathedrale von Axum befinden. Werden in Axum also zumindest Teile der Manna-Maschine aufbewahrt?

Ob das zutrifft, wird sich so leicht nicht feststellen lassen.

Denn der Zugang ist nur einem einzigen Wächter gestattet, ansonsten für Einheimische wie Ausländer absolut verboten.

Das mag engstirnig erscheinen. Freilich dürften sich die Vertreter des Vatikans kaum anders verhalten, wenn äthiopische Forscher nach einem außerirdischen Gegenstand im Petersdom zu Rom suchen wollten.

Zweiter Exkurs in die Gegenwart: Manna-Maschine »Modell 1994«

Sowjetische Wissenschaftler haben unabhängig vom Buch Sohar so etwas wie eine »Manna-Maschine« entwickelt und gebaut. Ein Exemplar wurde im Forschungslabor getestet. Ergebnis: Die Chlorella-Kulturen erzeugten täglich 2000 Liter Sauerstoff. Ein anderes Modell ist für Raumflüge gedacht, wiederum freilich nur zur Sauerstoffproduktion. Die Algen werden mit den Exkrementen der Astronauten gedüngt und nicht verzehrt. Künftige Modelle der heutigen Manna-Maschine dürften dem im Sohar beschriebenen Apparat immer mehr ähneln!

»Es gab einst eine Zeit, in der die Götter die Erde beherrschten. Die Menschen wußten nicht, wer die Götter waren, woher die Götter kamen. Dumpf, eben dem Tier entwachsen, blinzelten sie dem Licht entgegen. Die Götter wohnten im Himmel, irgendwo zwischen den Sternen.« (Erich von Däniken: »Die Augen der Sphinx«.) – »Woher die Götter der Vorzeit kamen? Vielleicht vom Sirius!« (Professor Hans Schindler.)

5 Das Geheimnis der Dogon (Besucher vom Sirius I)

Kleine Götterlehre

Gott Jahwe führte eine Schar Israeliten von Ägypten ins »Gelobte Land«. Für die 40jährige Reise stellte er eine außerirdische Maschine zur Verfügung, die Manna produzierte. Wiederholt landete er unter Feuerschein und Donnergetöse in der Wüste, um später wieder mit Sturmesgebraus gen Himmel zu fahren.

Jahwe findet seine Entsprechung im ägyptischen Gott Seth. Seth war, wie Jahwe, ein Gott der Wüste. Wie bei Jahwe gehörten Sturmgewitter, Lärm und Getöse zum Erscheinungsbild des Gottes. Seth und Jahwe waren von ähnlichem Naturell: aufbrausend und manchmal grausam.

Wie Jahwe war Seth zunächst eine Lokalgottheit, stieg dann aber in der Götterhierarchie auf, so daß schließlich sogar Pharaonen, die sich als direkte Nachfahren der Götter aus dem All sahen, Seth als Ehrentitel im Namen führten.

Die Ägyptologie weiß, wie sehr die alten Ägypter von den Sternen fasziniert waren. So entdeckte der englische Altertumsforscher und Ägyptenspezialist Robert Bauval, daß sieben der berühmtesten Pyramiden Ägyptens Abbilder der Sternkonstellation Orion und der benachbarten Hyaden sind.

Im Frühjahr des Jahres 1994 machte der Wissenschaftsautor seine Entdeckung publik. Demnach entsprechen die

»Geknickte Pyramide« und die »Rote Pyramide« den Sternen Epsilon Tauri und Aldebaran. Die Pyramiden Zawiyet El-Aryan, von Mykerinos, Chephren, Cheops und Abu Roash entsprechen in den Relationen zueinander exakt den Sternen Bellatrix, Delta Orionis, Epsilon Orionis, Zita Orionis und Kappa Orionis.

Die Pyramiden, entstanden vor mindestens 4500 Jahren, ergeben nicht nur exakte Sternbilder, ihre jeweilige Größe entspricht zudem auch noch der jeweiligen Leuchtkraft des entsprechenden Sterns!

Schon in der Schriftsammlung »Hermetica« aus dem alten Ägypten wurde vor Jahrtausenden notiert: »Ägypten ist ein Abbild des Himmels, und alle Kräfte, die im Himmel regieren und wirken, sie wurden auf die Erde darunter übertragen.«

Die Ägypter beobachteten die Sterne genau und setzten sie mit Göttern gleich. So entsprach dem ägyptischen Jahwe der Stern Sirius. Die für Touristen aus unseren Gefilden unerträglich erscheinende Sommerhitze im Land am Nil wurde übrigens vor Jahrtausenden nicht der Sonne, sondern dem Sirius zugeschrieben. Dabei ist der Stern nur zu Beginn der sommerlichen Nilüberschwemmung schwach im Morgengrauen knapp über dem Horizont wahrzunehmen.

Professor Hans Schindler, Archäologe aus Wien, zum Verfasser: »Die Priester Ägyptens waren oft zugleich versierte Astronomen. Wie keinen anderen Stern beobachteten sie den Sirius. Sie waren überzeugt: Sirius kündigt die Ankunft des himmlischen Osiris an!«

Erwarteten die Ägypter Besuch vom Sirius? Oder kamen sogar in Ägyptens grauer Vorzeit Außerirdische von jenem Gestirn auf die Erde?

Professor Schindler: »Die hohe Stellung des Sirius kann sehr wohl auf reale Begebenheiten zurückzuführen sein, die sich vor Jahrtausenden ereigneten. Vielleicht hatten die

Ägypter wirklich Kontakt mit Außerirdischen. Wenn Sie fragen: Woher kamen die Astronautengötter der Vorzeit? Vielleicht vom Sirius!« Die Vermutung des Professors ist alles andere als bloße Spekulation. Tatsächlich gibt es Hinweise auf Außerirdische, die vom Sirius kamen – und Afrika, China und Sibirien besuchten. In der russischen Taiga ereignete sich zu Beginn unseres Jahrhunderts eine Katastrophe. Ein außerirdisches Raumschiff stürzte ab, explodierte. Vermutlich kam es vom Sirius.

Außerirdische bei den Dogon

Vor Jahrtausenden kamen Außerirdische vom Sirius auf die Erde. Davon sind noch heute die Dogon – und andere Stämme – überzeugt, die in den Homboribergen Malis in Westafrika leben. Die Besucher vom Sirius sind für die Dogon von gleicher Bedeutung wie Seth für die Ägypter oder Jahwe für die Menschen des Alten Israel.
1931 besuchte der französische Anthropologe Dr. Marcel Griaule die Dogon. Es gelang dem Wissenschaftler, das Vertrauen wichtiger Stammesvertreter zu gewinnen, die ihn in ihr uraltes Glaubensgut einweihten.
1946 stattete Dr. Griaule den Dogon einen weiteren Besuch ab, diesmal in Begleitung der Völkerkundlerin Dr. Germaine Dieterlen. Die Forscherin war damals in der »Société des Africanistes« im Pariser »Musée de l'homme« tätig. Sie bekleidete den verantwortungsvollen Posten der Generalsekretärin. 1951 faßten die Wissenschaftler ihre umfangreichen Forschungsergebnisse unter dem Titel »Ein sudanesisches Sirius-System« zusammen. In diesem wissenschaftlichen Werk veröffentlichten sie uralte Überlieferungen der Dogon, der Bambara und Bozo (Bezirk Segu) und der Minianka (Bezirk Kutiala).

Erstaunt stellten die Wissenschaftler fest, daß diese Völker ein heiliges Fest zelebrieren, in dessen Mittelpunkt ferne Sterne stehen. Schnell erkannten Dr. Dieterlen und Dr. Griaule, daß es sich dabei um Sirius und dessen angeblich »unsichtbaren Begleiter« handelte.

»Wir verehren nicht den hellen, sichtbaren Stern!« erklärten die Dogon. »Uns geht es um einen unsichtbaren Freund dieses Gestirns, wir nennen ihn Digitaria.« Alle 50 Jahre widmen sie diesem Unsichtbaren ein Fest.

»Wieso nur alle 50 Jahre?« wollten die Forscher wissen. Diese Frage erschien den Stammesältesten nicht besonders intelligent zu sein. Für sie war eine solche Frage wohl ähnlich abstrus wie für einen Christen unserer Tage die Frage, wieso man Weihnachten im Winter und nicht im Sommer feiern könne. Milde lächelnd antworteten sie: »Weil Digitaria, der unsichtbare Stern, seine Umlaufbahn nach annähernd 50 Jahren vollendet!«

Sollte Sirius wirklich einen unsichtbaren Begleiter haben, wie die Dogon überzeugt waren?

1834 fiel dem Astronomen Friedrich Wilhelm Bessel auf, daß die Eigenbewegungen des Sirius unregelmäßig waren. Nach zehn Jahren sorgfältiger Beobachtungen kam der Wissenschaftler zur Hypothese: Sirius wird von einem Begleitstern beeinflußt. Doch selbst mit den besten Fernrohren seiner Zeit konnte er diesen Himmelskörper nicht sehen. Optisch wahrgenommen wurde Sirius B erst 1862.

Der US-Linguist Robert Temple, Mitglied der »Royal Astronomical Society«, stieß zufällig auf das fortgeschrittene Wissen der Dogon in Sachen Sirius. Acht Jahre lang untersuchte er die uralten Überlieferungen der Dogon, studierte sorgsam das von Dieterlen gesammelte, aber nicht kommentierte Material. Er stellte fest: Alles, was wir heute, gegen Ende des 20. Jahrhunderts, über Sirius A und B wissen, war den Dogon schon seit ewigen Zeiten bekannt.

Die Umlaufzeit des »unsichtbaren Sirius« beläuft sich auf exakt 50,04 Jahre (Abweichung plus/minus 0,05 Jahre).
Dogon: Die Umlaufzeit beträgt »annähernd 50 Jahre«.
Dogon: Der unsichtbare Stern ist winzig. Richtig: Sirius B ist ein sogenannter »Weißer Zwerg«, hat einen Durchmesser von nur 41000 Kilometern.
Dogon: Obwohl Sirius B so winzig ist, ist er doch auch unglaublich schwer. Richtig: Er hat die Masse der Sonne.
Dogon: Sirius B lenkt und beeinflußt Sirius A. Richtig. Dabei ist das Wissen der Dogon in diesem Punkt, vom irdischen Alltag ausgehend, doch eigentlich unlogisch. Wieso sollte der unsichtbare Zwerg den gigantischen »großen Bruder« beeinflussen und nicht umgekehrt?
Dogon: Digitaria ist die Basis des Systems. Richtig: Der Winzling Sirius (= Digitaria) ist »Lenker« des Riesen Sirius.
Je mehr Details die geduldigen Afrikaner Dr. Dieterlen und Dr. Griaule über Sirius A und Sirius B übermittelten, desto begriffsstutziger schienen die Weißen zu werden.
Die Dogon malten das Sirius-System in den Sand. Wir wissen heute: Ihre Darstellung ist absolut korrekt bis hin zur ellipsenförmigen Bahn von Sirius B.
Verwundert reagierten die Dogon auf die Frage, woher denn das rätselhafte Wissen stamme. Das sei ihnen von Nommos geschenkt worden. Diese Wesen stammten, wie ja jeder wisse, aus den Tiefen des Alls. Die Nommos wurden dann als amphibische Wesen beschrieben. Als Lehrmeister aus dem All gingen sie in das Glaubensgut der Dogon und anderer Stämme ein. Uns Heutige erinnern bildliche Darstellungen dieser Nommos sehr an Astronauten. Die Wesen tragen antennenähnliche Auswüchse auf plumpen, eckigen Köpfen. Oder sind es Helme von Raumanzügen?
Seltsam: Die Nommos sollen Fischleiber gehabt haben.

Göttin Isis wird im Alten Ägypten gern in bildlichen Darstellungen als Wesen mit Fischschwanz dargestellt.

Sollte das erstaunliche Wissen der Dogon auf jahrtausendealten ägyptischen Quellen beruhen? Robert Temple meint, ja. Penibel verfolgte er das Wissen der Dogon bis zu seinen Ursprüngen zurück, die sich in der Vorzeit Ägyptens verlieren.

Es ist ein weitverbreitetes Phänomen in der Wissenschaft: Rätsel der grauen Vorzeit werden lieber totgeschwiegen, als daß phantastisch anmutende Erklärungen auch nur in die Überlegungen einbezogen werden. Die These, daß Außerirdische vor Jahrtausenden unsere Erde besucht haben könnten, wird in weiten Kreisen der Wissenschaft auch heute noch meist stiefmütterlich behandelt. Dabei legen etwa die Überlieferungen der Dogon mehr als nahe, daß einst Besucher aus den Gefilden des Sirius in Afrika waren.

Jene Besucher wurden, so die Dogon-Überlieferungen, von einem Obergott Amma losgesandt. In einer fliegenden Arche kamen sie zur Erde. Wenn dieses Flugobjekt zur Erde niederfuhr, verursachte es entsetzlichen Lärm, der so klang, als krachten Steine aufeinander, als prassele Kies auf Fels, als schalle Donnergetöse von steinernen Wänden einer Höhle wider, verstärkt durch das Echo. Ähnlich wurden Jahwes Landungen im Alten Testament beschrieben!

Die Dogon vernahmen bei den Landungen nicht nur entsetzlichen Lärm. Sie registrierten eine weitere imposante Begleiterscheinung: Feuer.

Die göttliche Flamme sei stets erloschen, wenn »die fliegende Arche der Nommos« die Erde berührte.

Treffender kann die Landung eines Flugobjekts mit Raketenantrieb kaum beschrieben werden.

Selbst Emmanuel Davoust, ein französischer Astronom der der Theorie von vorgeschichtlichen Astronautenbesuchen ablehnend gegenübersteht, ist verblüfft, das astronomische

Wissen der Dogon sei geradezu unerklärbar exakt. Man müsse überprüfen, ob nicht vielleicht doch Außerirdische dieses Wissen auf die Erde gebracht hätten.

Ich bin überzeugt: Vor Jahrtausenden kamen Sirius-Astronauten zur Erde, besuchten Afrika. Anders ist die Tatsache, daß, was dort seit Jahrtausenden Bestandteil heiliger Überlieferungen ist, exakt unserem heutigen Wissen entspricht, nicht vernünftig zu erklären.

Ja, das Wissen der Dogon geht über unseren Kenntnisstand hinaus!

So wird in Mali schon seit Ewigkeiten gelehrt, daß Sirius B nicht der einzige Begleiter des hell strahlenden Sirius A ist. Da gibt es noch Emme Ye, viermal leichter, dabei zugleich größer als Digitaria. Emme Ye benötigt, wie Sirius B, für seine (freilich größere) Umlaufbahn annähernd 50 Jahre. Ausdrücklich wird in alten Überlieferungen festgehalten, daß Emme Ye in gleicher Richtung läuft wie Sirius B. Emme Ye selbst wird von einem eigenen Trabanten umkreist, genannt »Stern der Frauen«. Der dritte Begleiter ist »Schuster«. Seine Umlaufbahn ist die weiteste und verläuft entgegengesetzt zur Bahn von Emme Ye.

6 Das Geheimnis der Steinernen Scheiben (Besucher vom Sirius II)

Spuren von Sirius-Besuchern finden sich nicht nur in Afrika, sondern auch in China. Ich recherchierte eine Story, die fast an Science-fiction erinnert ...
Kleine Skelette von Wesen mit zierlichem Körperbau und unpassend großen Schädeln wurden 1938 vom chinesischen Archäologen Tschi Pu Tei in den Gebirgszügen des Bayan Kara Ula ausgegraben. Kleinwüchsige Wesen waren auch auf Malereien an den Wänden der rätselhaften Grabeshöhlen angebracht. Sie zeigen zierliche »Astronauten« mit Helmen. Darstellungen von Sonne, Mond und fernen Sternen fehlen auch nicht.
Ausgegraben wurden in den Höhlen zudem 716 Steinteller, die an vorsintflutliche Schallplatten aus der Sammlung Fred Feuersteins erinnern. In der Mitte haben sie je ein Loch, von da aus führt eine doppelspurige Rillenschrift bis an den Rand jedes »Tellers«.
Die Funde lösten heiße Diskussionen aus. Kein Wissenschaftler vermochte zu erklären, wer die kuriosen Steinplatten gefertigt und beschriftet hatte. Und von den kuriosen Skeletten wollte schon gar niemand etwas wissen.
In der Region der seltsamen Funde sollen einst die Volksstämme der Dropa und Sikang gelebt haben, kleinwüchsige Menschen. Warum hatten aber die Skelette unpassend große Köpfe?
Tschi Pu Tei publizierte 1940 eine These, die niemand so recht ernst nahm. Demnach stammten die Skelette von einer ausgestorbenen Gebirgsaffenart. Warum diese gewiß

possierlichen Tierchen aber ihre verblichenen Artgenossen bestatteten, eine Verhaltensweise, die im sonstigen Tierreich nicht zu beobachten ist, konnte Tschi Pu Tei ebensowenig erklären wie die Herstellung der Steinteller und Höhlenmalereien. Affen können dafür ganz gewiß nicht verantwortlich gemacht werden.

1962 gelang es Professor Tsum Um Nui endlich, Teile der Steintellertexte zu übersetzen. Was der Gelehrte, Mitglied der »Akademie für Vorgeschichte« in Peking, herausfand, das klang so abenteuerlich, daß die Vorgesetzten des wakkeren Forschers zunächst jede Veröffentlichung des brisanten Materials untersagten. Tsum Um Nui ließ sich aber nicht einschüchtern und publizierte seine Schrift trotzig unter dem Titel »Rillenschriften, Raumschiffe betreffend, die, wie auf den Scheiben aufgezeichnet ist, vor zwölftausend Jahren existierten«.

Nicht nur für konservative Wissenschaftler war der Inhalt dieser Publikation mehr als schockierend. Sollten doch, so die Steintellerstory, vor 12000 Jahren Außerirdische auf den dritten Planeten unseres Sonnensystems verschlagen worden sein. Dabei wurde das Raumschiff der Fremden so stark beschädigt, daß sie es nicht reparieren konnten und gezwungen waren, für immer auf der Erde zu bleiben.

Die kleinwüchsigen Außerirdischen nahmen Kontakt mit den Menschen auf, aber die wollten nichts mit den Fremden zu tun haben. Sie zogen sich in Höhlen zurück, wurden aber von den tibetischen Gebirglern angegriffen. Wahrscheinlich wurden alle Außerirdischen ermordet.

Diese phantastisch anmutende Geschichte kursiert seit Mitte der 60er Jahre nicht nur in Kreisen der »Prä-Astronautik«.

Ich wollte sie in mein Buch »Astronautengötter – Versuch einer Chronik unserer phantastischen Vergangenheit« aufnehmen und recherchierte. Brieflich nahm ich Kontakt mit

amtlichen Stellen in China auf. Und wurde herb enttäuscht.

Wang Chung-shu von der »Pekinger Akademie Sinicia«
antwortete mir: »Nach unseren Kenntnissen ist in China
niemals ein einziger ›Steinteller‹, wie in Ihrem Brief erwähnt, entdeckt worden. Auch gibt es in unserem Land
keine derartige Akademie noch einen Mann namens Tsum
Um Nui. Deshalb ist ein Bericht über die sogenannten
›Steinteller‹, die im Gebiet des Bayan Kara Ula-Gebirges in
China im Jahr 1938 gefunden wurden und in denen viele
Ideogramme eingekerbt sind, nicht beweisbar.«

Ähnlich negativ war die Antwort, die mir Research-fellow
Pin-hsiung Liu aus dem Volkskulturpalast in Peking über-
mittelte. Steinteller der beschriebenen Art seien ihm vollkommen unbekannt, und von einer Veröffentlichung durch
einen Tsum Um Nui habe er auch nie etwas gehört. Das
»Chinesische Geschichtsmuseum« hat »nichts über das
Problem der Steintafeln gehört«, wurde mir mitgeteilt.

Wang Zhong-shu, wissenschaftlicher Sekretär des »Instituts für Archäologie«, schrieb mir: »Unseres Wissens hat
man in China niemals die in ihrem Brief erwähnten Steinteller entdeckt, und es gibt auch nicht die Leute Tsum Um
Nui und Tschi Pu Tei. Die Berichte, daß es in China im
Bayan Kara Ula-Gebirge zur Entdeckung vieler ›Steinteller‹
mit eingravierten Hieroglyphen gekommen sei, entbehren
daher jeder Grundlage.«

Wang Zhong-shu belehrte mich noch in Sachen Geogra-
phie: »Ich muß Ihnen erklären: Tibet ist eine untrennbare
Einheit des chinesischen Territoriums, das autonome Gebiet Tibet ist eine Verwaltungseinheit Chinas. Daher ist der
in Ihrem Brief vorkommende Ausdruck ›chinesisch-tibeti-
sches Grenzgebiet‹ absolut falsch.«

Sollte die Steintellergeschichte jeder Grundlage entbehren?
Ich veröffentlichte meine Bedenken, die Ergebnisse meiner

Recherchen, in der ersten Auflage meines Buches »Astronautengötter« (1979) und forschte gleichzeitig weiter. So fand ich heraus, daß der russische Schriftsteller und Forscher Alexander Kassanzev, einer der ersten, die über die geheimnisvollen Steinteller publiziert hatten, unbeirrt weiterhin von der Echtheit der Funde überzeugt war, wie er dem österreichischen Schriftsteller Peter Krassa in einem persönlichen Gespräch mitteilte.

1992 traf ich mich, nach langjährigen, langwierigen Recherchen und umfangreicher Korrespondenz, in Chiles Hauptstadt Santiago mit einem im Exil lebenden Chinesen, dessen Anonymität ich – wunschgemäß – wahre. Mein Informant erklärte mir, mindestens eine der Steinscheiben sei 1945 nach Indien gelangt. Auch sei einem englischen Forschungsreisenden gelungen, was andere vergeblich versucht hätten: Mitte der 40er Jahre sei er in das geheimnisvolle Gebiet von Bayan Kara Ula vorgedrungen.

Es ist mir inzwischen gelungen, die Angaben meines chinesischen Informanten zu verifizieren. Professor Sergei Lalladoff war demnach 1945 in Mussorie, im nördlichen Indien, als Angehöriger der Britischen Armee stationiert. Professor Sergei Lalladoff erwarb eine Scheibe mit 22,9 Zentimeter Durchmesser, 5 Zentimeter dick. Angeblich stammte das Objekt von einem Volksstamm namens Dzopa und wurde bei »religiösen Zeremonien« benutzt. Auffällig sei das Gewicht der Scheibe gewesen: 13,5 Kilogramm. Das Material habe sich nicht bestimmen lassen, man vermutete »Stein oder Metall«. Der Teller habe sich »glatt« angefühlt, sich nicht anbohren lassen, selbst Diamanten habe er widerstanden.

Professor Lalladoff konnte den Fund keiner ihm bekannten Kultur zuordnen. So versah er ihn mit dem auch unter Anthropologen gern verwendeten Etikett »Kultobjekt«, wenn sich keine konkretere Bezeichnung finden läßt.

Professor Lalladoff kehrte nach seiner Dienstzeit in Indien nach Oxford in England zurück. Dort lernte er den wohlhabenden Naturforscher und Weltreisenden Dr. Karyl Robin-Evans kennen. Dr. Evans, ehemals Offizier bei den »Scotts Guards«, arbeitete zeitweise im Team Professor Lalladoffs mit. Aus wissenschaftlichem Interesse. Wohlhabend, wie er war, hatte er es nicht nötig, einem Gelderwerb nachzugehen.

Bald langweilte ihn aber die »Stubenhockerei«, und so brach er schon 1947 auf, um die Geschichte des kuriosen Steintellers vor Ort zu ergründen.

Über Lhasa, Tibet, wo er eine Audienz bei Seiner Heiligkeit dem Dalai Lama gewährt bekam, gelangte er in die Heimat der »Dzopa von Tibet«, die im Grenzbereich der Provinzen von Quing hai und Sichuan liegt.

Kurz vor Erreichen des Dzopa-Gebiets wurde Dr. Evans von seinen ihn begleitenden Trägern verlassen. Sie wollten auf keinen Fall das »unheimliche Land« betreten.

Die Dzopa erwiesen sich zunächst als mißtrauisch, doch bald schon nahmen sie den Fremden gastfreundlich auf. Sie teilten ihm eine Sprachlehrerin zu, eine junge, attraktive Dzopa-Frau namens Loren-La.

Die Unterrichtsmethoden der »Pädagogin« waren recht ungewöhnlich. Dr. Evans notierte: »Wir lächelten uns an, waren fröhlich. Dann tanzten wir ein wenig, wie Kinder. Schließlich fing sie an, das Oberteil ihres Gewandes zu lösen, mehrere dicke Schichten fielen, sie entblößte ihre Brüste. Sie erklärte mir, daß es Brauch unter den Dzopa-Lehrerinnen sei, männliche Schüler anzuspornen, indem sie ihnen sexuelle Intimitäten gestatteten.«

Dr. Evans war zunächst »etwas bestürzt«, akzeptierte aber dann gern den fremden Brauch: »Ihre teilweise Nacktheit erregte mich. Ihre Brüste waren klein, aber schöner geformt, als ich es erwartet hatte. Ihre Haut war weiß und sanft, glatt wie die eines Babys. Ich kniete nieder ... und bald fanden wir uns auf dem Boden wieder. Mein Mund liebkoste ihre Brüste, sie kicherte unkontrolliert und streichelte mein Haar. Mein Herz raste. Seit Monaten hatte ich keinen Sex genossen, keine Frau gehabt, wenn man einmal von einer Hure in Indien absieht.«

Dr. Evans machte rasch Fortschritte ... im Erlernen der Dzopa-Sprache und bei seiner Lehrerin. Sie wurde schwanger.

Staunend vernahm Dr. Evans die Geschichte der Dzopa, wie sie auf den geheimnisvollen, heiligen Tellern festgehalten sei. Demnach waren die Dzopa direkte Nachfahren von Besuchern aus dem All. Die Urheimat dieser Fremden sei das Sirius-System gewesen.

Mehrere Besuche der Siriusgötter habe es gegeben. In grauer Vorzeit, so laute die Überlieferung, erforschten die Sirius-Götter zunächst ihr eigenes Sonnensystem. Interessant waren die beiden Monde des eigenen Planeten. Einer davon war bewohnt. Die Mondwesen erwiesen sich als feindlich gesinnt. Es kam zu kriegerischen Auseinandersetzungen, die mit der totalen Vernichtung der Mondbewohner endeten.

Die Sirius-Götter beschlossen, andere Welten im Universum aufzusuchen. 20 Expeditionen wurden geplant. Eines der losgeschickten Sirius-Schiffe besuchte zwölf verschiedene Planeten, ohne auf Leben zu stoßen. Erst der 13. Planet, der dritte seines Sonnensystems, war bewohnt: unsere Erde.

Sehnsüchtig erinnerten sich die Astronauten an die Heimat im Sirius-System. An Bord des Raumschiffs, aber auch wenn sie fremde Welten erkundeten, rechneten sie stets mit zwei verschiedenen Kalendern. Kalender Nr. 1 war der vom Heimatplaneten, Kalender Nr. 2 nach »Bordzeit« des Raumschiffs ausgerichtet. Ein Doppelkalender wurde übrigens auch bei den Mayas benutzt. Man rechnete in irdischen Jahren mit je 365 Tagen und in »göttlichen Jahren« mit je 260 Tagen. Kalender Nr. 2 bezog sich auf den Heimatplaneten der Astronautengötter, die auch in der Mythologie und den Heiligen Büchern der Mayas eine wichtige Rolle spielen.

Die Astronauten vom Sirius-System waren oft deprimiert. Weil sie, sollten sie jemals zur Heimat zurückkehren, weder Freunde noch Bekannte oder Verwandte wiedersehen würden. Während an Bord des Raumschiffs »nur wenige Jahre« verstrichen, vergingen auf dem Heimatplaneten »2000 Jahre«.

Seit Albert Einsteins Relativitätstheorie wissen wir: Für eine beschleunigte Rakete vergeht die Zeit langsamer als etwa auf der Erde, der Basis des Flugkörpers, wo sie abgeschossen wurde.

Was Einstein theoretisch errechnete, ist übrigens inzwischen längst auch im praktischen Versuch mit extrem exakt laufenden Atomuhren bewiesen: Raumschiffzeit ist nicht gleich Zeit auf dem Heimatplaneten.

Konkretes Beispiel: Ein Raumschiff beschleunigt konstant mit $9,81$ m/sec^2. Nach fünf Jahren an Bord sind auf dem Heimatplaneten bereits 6,5 Jahre verstrichen. Nach zehn Jahren an Bord ist der Unterschied schon größer: 24 Planetenjahre sind abgelaufen. Sind die Astronauten nach ihrem Bordkalender ein Vierteljahrhundert unterwegs ... vergingen auf dem Heimatplaneten derweil 910 Jahre. Und um noch einen extremen Wert zu nennen: Ein Astronaut startet mit 20 Jahren. Wenn er, 50 Jahre später, an Bord seinen 70. Geburtstag feiert, kennt ihn auf seinem Heimatplaneten niemand mehr, wenn es dann sein Land, seine Kultur, ja seinen Planeten überhaupt noch gibt! Die Welt der Astronauten ist nämlich »zu Hause« inzwischen 420000 Jahre weiter.

74

»Planet in Sicht«

Die Besatzung des Sirius-Raumschiffs wird oft von trübsinnigen Gedanken heimgesucht ... bis endlich ein bewohnter Planet entdeckt wird: die Erde. Seine Bewohner sind freilich alles andere als intelligent. Dr. Evans notierte, was die Dzopas erzählten: »Bräuche und Traditionen verboten es, sich mit primitiven Lebewesen zu paaren.« Doch gerade das Verbot habe den Kapitän gereizt. Er und 60 seiner Männer rüsteten zu einer Expedition auf den Planeten. Dann geschah Entsetzliches: »Die Männer der Expedition stürzten sich nackt auf sie (die Frauen der Erdlinge, der Autor), benutzten sie zu ihrem eigenen Vergnügen, bis ihnen die Sache langweilig wurde. Sie ließen die meisten Frauen wieder laufen, etwa zehn wurden als Musterexemplare getötet. Dann startete das Raumschiff wieder.« So sei der Mensch entstanden: als das Ergebnis einer kollektiven Massenvergewaltigung.

Ein ähnliches Vorkommnis vermeldet auch das altjüdische Buch Henoch. 200 Wächter des Himmels taten sich zusammen, stiegen zur Erde hinab und fielen über die Frauen her. Im Buch Henoch heißt es: »Diese und alle übrigen mit ihnen nahmen sich Weiber, jeder von ihnen wählte sich eine aus, und sie begannen, sich an ihnen zu verunreinigen. Die Frauen wurden schwanger.«

Die Sirius-»Götter« kehrten, so lautet die Dzopa-Überlieferung weiter, zum Sirius zurück. Dort angekommen, »wurde die Neugier der Wissenschaftler geweckt. Sie stellten fest, daß unsere (Sirius-)Männer mit großer Wahrscheinlichkeit Nachwuchs auf der Erde gezeugt hatten.«

Die Sirius-Astronauten organisierten eine zweite Expedition zum Planeten Erde. Hatte die erste zufällig die Erde

ausfindig gemacht, so strebten sie dieses Ziel jetzt planmä-
ßig an. Es sollte festgestellt werden, welche Entwicklung
Planet und Bewohner genommen hatten.
Im Jahre 1014 irdischer Zeitrechnung erreichte das zweite
Expeditionsteam die Erde. Zunächst beobachtete man den
Planeten nur aus der Distanz. »Der dritte Planet hatte sich
fast zur Unkenntlichkeit verändert. Wohlhabende Städte
hatten sich nun über die Erde ausgebreitet, meist zweige-
teilt, auf der einen Seite lebten die Reichen mit Luxus in
Palästen, auf der anderen Seite vegetierten die Armen in
elenden Hütten. Mächtige Armeen kämpften gegeneinan-
der. Männer erschossen, erstachen, blendeten und kastrier-
ten sich gegenseitig, alles im Namen ihrer Herrscher oder
hehrer Ziele, auf die sie vereidigt worden waren. Auch die
Soldaten, die nicht im Dienst waren, raubten, machten
Beute und vergewaltigten. Die Menschen zeigten teils großen Mut, Treue und Hingabe, aber gleichzeitig auch oft
schlimme Grausamkeit. Kluge Menschen widmeten ihre
ganze Intelligenz und Kraft ausschließlich der Unterdrük-
kung und Habsucht.«
Die Besucher vom Sirius waren nachdenklich gestimmt:
»Diese Kreaturen unterschieden sich gar nicht so sehr von
uns selbst.« Sie diskutierten, wie man den Menschen begegnen sollte.
Würde man zur Erde niederfahren und die Menschen als
Freunde und Verbündete behandeln? Sollte man ihnen ent-
hüllen, wie sie entstanden waren, als Produkte vergewalti-
gender Außerirdischer? Wenn ja: Wie würden die Menschen diese Nachricht aufnehmen? Mußte man auf der
Hut vor den Menschen sein und befürchten, von ihnen angegriffen zu werden?
Wer weiß, wie lange diese Debatte geführt wurde – da
wurden die Diskussionen abrupt unterbrochen. Das
Raumschiff geriet außer Kontrolle, konnte nicht mehr ge-

steuert werden, verlor zusehends an Höhe und würde auf der Erde zerschellen.

Dank der gut ausgebildeten Crew gelang eine Notlandung im Bayan Kara Ula-Gebirge, wie man jene Region später nennen sollte. Dabei wurde das Raumschiff freilich weitgehend zerstört, ein Großteil der Besatzung kam ums Leben oder wurde schwer verwundet. Dr. Evans berichtet vom jammervollen Dahinvegetieren der Überlebenden und vom elenden Ende vieler Verletzter.

Die ortsansässigen Tibeter erkannten rasch ihre Überlegenheit gegenüber den »Fremden, die von weither gekommen waren«. Sie überfielen sie immer wieder, töteten einen Fremden nach dem anderen. Die gestrandeten Außerirdischen bestatteten ihre Toten in Höhlen, malten Bilder an die Wände, die spätere Generationen an die Besucher vom Sirius erinnern sollten.

Fünf Jahre nach der Bruchlandung des Sirius-Raumschiffs lebten nur noch 30 Familien. Die Sirius-Leute gewöhnten sich nur langsam an die Existenz auf der Erde. Ohne die gewohnten technischen Hilfsmittel ihrer Heimat, ohne ihre vertraute Technologie mußten sie lernen, unter primitivsten Verhältnissen zu leben und zu arbeiten. Und das in feindlicher Umgebung, unter lebensfeindlichen Verhältnissen und Bedingungen.

Generationen vergingen, bis es langsam keine Angriffe von seiten der Tibeter mehr gab. Bald erinnerten nur noch die Steinteller an die »Heimat Sirius«. Aber auch diese Berichte verloren rasch an Glaubwürdigkeit.

So soll es, als die siebte Generation der Sirius-Wesen auf der Erde lebte, einen »Ungläubigen« gegeben haben, der die Überlieferungen, wonach die Urahnen vom Sirius gekommen waren, als »unglaubwürdige Märchen« bezeichnete, die man am besten schnell vergessen sollte.

Nachdem der Ketzer sich nicht von seiner Überzeugung

abbringen ließ, wurde er kurzerhand gesteinigt, eine Methode, mit Andersdenkenden umzugehen, die in der Geschichte der Menschheit viele Anhänger fand.

Dr. Karyl Robin-Evans' Besuch bei den Dzopa, den Nachfahren der Besucher vom Sirius, endete überstürzt und in einer Weise, die den Forscher nicht in einem günstigen Licht erscheinen läßt. Als der Gelehrte nämlich feststellte, daß seine Sprachlehrerin unübersehbar schwanger war, reiste er überstürzt und heimlich ab, um sich seinen Vaterpflichten zu entziehen.

1974 starb Dr. Karyl Robin-Evans. Er hinterließ seine unveröffentlichten Aufzeichnungen von seinem Besuch bei den Dzopa. Dr. David Agamin publizierte Auszüge daraus im Jahr 1978. Sein Bericht bestätigt in unerwarteter Weise die Überlieferung der Dogon, wonach »in grauer Vorzeit« außerirdische Wesen vom Sirius auf die Erde kamen.

Aber ist Dr. Evans' Bericht glaubwürdig? Trotz intensiver Bemühungen ist es mir nicht gelungen, etwas über den Verbleib jenes Steintellers in Erfahrung zu bringen, der angeblich 1945 in Indien auftauchte und von Professor Lalladoff gekauft und nach England geschafft wurde.

Die Aufzeichnungen von Dr. Evans bestätigen weitgehend die Informationen, die etwa Alexander Kassanzew aus Moskau über das Geheimnis der Steinteller verbreitet. Das spricht eigentlich für die Verläßlichkeit der Aufzeichnungen von Dr. Evans.

Andererseits fallen aber einige Unterschiede zwischen beiden Versionen der Geschichte auf, auf die ich hinweisen möchte:

1. Der erste Besuch der Wesen vom Sirius fand nach Dr. Evans »vor rund 20 000 Jahren« statt. In allen übrigen Berichten ist aber von einem Besuch von vor 12 000 Jahren die Rede.

2. Dr. Evans behauptet, zwölf Informationsträger in Tel-

lerform seien vom Raumschiff geborgen und in Höhlen versteckt worden. In allen übrigen Berichten ist von 716 Steintellern die Rede. Außerdem gibt Dr. Evans an, es habe noch andere Informationsträger gegeben, Metallbänder oder Metallstreifen, die in den übrigen Berichten zum Thema mit keinem Wort erwähnt werden.

3. Dem Lalladoff-Teller fehlt ein Merkmal, das in allen übrigen Berichten betont wird. Er hat kein Loch in der Mitte.

4. Alexander Kassanzew spricht von nur einem Besuch der Außerirdischen, nach dem Bericht des Dr. Evans gab es deren drei – und immer vom Sirius!

Der erste fand – nach Dr. Evans – vor cirka 20 000 Jahren statt, der zweite 1017 n. Chr. und der dritte 1908 n. Chr. Die beiden letzten Besuche sollen in entsetzlichen Katastrophen unvorstellbaren Ausmaßes geendet haben.

7 Das Geheimnis der Taiga
(Besucher vom Sirius III)

Die Dzopa-Überlieferungen, niedergeschrieben vom Forschungsreisenden Dr. Evans, halten fest: 1908 tauchte ein Raumschiff vom Sirius am nächtlichen Himmel auf. Die Freude der Dzopa war riesig.

Stimmten also die Berichte, die seit Ewigkeiten von Generation zu Generation weitergereicht worden waren – vom Ursprung der menschlichen Kultur auf dem Sirius?

Freudenfeuer wurden entzündet, Feuerwerke abgebrannt, Eifrige rannten mit Fackeln durch die Nacht. Es brach aber auch Panik aus.

Würde man von den Besuchern vom Sirius bemerkt werden? Die Grundstimmung war optimistisch. Es war sicher nur eine Frage der Zeit, von wenigen Stunden oder allenfalls Tagen, bis man an Bord des Raumschiffs genommen werden würde, um in die Urheimat der Vorfahren aus grauer Vergangenheit zurückzukehren. Zum Sirius!

Es kam aber ganz anders: Das Raumschiff explodierte über der Taiga Sibiriens. Was dort anno 1908 geschah, darüber wird schon seit Jahrzehnten diskutiert.

Dabei sind die Fakten eindeutig. Wissenschaftliche Untersuchungen aus der ehemaligen UdSSR beweisen: 1908 explodierte ein außerirdisches Raumschiff über der Taiga. Doch leider wurden die entsprechenden Dokumente bislang im Westen weitgehend verschwiegen.

Weil manche Politiker und Wissenschaftler eine Panik unter der Bevölkerung befürchten, die angesichts der Gefahr, die anscheinend aus dem All drohen kann, ausbrechen könnte?

Es kann nicht oft genug wiederholt werden: Angst entsteht aber eher durch das Verschweigen von Fakten als durch Information! Und die Tatsachen müssen endlich »auf den Tisch«.

Am 30. Juni 1908 erschütterte eine gewaltige Explosion die Taiga Sibiriens. Ortszeit 07 Uhr 17. Millionen von Bäumen wurden in Sekundenbruchteilen zu Asche. Tausende Waldtiere, wahrscheinlich auch Menschen, starben. Niemand kennt ihre Zahl, geschweige denn die Namen der menschlichen Opfer. Es waren durch die Taiga ziehende Nomaden, Bauern und Hirten, wahrscheinlich auch einige Waldarbeiter. Sicher ist: Wäre es über Europa passiert, dann hätte es mit Sicherheit Millionen Tote gegeben. Ein Land wie zum Beispiel Belgien wäre vollständig ausgelöscht worden.

Juwgenij Krinow gilt als Experte in Sachen Tunguska-Explosion. Den langjährigen Forschungen des Moskauers zufolge geschah folgendes: Am 30. Juni 1908 durchquerte in wenigen Sekunden ein fliegendes Objekt den Himmel über der Tunguska von Südosten nach Nordosten. Bei wolkenlosem Himmel war es deutlich als extrem helles Etwas auszumachen, ließ in seiner Leuchtkraft die Sonne dagegen verblassen.

Verschiedenen Augenzeugen zufolge war das Objekt zylinderförmig und vollführte noch kurz vor dem Aufprall ein Wendemanöver, änderte abrupt die Richtung.

Zu ähnlichen Resultaten kam der amerikanische Reporter David Hughes. Er recherchierte, fand heraus, daß man aus vielen Kilometern Entfernung vom Rand der Verwüstung eine »senkrechte Feuer- und Rauchsäule« gesehen habe.

Kein Wunder, daß man die Katastrophe weithin sah: Es wurden glühende Materieteilchen bis in eine Höhe von 20 Kilometer geschleudert. Weltweit stellten die meteorologischen Stationen ein Beben fest. Eine »Welle« lief um die

Welt, ließ die Meßgeräte erzittern. Zusätzlich vermeldete die magnetische Meßstation in Irkutsk »eine Störung im magnetischen Feld der Erde«.

Weltweit traten seltsame Leuchtphänomene auf. In Moskau wie in London konnte man mitten in der Nacht ohne Blitzlicht fotografieren oder auf der Straße Zeitung lesen.

Alexeij Wassilejewitsch Solotow ist überzeugt: Ursache für das Beben und die Leuchterscheinungen war die Explosion eines atomar angetriebenen außerirdischen Raumschiffs. Ihm liegen zwei Berichte von Augenzeugen vor, die südlich des dramatischen Geschehens in der Nähe des Awarkit-flüßchens übernachteten.

Ein gewaltiger Explosionsschlag weckte die beiden. Eine Hütte der kleinen Siedlung »flog in die Luft, krachte zu Boden. Es gab nur Leichtverletzte, Bäume wurden entwurzelt, von einer gewaltigen Bö in die Luft gewirbelt.« Brennend fielen sie zu Boden.

Was hatte sie entzündet? Eine pilzähnliche Wolke, hoch oben im Norden, war zu sehen, von der aus schien gewaltige Hitze zu kommen. Diese pilzähnliche Wolke, so Alexeij W. Solotow, muß eigentlich als atomare Explosion gedeutet werden. Und sie stand mit einem Flugobjekt in Verbindung, das auf die Erde herabstürzte. Das bezeugte unter anderen der Bauer Alexander Goloschtschekin im Dorf Kamenskij, 600 Kilometer von Tunguska entfernt: »Da sah ich einen seltsamen Flugkörper in der Luft, der war lang und vorne breiter als hinten. Vorn schien das Ding heller zu sein, hinten eher schwarz. Es flog waagerecht in nordwestlicher Richtung, dann schien es nach Nordosten abzufallen.« Anschließend hörten die Bewohner des Dorfes hintereinander drei Explosionen.

Der Gerber Saritschew aus Kansk sah es auch, das Ding. Der Mann befand sich am Fluß Kama. Das fliegende Objekt zog über ihm und seinem Kollegen am Himmel dahin, löste eine Flutwelle im Fluß aus und sauste Richtung Norden davon. Auch eine Explosion wurde vernommen, wie ein aus weiter Ferne tönendes Artilleriefeuer.

Das sind nur einige aus einer Reihe von Augenzeugenberichten, die Alexeij Solotow vom »Geophysikalischen Institut« gesammelt hat. Denksportaufgabe: Was ist das, was waagerecht fliegt, wie eine Röhre aussieht, vorn breiter als hinten ist, vor dem Aufschlag auf den Boden explodiert und radioaktive Verseuchung hinterläßt?

Man mag einwenden, daß auch Meteore »waagerecht fliegen«. Solotow zu diesem Einwand: »Kleine verglühen in der Atmosphäre, große schlagen auf und erzeugen einen Krater.« Einen Krater aber hat die Tunguska-Explosion nicht hinterlassen.

Solotow studierte die Berichte aus dem Umkreis der Tunguska-Katastrophe. Zahlreiche Zeugen sahen ein »Ding«, ein »Etwas«, dahinfliegen. Ihre Aussagen ergeben ein einheitliches Bild. Das Objekt flog mit einer Geschwindigkeit von weniger als fünf Kilometern in der Sekunde. Damit scheiden Meteor oder Komet schon aus.

Druckwellen, gemessen in aller Welt, Veränderungen im Magnetfeld und die pilzartige Rauchwolke, dazu die erhöhte Radioaktivität, die am Explosionsort gemessen wurde: Das alles weist auf die Detonation eines außerirdischen Raumschiffes hin.

Gleiches gilt auch für die Ergebnisse mehrerer Untersuchungen, die Leonid Kulik vor Ort durchführte. 1927 erreichte er nach unglaublich strapaziöser Reise zum ersten Mal das Zentrum der Explosion. Es gab keinen Krater, nicht die Spur eines noch so kleinen Einschlags.

Unbegreiflich war dem Wissenschaftler zunächst, daß schon 60 Kilometer vom Explosionszentrum entfernt die Bäume teilweise wie Streichhölzer umgeknickt, teilweise ohne Wipfel waren. Dann folgte eine riesige Zone, in der kein einziger Baum mehr stand.

83

Im Zentrum des Gebiets hingegen ragten die Baumstämme wie verkohlte Telegrafenmasten in die Luft, die Äste fehlten. Ein solches Bild ist typisch für eine Atomexplosion, die in einigen Kilometern Höhe stattfand. Die Druckwelle einer solchen Explosion breitet sich kreisförmig aus. Auf die Bäume direkt unter dem Explosionsherd treffen sie lotrecht von oben auf. Folge: Die Stämme bleiben stehen, die Äste, die mehr Angriffsfläche bieten, werden mit brachialer Gewalt abgerissen. Je weiter die Bäume vom Zentrum entfernt stehen, desto größer ist die Kraft, die von der Seite auf sie einwirkt. Diese Bäume werden ganz umgedrückt.

Bilder aus dem Gebiet der Tunguska-Katastrophe erinnern uns in erschreckender Weise an Aufnahmen, die in Hiroshima und Nagasaki nach Abwurf der Atombomben aufgenommen wurden. Auch hier blieben Baumstämme, Telegrafenmasten und Mauern direkt unter dem Explosionsherd stehen.

Noch heute wird in Wissenschaftskreisen diskutiert, was 1908 wohl in der Taiga Sibiriens geschah. Dabei wurde schon 1967 klar, daß die Katastrophe nur durch die Explosion eines außerirdischen Raumschiffs ausgelöst worden sein kann.

Es war ein UFO!

1967 legte das »Vereinigte Kernforschungsinstitut Dubna«, ein angesehenes wissenschaftliches Laboratorium für Kernprobleme, eine sorgsame Analyse der Baumaschen im Tunguska-Gebiet vor. Die Studie, für die W. E. Mechedow und B. W. Kurtschatow verantwortlich zeichnen, wurde in der damaligen UdSSR rasch zur Geheimsache erklärt, die nur einigen wenigen Wissenschaftlern zugänglich war. Und jenseits der Grenzen des einstigen Zarenreiches wußte man nichts von der Arbeit ... oder wollte sich nicht damit auseinandersetzen. Obwohl oder weil die Ergebnisse der Studie so sensationell sind?

Hier die wesentlichen Erkenntnisse aus der Studie:

1. Im Luftraum der Taiga Sibiriens explodierte 1908 ein Körper, der dabei eine unvorstellbare Menge an Energie freisetzte. Und das auf eine Art, die uns von Explosionen von Atom- und Kernfusionsbomben bekannt ist.

2. Die Sprengkraft der Explosion entsprach der gewaltigen Menge von zwei bis 23 Tonnen Trotyl. Eine solche Energiefreigabe ist nur bei einer Kernfusion oder einer Anihilationsexplosion von Antimaterie denkbar.

3. Natürliche Erklärungen wie »Aufprall eines Meteoriten oder Kometen« scheiden aus.

4. Wörtlich heißt es im Schlußbericht: »Wir kehren wieder (so phantastisch das auch aussieht) zur Annahme zurück, daß die Tunguska-Katastrophe durch die Havarie eines Raumschiffs verursacht wurde.«

5. Als Antriebsstoff für das Raumschiff kommt Antimaterie in Frage.

Die Erkenntnisse des »Vereinigten Kernforschungsinstituts Dubna« wurden 1976 durch einen sensationellen Fund bestätigt. Thomas Mehner, einem Publizisten und seriösen Erforscher rätselhafter Phänomene, verdanke ich wahrhaft erstaunliche Erkenntnisse über diesen Fund, der weit mehr Aufmerksamkeit verdient hätte.

1976 fanden zwei Angler am Flußufer der Waschka (ASSR) ein metallisches Objekt. Der Fundort liegt auf der Fortsetzungslinie der Flugbahn des Tunguska-Raumschiffs. Neugierig betrachteten die beiden Männer das seltsame Fragment. Als sie es versehentlich fallenließen, schlug es auf einem Stein auf, und es gab einen Funkenregen.

Die Angler meldeten den Fund, Wissenschaftler sägten ihn in drei Teile zu je eineinhalb Kilogramm und untersuchten und analysierten die einzelnen Segmente unabhängig voneinander in verschiedenen Forschungsinstituten. Alle drei Untersuchungen ergaben übereinstimmende, recht verblüffende Ergebnisse. So bestand das Metallobjekt aus einer höchst ungewöhnlichen Legierung, zu 67 Prozent aus Cerium, zu 10 Prozent aus reinem Lanthan, zu 8 Prozent aus Neodym, zu 0,4 Prozent aus hochreinem Eisen und zu 16,4 Prozent aus »weiteren Erdseltenmetallen«. Verblüfft mußten die Wissenschaftler feststellen: Solche Verbindungen erhält man nicht bei heutigen irdischen Technologien.

Das kuriose Ergebnis ließ die Wissenschaftler aufhorchen: Bodenanalysen der Region der Tunguska-Katastrophe hatten auch ergeben, daß ihr Anteil an Erdseltenmetallen das 400- bis 600fache des Normalwerts beträgt.

Naheliegende Erklärung: Ein Flugkörper, bestehend aus hohem Anteil an Erdseltenmetallen, wurde bei der Explosion weitestgehend zerstört, was zur Verseuchung des Bodens führte. Mit den besagten, registrierten Metallen. Mindestens ein Fragment war übriggeblieben: das Fundstück der Angler.

1986 machte Valeri Fomenko, Kandidat der technischen Wissenschaften und Mitglied der Kommission für anormale Erscheinungen, publik: »Als die Forscher das Bruchstück analysierten, kamen sie zu dem Schluß, daß es Teil eines ring-, zylinder- oder sphärischförmigen Elements mit einem Durchmesser von 1,2 Metern darstellte.«

Die Fachleute standen vor einem Rätsel. Sie konnten sich keine irdische Maschine vorstellen, die solch ein Werkstück hätte fabrizieren können. Dazu wäre ein Druck von »Zehntausenden Atü« erforderlich.

Weiter Valeri Fomenko: »Man kann annehmen, daß es die Rolle eines Zusatzes für eine uns unbekannte Brennstoffart spielte.« Weiter stellten die Experten fest, daß das Fundstück unerklärliche magnetische Eigenschaften aufwies.

»Die Feldlinienstärken unterschieden sich innerhalb des Bruchstückes bis zum Fünfzehnfachen.«

Fazit: Man hatte es allem Anschein nach mit einem Bruchteil eines außerirdischen Raumschiffs zu tun.

Fachkundig urteilt Thomas Mehner: »Kurios auch, daß die nicht informierten Experten anderer Nationen bis heute über den Ursprung des Objektes diskutieren, da es doch mittlerweile eine ganze Reihe präziser und zum Teil unabhängig voneinander gewonnener Erkenntnisse gibt, die darauf hindeuten, daß das Tunguska-Objekt von 1908 künstlichen Ursprungs war. Meine persönliche Einschätzung zum Tunguska-›Wunder‹ war lange Zeit die, daß es sich bei dem explodierten Körper um einen Kometen gehandelt haben müsse. Doch diese Meinung revidiere ich. Ich bin der Auffassung, daß 1908 ein von intelligenten Wesen gesteuerter Flugkörper, der über einen nuklearen Antrieb verfügte, über der steinigen Tunguska eine Havarie erlitt. So unglaublich das klingen mag, die Fakten sprechen für sich. Das Rätsel ist kein Rätsel mehr.«

Astronaut Edgar D. Mitchell betrat als sechster Mensch den Mond. 1974 erklärte er in einer Pressekonferenz: »Wir wissen alle, daß es UFOs wirklich gibt. Die Frage ist, woher sie kommen.«

Keinen Zweifel mehr kann es geben, daß 1908 ein »UFO« über der Taiga Sibiriens explodierte. Die Frage aber, die noch offen ist, lautet: Woher kam es? Etwa vom Sirius, wie Dr. Evans von den Dzopas in Tibet erfahren haben will?

Teil II

Exodus – Eine Reise durch Raum und Zeit

Im Verlauf der Menschheitsgeschichte
erschienen immer wieder Fremde aus dem All.
Sie versprachen: Wir kommen wieder!
»Im Kreis gehen die Menschen, im Käfig ihres
Planeten, weil sie vergessen haben,
daß man zum Himmel aufblicken kann!«

(Eugène Ionesco)

8 Adam, Abraham und die Außerirdischen

Adam und Abraham hatten Kontakt mit Außerirdischen. Das belegen uralte heilige Texte aus dem »Alten Israel«. In der Bibel wird man freilich vergeblich nach jenen hochinteressanten, mysteriösen Texten suchen. Freilich stellen die Texte, die man ins Alte Testament aufgenommen hat, nur einen kleinen Teil eines umfangreichen Konvoluts dar.

In der wissenschaftlichen Literatur unterscheidet man heute zwischen »kanonisierten« und »nichtkanonisierten« Texten. Was ins Alte (und Neue) Testament aufgenommen wurde, etwa die Bücher Mose, die der Propheten, die Psalme – alles das segelt unter dem Begriff »kanonisiert«. Das übrige, weggelassene Schrifttum galt im Alten Israel nicht weniger als »heilig«. Es wurde aber den Lesern des christlichen Abendlandes über viele Jahrhunderte hinweg vorenthalten, ja die Lektüre galt als verboten.

Die Abgrenzung zwischen »biblischem« und »außerbiblischem« Schrifttum erfolgte freilich rein willkürlich. Der jüdischen Tradition zufolge sammelte der Prophet Esra um 500 v. Chr. 120 Schreiber, die aus dem schier unübersehbaren Textvolumen heiliger Schriften das »Alte Testament«, so wie wir es kennen, zusammenstellten. Jene Gelehrten wählten aber nicht nur aus, sie bearbeiteten auch.

1844 und 1859 entdeckte der Theologe Konstantin von Tischendorf im Katharinenkloster auf dem Sinai umfangreiche biblische Texte in griechischer Sprache. Heute befinden sie sich zum größten Teil im Britischen Museum in London, Fragmente werden in Leipzig aufbewahrt.

Zunächst hoffte man in Theologenkreisen, endlich eine Originalhandschrift biblischer Passagen gefunden zu haben. Doch bald schon stellte sich heraus, daß der als »Codex Sinaiticus« bezeichnete Text von Bearbeitungen nur so strotzte. Wahrscheinlich sieben Bearbeiter hatten manipuliert, mindestens 16 000 Veränderungen vorgenommen. Von einem »Urtext« konnte also nicht mehr die Rede sein.

Dr. Robert Kehl, Bibelkritiker aus Zürich, moniert: »Es ist oft genug vorgekommen, daß die gleiche Stelle von einem Korrektor im einen und von einem anderen gerade wieder im entgegengesetzten Sinne ›korrigiert‹ worden ist, je nachdem welche dogmatische Auffassung in der betreffenden Schule vertreten worden ist.

Allen Bearbeitungen zum Trotz, die ohne Zweifel auch in bester Absicht erfolgten, enthalten aber auch die biblischen Texte Hinweise auf »außerirdische Flugobjekte«.

Mag sein, daß in den »Urschriften« mehr solcher Hinweise zu finden waren. Eine Spekulation ist freilich mehr als müßig. Es bleibt nur die Hoffnung, daß inskünftig weitere »Urtexte« entdeckt und auch der Öffentlichkeit zugänglich gemacht werden. Eine vielversprechende Quelle stellt das Textmaterial der sogenannten Qumran-Rollen dar.

Zwischen 1947 und 1956 wurden etwa 30 Kilometer östlich von Jerusalem in den Qumran-Höhlen zahlreiche Schriftrollen entdeckt – und von den zuständigen Wissenschaftlern weitgehend als »Geheimsache« behandelt. Oder als intimer Privatbesitz. So sprach Professor Geza Vermes von einer »gezielten Blockade«, von »einem Skandal ohnegleichen«. Die Professoren Robert Eisenmann und Michael Wise durchbrachen die Mauer des Schweigens und veröffentlichten erstmals in ihrem Werk »Jesus und die Urchristen« bis dato unter Verschluß gehaltene Texte.

Die jetzt zugänglich gemachten Qumran-Texte enthalten eine Fülle von Hinweisen auf Außerirdische. Ob es solche

Passagen waren, die die Wissenschaftler veranlaßten, Texte zu verstecken?

Es befanden sich unter den Qumran-Rollen mindesten sechs Fassungen des »Henoch-Buchs der Riesen« (Textbezeichnung 4 Q 532). Darin wird deutlich auf »himmlische Wesen« hingewiesen, die mit irdischen Töchtern sehr erdgebundenen Sex hatten und die »Nephilim«, die Riesen, zeugten. Die himmlischen Gesellen waren also doch alles andere als körperlose Geistwesen, denn schließlich ist eine handfeste Physis erforderlich, will man Geschlechtsverkehr ausüben.

Die »himmlischen Wesen« benutzten auch sehr reale Fahrzeuge, um sich in den himmlischen Sphären zu bewegen. Text 4 Q 286/287 spricht konkret vom »Wagen der Herrlichkeit«, erwähnt einen »Streitwagen seiner Herrlichkeit mit Scharen von Radengeln«.

Text 4 Q 227 erwähnt Henoch, lobt sein »himmlisches Wissen« etwa über die »himmlischen Sphären und ihre Wege«. Wen wundert das? Wandelte doch Henoch (siehe 1. Buch Mose, Kapitel 5, Vers 24) mit Astronautengott Jahwe-Seth-Sirius. Und wurde doch Henoch schließlich von ebendiesem Gott ins All entführt.

Mit Spannung kann man weiteren Qumran-Rollen-Veröffentlichungen entgegensehen. Sollten doch die Götter Henoch »sechs Jubiläen von Jahren« unterrichtet haben, etwa über die Planetenwelten. Vielleicht finden sich ja noch Aufzeichnungen aus seiner gelehrigen Feder!

Wie Henoch wurde auch Michael ins All entführt, verrät Text 4 Q 529, »zu den höchsten Himmeln«. Erzengel Gabriel fungierte als Lehrmeister und unterrichtete in Sachen Städtebau. (Angesichts der Planung unserer heutigen Städte ist man geneigt, so manchem Architekten ein paar himmlische Lehrstunden zu wünschen!)

Qumrantext 4 Q 385/389 beschreibt ein fliegendes UFO.

Beeindruckt zeigt sich der anonyme Verfasser vom »Strahl seines Wagens«. Gesteuert wird das Flugobjekt von Jahwe-Seth-Sirius, der lebhaftes Interesse am politischen Geschehen in Israel und Ägypten bekundet.

Nicht minder interessant sind weitere Texte aus dem Alten Israel, die auch nicht in den Kanon des Alten Testaments aufgenommen wurden. Louis Ginzberg hat eine kaum zu überblickende Fülle uralter Überlieferungen zusammengetragen und 1954 in einem achtbändigen Werk von Lexikonformat veröffentlicht. Auch in diesen Texten finden sich Hinweise auf Wesen aus dem All.

So berichtet ein Rabbi Bar Jochai, daß einst »in grauer Vorzeit« ein Außerirdischer auf die Erde kam. Er begegnete einer Gruppe von Menschen, die von Rabbi Yosse geleitet wurde. Der Fremde, das war Rabbi Yosse klar, konnte nicht von unserer Erde stammen. Wo liegt seine Heimat? Bereitwillig antwortete der Fremde: »Auf dem Planeten Arqua!« Arqua war den Menschen offenbar bekannt. Sie wußten aber offensichtlich nicht, daß diese Welt bewohnt war. »Es gibt also Lebewesen auf Arqua?« fragten sie nach. Der Fremde war verwundert angesichts von so viel Unkenntnis. Nochmals antwortete er mit »Ja!« Und weiter: »Als ich euch kommen sah, beschloß ich nach dem Namen der Welt zu fragen, auf die ich gekommen bin.«

Auf Arqua sei manches anders als auf der Erde. So seien die Jahre dort länger, zwischen Saat und Ernte vergehe, nach Erdenjahren gemessen, mehr Zeit.

Stolz berichtete der Arqua-Astronaut, ihm seien viele fremde Welten bekannt, doch nur auf der Erde könne er leben wie zu Hause. Das läßt darauf schließen, daß auf Arqua ähnliche atmosphärische Bedingungen wie auf der Erde herrsch(t)en. Jedenfalls enthält der altjüdische Text keinerlei Hinweis darauf, daß der Fremde von Arqua so etwas wie einen Raumanzug oder auch nur einen Atemfilter trug.

Die Verhältnisse auf Arqua seien alles andere als friedlich. Weite Bevölkerungskreise würden gewaltsam unterdrückt, in Lagern gefangengehalten, von strengen Wächtern beaufsichtigt.

Der Arqua-Astronaut beschrieb noch andere Planeten seines Heimatsystems. Auf der Welt »Herabah« gab es reichlich Wasser. Paradoxerweise läßt sich der Name dieses Planeten mit »die trockene Welt« übersetzen. Auf »Tebel« hausten grauenerregende Monsterwesen. Diese Kreaturen entstanden als Testprodukte von Wissenschaftlern, die Exemplare verschiedener Gattungen miteinander vermischten. Zur Erinnerung: Solche Monsterwesen sollen auch von Ägyptens Göttern geschaffen worden sein!

Fragmentarisch erhalten sind altjüdische Textstücke, die weitere fremde Welten beschreiben. Eine geheimnisvolle Welt wird von einem seit Ewigkeiten brausenden Wirbelsturm heimgesucht. Eine andere Höllenwelt hat wahrlich lebensfeindliche Verhältnisse. Feuer, Rauch, schwelendes Dampfgebräu machen den Planeten selbst für Masochisten härtester Gangart nicht anziehend.

Louis Ginzberg weiß von weiteren altjüdischen Überlieferungen, nach denen Adam durchs All geflogen worden sein soll. Sechs fremde Welten habe man ihm gezeigt: Erez, Adamah, Arqua, Ge, Neshiah und Ziah. Erez war eine dunkle, düstere Welt, zu der kein Lichtstrahl durchdringen konnte. Handelte es sich um einen Planeten, der sich in großer Distanz um seine Sonne drehte? Auf dieser Welt habe sich ein sich ständig drehendes, furchteinflößendes »Feuerschwert« befunden. Auf »Adamah« gab es schon eine weit entwickelte Zivilisation, die Bewohner hatten bereits ihre Umwelt arg vergiftet. Auf »Arqua« lebten die Cainiten, ein seltsames Geschlecht, bestehend aus Zwergen und Riesen. Die Bewohner fristeten ein eher bescheidenes Dasein. Es gab kein Getreide auf ihrer Welt. Oft kam es zu

Mutationen. Zweiköpfige Wesen wurden geboren. Planet »Ge« befand sich »nah am flammenden Feuer«. Handelte es sich um einen Planeten in großer Nähe zu seiner Sonne? Auf »Nesiah« hausten Zwerge ohne Nase. Sie atmeten durch »zwei Löcher«. Eine Epidemie breitete sich über den Planeten aus, was bei den Bewohnern zu Gedächtnisverlust führte. Auf »Ziah« herrschte Wasserknappheit. Die Bewohner seien ausgesprochen schön gewesen.

Wie Louis Ginzberg hat auch der Schriftgelehrte Paul Rießler »altjüdisches Schrifttum außerhalb der Bibel« gesammelt, übersetzt und veröffentlicht. Auch Rießler, dessen Textsammlung ich jedem, der Grundlagenforschung in Sachen »Astronautengötter« betreibt, nur wärmstens empfehlen kann, fand Hinweise, die Adam und UFOs miteinander in Verbindung bringen. In »Leben Adams und Evas« heißt es: »Da sah ich gleich dem Winde einen Wagen, und seine Räder waren feurig.« Anscheinend wurde Adam an Bord genommen. »Ich wurde ... entrückt. Ich sah den Herrn da sitzen.« Gesteuert wurde das Flugobjekt von Erzengel Michael. Laut der »Apokalypse des Moses« wurde Eva UFO-Zeugin.

Sie beobachtete ein »himmlisches Gefährt«: »Und Eva blickt zum Himmel auf, da sieht sie einen Lichtwagen heranfahren. Kein aus dem Mutterleib Geborener kann die Herrlichkeit beschreiben.«

In »Leben Adams und Evas« fällt bei der Lektüre etwas auf: Eben wird Adam ins Raumschiff entführt, und schon heißt es unvermittelt, er sei zum Ausgangspunkt zurückgebracht worden. Er kann sich offensichtlich nicht mehr daran erinnern, was an Bord des UFOs geschah. Eine Lücke klafft in seinem Gedächtnis.

Dieses Phänomen der »fehlenden Zeit« tritt häufig bei heutigen UFO-Kontakten auf. Ich werde darauf im dritten Teil des vorliegenden Buches zu sprechen kommen!

Die Abraham-Apokalypse

Paul Rießlers Buch »Altjüdisches Schrifttum außerhalb der Bibel« enthält den vielleicht klarsten Hinweis auf die Astronautengötter der Vorzeit überhaupt. Betitelt ist der Text mit »Die Abraham-Apokalypse«.

Der junge Abraham war, so heißt es im Text, sehr unglücklich über den Beruf seines Vaters Therach. Der schnitzte und verkaufte nämlich Götzenfiguren aus Stein und Holz. Der pubertierende Abraham hielt es für wichtiger, nach dem wahren, dem lebenden Gott zu suchen, anstatt tote Abbilder zu schaffen. Er suchte Gott. Oder die Götter?

Eines Tages schien sich der Wunsch des jungen Mannes zu erfüllen. Zwei Wesen besuchten Abraham, und er erschrak ganz gehörig. Denn um Menschen handelte es sich bei dem Besuch nicht. Ausdrücklich hält der Text fest (10. Kapitel, Verse 1 und 2): »Als ich die Stimme hörte, die solche Worte sprach, da sah ich bald hierhin und bald dorthin. Nicht eines Menschen Atem war's.« Abraham wurde ohnmächtig (10. Kapitel, Vers 2): »Und so erschrak mein Geist, und meine Seele floh aus mir. Ich wurde wie ein Stein und fiel zu Boden, weil ich nicht mehr zum Stehen Kraft besaß.« Es zeigte sich, daß eines der beiden Wesen Kommandogewalt über das andere hatte. Doch während der Name des Chefs ungenannt bleibt, erfahren wir den des Untergebenen. Der »Boß« befahl: »Geh, Javel, heb jenen Mann mir auf! Laß ihn von seinem Zittern sich erholen!« (10. Kapitel, Vers 4.)

Während Javel gehorchte und Abraham aufhob, schaute sich der junge Mann den Fremden genau an. Nochmals betonte er, daß es sich um keinen Menschen gehandelt hat, sondern um ein Wesen »in eines Mannes Ähnlichkeit«. (10. Kapitel, Vers 5.) UFO-Forscher würden heute den Ausdruck Androide für das menschenähnliche Wesen benutzen.

Trug Javel einen Raumanzug? Die blumige Umschreibung des Äußeren des Außerirdischen könnte darauf schließen lassen: »Sein Leib glich einem Saphir, sein Antlitz einem Chrysolith und seines Hauptes Haar dem Schnee und seines Hauptes Diadem dem Regenbogen.« (11. Kapitel, Vers 2.)

Abraham erfuhr, daß er bald eine »Himmelfahrt« erleben würde. Und zwar eine der leibhaftigsten Art, nicht eine solche im Geiste.

Kapitel 5 beschreibt »Abrahams Luftreise«: »Und es geschah bei Sonnenuntergang, da gab es Rauch, wie Rauch aus einem Ofen ... So trug er mich bis an der Feuerflammen Grenzen. Dann stiegen wir hinauf, so wie mit vielen Winden, zum Himmel, der da ob dem Firmament war.« (15. Kapitel, Verse 1, 4 und 5.)

Anscheinend wurde Abraham in einem (kleineren) Zubringerraumschiff zu einer (größeren) Orbitalstation befördert. Dieses Mutterraumschiff beschreibt er wie folgt: »Ich sehe in jener Höhe, die wir bestiegen, ein mächtig Licht, nicht zu beschreiben, und in dem Licht ein Feuer, darinnen eine Schar, ja eine große Schar von mächtigen Gestalten, die ... Worte rufen, wie ich sie nicht kannte.« (15. Kapitel, Vers 6.)

In der Orbitalstation sah Abraham »Gestalten«, offenbar außerirdische Wesen. Sie unterhielten sich in einer Abraham unverständlichen Sprache. Abraham fühlte sich alles andere als wohl in seiner Haut. Er wünschte sich sehnlichst auf die Erde zurück. »Ich aber wünschte auf die Erde niederwärts zu fallen«, bekundete er.

Dann beschreibt Abraham präzise ihm Unbegreifliches. »Der hohe Ort, worauf wir standen, bald stand er aufrecht da, bald aber drehte er sich abwärts.« (17. Kapitel, Vers 3.) So etwas wie eine Luke wird geöffnet (19. Kapitel, Vers 4), vielleicht wird auch ein Monitor angeschaltet. Abraham beobachtet noch genauer: Mal waren die Sterne oben, mal unten. (20. Kapitel, Vers 3) Der für Abraham unbegreifliche Sachverhalt läßt sich auch für Menschen unseres Raumfahrtzeitalters nur schwer beschreiben. Im Film »2001 Space Odyssey« wurde es in faszinierenden Bildern gezeigt, wie sich eine Raumstation ständig um die eigene Achse drehte.

Mal ist – im Film – die Erde unten, stehen die Sterne oben, mal ist es umgekehrt. Um die eigene Achse drehte sich die Film-Raumstation, um künstliche Schwerkraft zu erzeugen. Abraham scheint in eine solche Raumstation gebracht worden zu sein, die sich permanent um die eigene Achse drehte. So wurde der Schwerelosigkeit ein Schnippchen geschlagen.

Erst im Zeitalter der Raumfahrt wird Abrahams genaue Beschreibung verständlich: »Der hohe Ort, worauf wir standen, bald stand er aufrecht da, bald drehte er sich abwärts.«

Für mich sind diese wenigen Verse aus der Abraham-Apokalypse ein Beweis dafür, daß Abraham wirklich in einer Raumstation war.

Eine irdische Zivilisation, die solch ein technisches Wunderwerk hätte zuwege bringen können, existierte vor Jahrtausenden auf unserem Planeten nicht. Es muß sich also um eine außerirdische Raumstation gehandelt haben. Eine einleuchtendere Erklärung gibt es meines Erachtens nach nicht. Oder vermag jemand aus der Leserschaft eine andere Lösung vorzuschlagen? Wenn ja, bitte schreiben Sie mir! (Anschrift: siehe Seite 297.)

9 UFOs, Engel und Atombomben

Hinweise auf Außerirdische finden sich freilich nicht nur in altjüdischen Texten, welche, warum auch immer, nicht in den Kanon des Buches der Bücher aufgenommen wurden. So sind auch in der Bibel selbst, im Alten Testament, UFOs beschrieben. Die entsprechenden Hinweise wirken oft, als hätten eifrige Zensoren sie zu streichen vergessen.

So heißt es im Psalm 104 (in den Versen 3 und 4): »Er, der seine Hochgemächer im Wasser baut, der, der Gewölk sich als Fahrzeug setzt, er, der auf Fittichen des Windes sich ergeht, der zu seinen Boten die Winde macht, zu ihm Atmendem lodert das Feuer.«

Der Psalmist preist ein Wesen, das »Gewölk sich als Fahrzeug setzt«, das in himmlischen Sphären, im All, zu Hause ist. Wer auch dieser Namenlose sein mag, von Gott ist jedenfalls nicht die Rede.

Versetzen wir uns in die Lage des unbekannten Verfassers. Wie sollte er dieses Wesen nennen? Der Begriff »Außerirdischer« war ihm unbekannt. Er weiß: Es ist nicht der allmächtige Gott. Und es ist auch kein menschliches Wesen. Also nennt er ihn »den Atmenden«. Treffender könnte er einen Alien kaum beschreiben! Interessant ist auch der Hinweis auf die »Hochgemächer im Wasser«. Spielt damit der Psalmist auf die Unterwasserstation an, auf das Testlabor, in welchem die Astronautengötter den Menschen schufen?

In einem weiteren Psalm, in Psalm 29, wird deutlich auf die Götterwesen hingewiesen. Liest man den Text im Original, so fordert Vers 1: »Ihr Göttersöhne, zollt ihm Ehre und Macht!« Die »Göttersöhne« wurden freilich von den meisten Übersetzern gnadenlos getilgt. »Die Bibel«, Ausgabe 1972 der »Württembergischen Bibelanstalt Stuttgart«, weiß immerhin noch von »Himmlischen«. Korrekter ist »Die vierundzwanzig Bücher der Heiligen Schrift« von Leopold Zunz: »Söhne der Götter«. In der »Bibel nach der deutschen Übersetzung D. Martin Luthers« aus dem Jahre 1915 wird von »Gewaltigen« fabuliert. Eindrucksvoll schildert der Text die Begleiterscheinungen eines Raumschiff-Fluges. Da ist von der »donnernden Stimme der Herrlichkeit« die Rede, die »Zedern zerbricht«, von »Feuerflammen«, die »die Wälder entblößen«.

Im Buch Hiob findet sich eine geradezu typische UFO-Beschreibung. Man muß den Text – Kapitel 37 – sorgsam, ja mit Pedanterie lesen, um auch noch sehr unscheinbare Details zu erfassen, die sich alle als sehr bedeutsam erweisen werden.

Hiob erschrickt zunächst ob seiner Beobachtung: »In der Tat, mein Herz beginnt dabei zu zittern und hüpft auf der Stelle.« (Vers 1.) Zunächst ist nur »das Tosen seines Schalls« (Vers 2) zu vernehmen. Doch dann wird das UFO sichtbar. »Sein Geleucht« steht im Original, moderne Übersetzungen machen daraus verfälschend »Blitz«. (Vers 3.)

Das UFO fliegt ganz offensichtlich im Überschallbereich. Präzise vermerkt Hiob: »Hinter ihm dröhnt der Schall. Er donnert mit dem Schall seiner Hoheit!« (Vers 4.)

Ängstlich verstecken sich die Tiere, ein auch bei UFO-Sichtungen unserer Tage oft registriertes Phänomen: »In seinen Schlupf hin kommt das Wild.« (Vers 8.)

Hiob versucht, den Ursprung des Lärms genauer auszumachen, zu lokalisieren: »Aus der Innenkammer kommt der Sturmwind.« (Vers 9.) Dann verschwindet das UFO wieder über der Wolkendecke, entzieht sich den Blicken der Beobachter: »Und nun sehen sie das Licht nicht. Es ist glanzvoll in den Wolkenhimmeln.« (Vers 21.)

Von Hiob zu Elia. Auch er wird ausdrücklich auf eine bevorstehende UFO-Sichtung aufmerksam gemacht. Er soll »auf den Berg gehen«, Ausschau halten. (1. Könige 19, Vers 11.)

Die folgende Sichtung beeindruckt ihn sehr: »Und siehe, der Herr wird vorübergehen. Und ein großer, starker Wind, der die Berge zerriß und die Felsen zerbrach, kam vor dem Herrn her.« Der Bibeltext betont ausdrücklich, daß es sich beim Lenker des UFOs nicht um den allmächtigen Gott handelte. »Gott aber war nicht im Erdbeben.« Vers 12: »Und nach dem Erdbeben kam ein Feuer, aber Gott war nicht im Feuer. Und nach dem Feuer kam ein stilles und ein sanftes Sausen.«

Professor Hans Schindler, der sich intensiv mit biblischen Fragen auseinandergesetzt hat, kommentiert: »Hier liegt eine jahrtausendealte UFO-Sichtung vor. Einerseits konnten die beobachteten Begleiterscheinungen nicht von Gott herrühren, denn der benötigt kein Fahrzeug. Andererseits war dem Zeugen wohl klar, daß ein mächtiges Wesen am Himmel flog, aber eben nicht Gott, was er mehrfach betont.«

Ein weiterer biblischer UFO-Zeuge war Jeremias. Gezielt soll auch seine Aufmerksamkeit auf das Geschehen am Himmel gelenkt werden. Doch Jeremias muß erst wiederholt aufgefordert werden zu beschreiben, was er sieht: »Und seine Rede geschah zu mir ein zweites Mal, er sprach: ›Was siehst du?‹« (Kapitel 1, Vers 13.)

Jeremias greift zu profanen Vergleichen. Jahrtausende später würden UFOs als »fliegende Untertassen« beschrieben werden, Jeremias gibt zu Protokoll, das Ding habe »einem Kessel« oder »einem Kochtopf« geglichen. (Vers 13.)

Das UFO glühte an der Unterseite, was der Text unterstreicht. Man darf annehmen, daß es sich dabei um ein Antriebsaggregat gehandelt hat. Wir werden an einen Raketenantrieb erinnert.

Das 2. Buch Samuel (Kapitel 22, Verse 14 ff.) zeigt sich beeindruckt vom Krach eines fliegenden Objekts: »Der Herr donnerte vom Himmel, und der Höchste ließ seine Stimme erschallen.«

Das Himmelsgefährt scheint mit mächtigen Waffen bestückt gewesen zu sein: »Er schoß seine Pfeile und streute sie aus.« Im Tiefflug näherte sich das Flugobjekt der Erde: »Da sah man das Bett des Meeres, und des Erdbodens Grund war aufgedeckt vom Schnauben seines Zorns.«

Jesaja (Kapitel 5, Vers 29) zeigt sich eher erschrocken vom Lärm eines UFOs. Sein Krach erinnert ihn an das »Brüllen von Löwen«.

Im Buch Sacharja sind es Engel, die auf ein UFO hinweisen. Prophet Sacharja erhält von himmlischen Wesen den Befehl, zum Himmel aufzublicken: »Und siehe, da war eine fliegende Schriftrolle. Und er (der Engel, Ergänzung des Autors) sprach zu mir: ›Was siehst du?‹ Ich aber sprach: ›Ich sehe eine fliegende Schriftrolle, die ist zwanzig Ellen lang und zehn Ellen breit.‹«

Ich fragte Professor Dr. Georg Fohrer, dessen Vorlesungen und Seminare zum Alten Testament ich während meines Studiums der evangelischen Theologie in Erlangen regelmäßig besuchte, wie groß denn das merkwürdige Flugobjekt gewesen sei. Laut Altestamentler Fohrer hatte es die Form einer Röhre und war knapp zehn Meter lang und maß im Durchmesser knapp fünf Meter.

Ob man die Beschreibung wortwörtlich nehmen könne oder dürfe, wollte ich weiter wissen. Der angesehene Theologe zuckte mit den Achseln. Er machte mich aber darauf aufmerksam, daß der biblische Autor im Originaltext die wich-

tigen Zeitwörter verdoppelte. »Und ich sah und siehe!«
Eine solche Verdoppelung sei stets dann vorgenommen
worden, wenn betont werden sollte, daß das beschriebene
Ereignis auch wirklich so erfolgte, so unglaublich es auch
klingen mochte.
Auch Jakob hatte eine merkwürdige Begegnung – mit Engeln. Sah auch er ein UFO?
»Und Jakob zog von Beerseba aus und machte sich auf den
Weg nach Haran und kam an eine Stätte, da blieb er über
Nacht, denn die Sonne war untergegangen.« (1. Buch
Mose, Kapitel 28, Verse 10 ff.) Was geschah dann? Es erschien Jakob so unfaßbar, es kam ihm so unglaublich vor,
es gab nur eine Erklärung für ihn, er mußte geträumt haben!
»Und siehe, eine Leiter stand auf der Erde, die rührte mit
der Spitze an den Himmel, und siehe, die Engel Gottes
stiegen darauf auf und nieder.«
Für den englischen Forscher und Autor Dr. Walter Raymond Drake ist der Sachverhalt klar: Jakob sah, wie Außerirdische aus einem Raumschiff über eine Leiter zur Erde
stiegen und wieder an Bord kletterten. Dr. Drake, der sich
in zahlreichen Sachbüchern, die bislang keinen deutschen
Verlag fanden, mit den vorgeschichtlichen Astronautenbesuchen auf der Erde beschäftigte, im Gespräch mit dem
Autor: »Außerirdische waren in den Augen der Menschen
vor Jahrtausenden unbeschreiblich mächtig. Obwohl sie
rein äußerlich wie Menschen aussahen, konnten es doch
gleichwohl keine Irdischen gewesen sein. Also hielt man
sie für Götter. Oder für Engel. An der Existenz solcher
Himmelswesen zweifelte im Alten Israel niemand.«
Für die katholischen Theologieprofessoren und Kommen-
tatoren Hamp und Stenzel waren die biblischen Göttersöhne Engel. Eine genauere Erklärung geben sie nicht.
Für Professor Dr. Georg Fohrer waren »Göttersöhne« und

»Engel« »untergeordnete Gottheiten«. Solche dürfte es aber in einer Eingottreligion (»Monotheismus«) gar nicht geben.

Laut Hiob (Kapitel 38, Vers 7) existierten die Engel schon vor der Erschaffung des Weltraums. Ein Drittel der Engel wurde, so muß man das Buch der Offenbarung (Kapitel 12, Vers 4) im Originaltext verstehen, »auf die Erde geworfen«. Namentlich genannt (und zunächst über den grünen Klee gelobt) wird der Engel Luzifer (Hesekiel 28, Verse 12–15): »Du bist ein reines Siegel, voller Weisheit und über alle Maßen schön, du bist im Garten der Götter mit allerlei Edelsteinen geschmückt ... und warst ohne Tadel in deinem Tun von dem Tage an, da du geschaffen warst.« Doch Luzifer wurde vom Ehrgeiz gepackt. Mit seiner demütig untergeordneten Rolle wollte er sich nicht mehr zufriedengeben. Er zettelte eine Revolution gegen die Götter an. Freilich schwebte ihm alles andere als eine Demokratie statt der Götterdiktatur vor. Er selbst wollte sich zum Oberboß im Götterhimmel machen: »Er wollte in den Himmel steigen und seinen Thron über die Sterne stellen«, rügt entrüstet Jesaja. (Kapitel 14, Vers 13.)

Luzifers Plan mißlang freilich. Der Aufmüpfige wurde zur Strafe und allen potentiellen Nachahmern zur Warnung aus dem Himmel verstoßen.

Sehr interessant ist eine Beschreibung der Engel und ihrer Aufgaben im Buch Henoch. Demnach waren sie Gesandte der Götter, sozusagen mit Lehrauftrag. Sie sollten die Menschen unterrichten, freilich nicht, wie man das von den geflügelten Himmelswesen erwarten würde, etwa in Sitte, Anstand und Moral oder gar Theologie!

Manche der Unterrichtsfächer passen weder zum liebgewonnenen Bild von lieblichen, pausbäckigen Engelein, deren einziges Vergnügen das Absingen frommen Liedguts zu hellen Flötenklängen ist, noch zu einem milde lächelnden

Gottvater, weißhaarig und bärtig, den es in biblischen Schriften sowieso nicht gibt.

Kriegsgemetzel und Abtreibung waren zwei der von den Engeln vermittelten »Kunstfertigkeiten«: »Gadree zeigte den Menschenkindern die Mordinstrumente, den Panzer, den Schild, das Schlachtschwert und überhaupt allerhand Mordinstrumente. Von seiner Hand haben sich die Waffen zu den Bewohnern des Festlandes ausgebreitet von jener Stunde an ... Der fünfte heißt Kaseja, dieser hat die Menschenkinder allerlei böse Schläge gelehrt, die Schläge gegen den Embryo im Mutterleib, damit er abgehe.«
Eine wichtige Rolle spielen Engel auch im atomaren Desaster des Alten Testaments.

Atombomben zerstörten Sodom und Gomorrha

Curt F. Schulz weist in seiner lesenswerten Studie »Und das alles im Namen Gottes« nach, daß sich der Gott des Alten Testaments bei weitem nicht so konsequent verhält, wie man das von einem zeitlosen Wesen erwarten dürfte.
Liest man die entsprechenden Texte, speziell wenn man das hebräische Original verwendet, so wird eher das Bild eines experimentierenden außerirdischen Wissenschaftlers als das eines liebenden Gottes im kirchenfrommen Sinne gezeichnet.
Die Götter schufen den Menschen in einem Forschungslabor – und vernichteten schließlich die meisten ihrer Geschöpfe, nachdem sie einige wenige Exemplare ausgewählt hatten, die überleben durften.
Spitzfindig versprechen sie Noah, einem der wenigen Überlebenden der künstlich herbeigeführten Katastrophe, inskünftig werde es keine Wiederholung der Vernichtungsak-

tion mehr geben: »Es soll hinfort keine Sintflut mehr kommen.« (1. Buch Mose, Kapitel 9, Vers 11.)

Damit ist aber keineswegs gesagt, daß die Götter nicht auch inskünftig Massentötungen vorhatten. Nur ertrinken lassen wollten sie die Menschen nicht mehr in großen Mengen. So wird das einst gegebene Versprechen auch formell nicht gebrochen, als Sodom und Gomorrha ausgelöscht werden.

»Und Jahwe sprach: Es ist ein Geschrei zu Sodom und Gomorrha, das ist groß, und ihre Sünden sind schwer.« (1. Buch Mose, Kapitel 18, Vers 20.) Jahwe ist also keineswegs allwissend. Er muß sich vor Ort umsehen: »Darum will ich hinabfahren und sehen, ob sie alles getan haben gemäß des Geschreis.«

Eine kleine Gruppe nicht näher beschriebener Männer begleitet Jahwe bei seinen Erkundigungen. Zusammen mit Abraham, der ja schon als Jüngling an Bord eines außerirdischen Raumschiffs genommen worden war und der Jahwe offenbar sehr nahestand, »lugten die Männer über die Ebene von Sodom hinab.« (1. Buch Mose, Kapitel 18, Vers 16 in der wörtlichen Übersetzung Bubers.) Jahwe zeigt sich ob der moralischen Mißstände in Sodom und Gomorrha empört.

Angesichts der Tatsache, daß die Henoch-Engel die Menschen in Krieg und Abtreibung unterrichteten, erscheint nun Jahwes Empörung ob angeblicher sexueller Verfehlungen in Sodom und Gomorrha nicht recht glaubwürdig.

Jahwe läßt mit sich reden und handeln. Wenn 50 »Gerechte« in der Stadt aufgetrieben werden könnten, will er von einer Vernichtung absehen. Abraham feilscht weiter mit Jahwe, der sich schließlich bereit erklärt, von seinem monströsen Vernichtungsplan abzurücken, wenn es gelingen sollte, zehn »Gerechte« zu finden. Aber auch diese minimalisierte Forderung kann nicht erfüllt werden – der tödliche Countdown läuft gnadenlos weiter.

Zwei Engel werden geschickt, sie sollen Lot warnen und retten. Sie kehren bei Lot ein – und werden von den einheimischen Lüstlingen begehrt, offensichtlich für homoerotische Vergnügungen.

Lots Gastfreundschaft geht weit. Man möge doch die beiden Männer in Ruhe lassen, fleht er seine liebestollen Mitbürger an, statt dessen mit seinen beiden jungen Töchtern vorliebnehmen. »Lot ging hinaus zu ihnen vor die Tür und schloß die Tür hinter sich zu und sprach: ›Ach liebe Brüder, tut nicht so übel. Siehe, ich habe zwei Töchter, die haben noch keinen Mann erkannt, die will ich herausgeben unter euch, und tut mit ihnen, was euch gefällt.« (1. Buch Mose, Kapitel 19, Verse 6 ff.) Die gierigen Männer haben aber offensichtlich kein Interesse an heterosexuellem Verkehr. Sie wollen den Engeln »beiwohnen«, lehnen empört die jungfräulichen Töchter ab. Erst als die Fremden die penetranten Lüstlinge »blenden«, kehrt Ruhe ein. Die Ruhe vor einer atomaren Katastrophe.

Peter Krassa aus Österreich, Autor zahlreicher Bestseller zum Thema »Waren die Götter Astronauten?«, spekuliert: »Was waren das für Waffen, mit denen die ›Engel‹ operiert haben? Die Frage endgültig zu beantworten, ist unmöglich. Betrachtet man jedoch die Parallelwirkung von Waffen, die uns heute zur Verfügung stehen, so denkt man unwillkürlich an Tränengasbomben. Wer sich nach ihrer Detonation in ihrer Einflußsphäre befindet, ist nicht zu beneiden. Tränende Augen, Übelkeit, Kopfschmerzen sind unweigerliche Folgen. Aber auch ein plötzlich aufflammendes Blitzlicht ungeheuerer Helligkeit kann einen derartigen minutenlangen Erblindungseffekt erzielen. Daß es aber natürlich auch eine Waffe gewesen sein mag, deren Konstruktion völlig fremdartig war, ist nicht von der Hand zu weisen.«

Irgendwelche konkreteren Hinweise auf »Blendwaffen« der Engel sind dem biblischen Text freilich nicht zu entnehmen, auch der hebräische Originaltext führt in diesem Zusammenhang nicht weiter.

Um so deutlicher hebt der Bibeltext aber hervor, daß die Zerstörung von Sodom und Gomorrha unmittelbar bevorsteht – unaufschiebbar. Der Countdown läuft, die Engel können ihn auch nicht mehr unterbrechen. Sie drängen zur Eile, scheinen sogar selbst Angst ums eigene Leben zu haben. Und Lot reagiert zögerlich, glaubt nicht so recht an den nahenden Holocaust.

»Da nun die Morgenröte aufging, hießen die Engel den Lot eilen und sprachen: ›Mache dich auf, nimm dein Weib und deine zwei Töchter, daß du nicht umkommst.‹« (1. Buch Mose, Kapitel 19, Vers 16.)

Schließlich werden die Engel sogar handgreiflich, als sie erkennen, daß Worte anscheinend nicht genügen: »Da er aber noch zögerte, griffen ihn die Engel, ihn und sein Weib und seine zwei Töchter, und führten ihn hinaus und ließen ihn vor der Stadt.« (1. Buch Mose, Kapitel 19, Vers 16.)

Der Fluchtweg ist genau vorgeschrieben: ins schützende Gebirge, in die Gegend von Zoar. Die Katastrophe selbst wird wie folgt beschrieben:

»Er aber ließ auf Sodom und Gomorrha Schwefel und Feuer regnen, von Jahwe her, vom Himmel, und er stürzte diese Städte und all den Gau, alle Insassen der Städte und das Gewächs des Ackers.« (1. Buch Mose, Kapitel 19, Verse 24 und 25.)

Aus sicherer Entfernung spähte später Abraham nach den kargen Resten der einst so stolzen Städte. »Abraham aber machte sich des Morgens früh auf an den Ort, da er gestanden hatte mit Jahwe. Und wandte sein Angesicht gegen Sodom und Gomorrha. Und siehe, da ging ein Rauch auf von dem Lande wie Rauch von einem Ofen.«

Ich hatte Gelegenheit, mich intensiv mit dem russischen Forscher Modest M. Agrest über die Vernichtung von Sodom und Gomorrha zu unterhalten. Bereits 1959 publizierte der Gelehrte die These, die beiden Städte seien durch Atombomben, abgeworfen von Außerirdischen, zerstört worden.

Agrest: »Die biblische Beschreibung legt diesen Schluß mehr als nahe. Die Außerirdischen beorderten Lot und Anhang ins Gebirge, wo sich die Menschen in einer Höhle verkrochen. Dort waren sie bestmöglich vor den radioaktiven Strahlen geschützt, wie in einem natürlichen Atombunker.«

1966 griff der US-Astronom Carl Sagan die Idee der atomaren Vernichtung von Sodom und Gomorrha auf, bezeichnete sie als »völlig vernünftig und der sorgfältigen Analyse wert«. Selbst Gunnar von Schlippe, ein Wissenschaftler, der die Idee vorgeschichtlicher Astronautenbesuche auf der Erde ablehnt, muß zugeben: »Für den Untergang von Sodom und Gomorrha liegt ein Vergleich mit den uns bekannten Auswirkungen einer Atombombenexplosion zunächst tatsächlich nahe.« Er macht dann aber doch lieber eine natürliche Umweltkatastrophe für den Untergang der Städte verantwortlich, »ein Erdbeben oder eine durch Naturkatastrophen hervorgerufene Talsenke«.

Ich kann seiner Argumentation nicht folgen. Naturkatastrophen, weder die von von Schlippe genannten noch andere sind nicht mit den im biblischen Text beschriebenen Begleiterscheinungen in Einklang zu bringen. Außerdem erfolgen solche natürlichen Ereignisse ohne Vorankündigung – und wären vom biblischen Verfasser auch als solche erkannt und beschrieben worden.

Ich bin überzeugt: Außerirdische setzten Atombomben ein, um zwei Städte zu zerstören. Warum? Wir wissen es nicht. Gut möglich, daß die Astronautengötter ein »wissenschaftliches Experiment« durchführten, wobei sie Tausende von Menschen als »Versuchskaninchen« benutzten, so wie auch heutige »menschliche« (in des Wortes schlechtester Bedeutung) Experimentatoren Tiere zu dem Zweck zu Tode quälen, perverse Waffen noch wirkungsvoller zu gestalten oder wirkungslose Kosmetika zu entwickeln.

Exkurs ins 20. Jahrhundert: Luzifers Rückkehr?

Hans Werner Sachmann setzte sich in seinem wohlfundierten Sachbuch »Die Epoche der ›Engel‹« intensiv mit dem Phänomen der geflügelten Himmelswesen auseinander. Sachmann, der zur ersten Garde der Erforscher vorzeitlicher Rätsel gehört und sich durch eine Fülle von Veröffentlichungen weit über die Grenzen Europas hinaus einen Namen gemacht hat, stellt fest, was selbst bibelfesten Zeitgenossen oft unbekannt ist, nämlich »daß das Erscheinen der Engel nicht selten ... Schrecken auslöste«. Zwei Bibeltexte führt er an: »Da erschien ihm ein Engel des Herren an der rechten Seite des Räucheraltars, und Zacharias erschrak, als er ihn sah, und fürchtete sich.« (Lukas 1, 11 und 12.) »Der Engel kam in ihr Haus, erschien ihr und redete sie an. Sie aber erschrak.« (Lukas 1, 28 und 29.)
Solche furchteinflößenden Begegnungen sind freilich nicht auf biblische Zeiten beschränkt. Point Pleasant, West Virginia, 27. November 1966. Sonntag morgens. Die 18jährige Connie Carpenter hat eben den Gottesdienst in einer der 22 Kirchen der 6000-Seelen-Gemeinde besucht und ist nun auf der Nachhausefahrt. Sie freut sich auf einen geruhsamen Tag mit Verwandten, Bekannten und Freunden. Doch gleich wird sie ein unheimliches Erlebnis haben, das sie zeitlebens nie vergessen wird, so gern sie das auch möchte.

Eben passiert sie in ihrem Auto das Gelände des örtlichen Golfclubs am Rande der Stadt. Etwas irritiert Connie, ohne daß sie gleich sagen könnte, was es ist. Sie hat eine Bewegung, irgend etwas Huschendes aus den Augenwinkeln heraus wahrgenommen. Was? Den Schatten eine Vogels? Connie drosselt die Geschwindigkeit ihres Wagens, sieht aus dem Fenster.

Da steht er. Oder es. Das Wesen ist groß, gut und gerne 2,10 Meter, hat breite Schultern. Wilde, unheimliche Augen sehen sie drohend an, als ob das Ding sie hypnotisieren möchte.

Das fremdartige Wesen breitet die Arme aus, riesige Flügel von gut drei Metern Spannweite werden entfaltet. Es hebt ab, fliegt, ohne mit den Flügeln zu schlagen, steuert direkt auf Connie zu, schwingt sich in die Luft, als sei das nichts, fixiert Connie mit glühenden Augen und saust knapp über dem Autodach über sie hinweg. Gleißendes Licht geht von dem unheimlichen Wesen aus.

Connie: »Heute frage ich mich, wieso ich keinen Unfall gebaut habe! Ich hatte doch panische Angst! Und dann das blendende Licht!«

Irgend etwas ist Connie an jenem 27. November 1966 begegnet. Etwas so unheimlich Helles, Blendendes, das ihr eine Bindehautentzündung bescherte.

Bibelkundige Leser haben das unheimliche Wesen vielleicht längst erkannt. Bei dem riesigen geflügelten Lichtwesen könnte es sich um den gefallenen Engel Luzifer, den Lichtbringer, gehandelt haben. Auch wenn das weithin unbekannt sein dürfte: Engel werden in der Bibel tatsächlich als geflügelte Wesen beschrieben, bei Sacharja, im 5. Kapitel, Vers 9. Sollte der biblische Luzifer ins 20. Jahrhundert zurückgekehrt sein?

Ein kritischer Einwand drängt sich auf: Connie war auf dem Weg vom morgendlichen Gottesdienst nach Hause.

Vielleicht hatte die junge Frau psychische Probleme. Vielleicht hatte irgend etwas sie geblendet. Und die bibelfeste, vielleicht frömmelnde Connie, sie machte in ihrer Phantasie Luzifer, den Lichtbringer, daraus.

Ich hätte den beschriebenen Fall unter der Abteilung »Kuriosa« in meinem Archiv abgelegt und sicher nicht in dieses Buch aufgenommen, wäre er einzigartig gewesen. Das war er aber nicht.

Im Winter 1966/67 sahen allein im Raum Point Pleasant, Virginia, USA, über 100 Zeugen das unheimliche fliegende Wesen.

John A. Keel recherchierte damals vor Ort. Der Autor, eine anerkannte Kapazität wie Hans Werner Sachmann auf dem Gebiet der unheimlichen Phänomene: »Insgesamt haben weit mehr als 100 Erwachsene diese geflügelte Unmöglichkeit gesehen. Jene, die Gelegenheit hatten, genauer hinzusehen, stimmen in ihren Beschreibungen in allen wesentlichen Punkten überein. Stets wird er (Luzifer?) als grau oder schwarz beschrieben, als federlos, als größer als ein stattlicher Mann, mit Flügeln von etwa drei Meter Spannweite versehen. Alle Zeugen stimmen darin überein, daß es, ohne mit den Flügeln zu schlagen, abhob, senkrecht wie ein Hubschrauber. Seltsam: Kein einziger Zeuge konnte wirklich sein Gesicht beschreiben, das von zwei unheimlichen roten Augen dominiert wird.« Jeder, der es sah, spürte unbeschreibliche, oft zu Panik anwachsende Angst.

Am Sonntag, den 4. Dezember 1966, tauchte der »Engel« unweit des Flugplatzes von Gallipolis, Ohio, auf. Gegen drei Uhr nachmittags flog er den Ohiofluß entlang, über 100 km/h schnell. »Mein Gott, das muß ein Ding aus der Vorzeit sein!« schrie ein Beobachter entsetzt auf.

Sheriff Halstead aus dem Bezirk Mason: »An der Geschichte ist was dran! Die Leute, die den ›Vogel‹ sahen, hatten mächtig Angst. Irgend etwas haben sie gesehen. Ich weiß nur nicht was!«

Das trifft auch auf Linda und Roger Scarberry und Steve und Mary Malette zu. Am 15. November 1966 waren die beiden Paare aus Point Pleasant in ihrem 1957er Chevrolet unterwegs. Es zog die beiden Paare in recht abgelegene Gefilde. Während des Zweiten Weltkriegs wurden außerhalb von Point Pleasant in einem ehemaligen Naturschutzgebiet Sprengstoffe und Munition hergestellt. Gigantische unterirdische Anlagen wurden damals angelegt, sorgsam getarnte Fabriken, allesamt durch unterirdische Tunnels miteinander verbunden. In etwa 100 »Iglus« aus Beton wurden gefährliche Sprengstoffe gelagert. Nach dem Krieg wurden die Fabriken des Todes abgebaut, die Anlagen wurden teilweise als Lagerräume genutzt, standen aber meist leer und verfielen zusehends, wurden bald von Busch- und Baumwerk überwuchert.

In den späten 50er und in den 60er Jahren übte das einstige Militärgebiet magische Anziehungskraft auf junge Leute aus. Jene, die andernorts kein stilles Plätzchen für traute Zweisamkeit finden konnten, sie liebten sich, wo einst tödliche Waffen gefertigt worden waren. So wurde so manches Kind gezeugt, wo Mittel zur Vernichtung von Leben entstanden waren.

Örtliche Polizisten, streng auf Sitte und Moral achtend, führten immer wieder nächtliche Kontrollen durch, leuchteten mit Taschenlampen in abseits geparkte PKWs und störten so manchen Verkehr in stehenden Fahrzeugen.

In jenes Gelände zog es am 15. November 1966 zu nächtlicher Stunde die Scarberrys und Malettes, zwei ordentlich verheiratete Paare. Was sie sich auch vorgenommen hatten: Es kam nicht dazu. Roger Scarberry, damals 18, saß am Steuer. Er sah es als erster: ein offensichtlich riesengroßes Wesen mit großen, leuchtenden Augen.

»Was ist das für ein Tier?« fragte Mary ängstlich. Es ging aufrecht wie ein Mensch, hatte einen schlurfenden Gang und starrte die jungen Leute hypnotisierend an. Ein Polizist oder ein Spanner war es auf keinen Fall. Aber was?

Die jungen Leute wurden von einem unheimlichen Panikgefühl befallen. Roger startete Richtung Route 62, gab Gas, so daß der Motor aufheulte wie ein geschundenes Lebewesen. Scheinbar konnten sie dem unheimlichen Lebewesen aber so schnell nicht entkommen. Es breitete seine gewaltigen Flügel aus und flog. »Mein Gott, es verfolgt uns!«

Roger: »Inzwischen zeigte der Tacho über 150 km/h, und das Ding flog halb schräg über uns, verfolgte uns, hielt das Tempo anscheinend mühelos, ohne die Flügel auch nur zu bewegen.«

Sheriff Halstead im Mason County Gerichtsgebäude nahm den Bericht der jungen Leute entgegen, notierte detailgetreu die Schilderungen der Zeugen. Er glaubte ihnen, kannte sie als grundehrlich.

Tags darauf gab es eine Pressekonferenz unter Leitung von Sheriff George Johnson. Örtliche Reporter befragten die Zeugen ausgiebig. Zeitungen, Radio- und Fernsehsender berichteten ausführlich. Reporter schwärmten aus und fanden immer wieder neue Zeugen, die alle das »Ding« gesehen haben wollten. Schüchterne junge Leute, von den Eltern während des Geschehens meist schlafend in den eigenen Betten vermutet, berichteten verschämt, bei heimlichen Liebesspielen irgendwo in der Natur das unheimliche fliegende Wesen gesichtet zu haben.

Bald fiel auf, daß, wo der »Engel« erschien, UFOs nicht fern sein konnten. Denkt man an Luzifer als den »Lichtbringer«, dann verwundert es kaum, daß die UFOs, die mit dem Flugwesen in Verbindung gebracht wurden, oft von ganz ungewöhnlicher Leuchtstärke waren.

114

Ein typisches Beispiel, willkürlich aus einer Fülle ähnlicher Fälle ausgewählt, die sich in meinem Archiv angesammelt haben: 1. Mai 1967. Ein Pärchen fährt gegen 22 Uhr mit dem Auto los. Die Reise führt sie nur einige wenige Kilometer weit. Im Osten des Städtchens Ravenswood, West Virginia, parken die beiden auf einer ländlichen, einsamen Straße. Sie reißen sich die Kleider vom Leib, so schnell das im engen Auto geht, und lieben sich leidenschaftlich auf dem Rücksitz.

Plötzlich wird das Innere des Wagens in gleißend helles Licht getaucht. »Polizeikontrolle?« fährt es dem jungen Mann durch den Kopf. »Hoffentlich nicht. Wenn die Eltern meines Mädchens erfahren ...«

Später geben beide an, ein unheimliches, unbegründbares Angstgefühl habe sie beschlichen. »Wir hielten es einfach im Auto nicht mehr aus!« Beide rissen die Autotüren auf, sprangen auf die menschenleere, nachtschwarze Straße. Dann sahen sie, woher das Licht kam. Es war eine feurige Kugel, die nur wenige Meter entfernt knapp über dem Boden schwebte. Ein seltsames, undefinierbares Geräusch war zu vernehmen, eine Art tiefes Brummen.

Als das Mädchen entsetzt aufschrie, schien die »Kugel« zu reagieren, sie wich etwas zurück, das Geräusch wurde tiefer im Klang, wirkte unheimlicher.

Plötzlich war den jungen Leuten bewußt, wie bizarr ihre Situation war: Ein UFO hatte sie beim heimlichen Sex gestört, und nun standen sie beide dieser unheimlichen Kugel gegenüber, so wie Adam und Eva dem Schöpfer begegnet sein sollen, nämlich nackt. Schlagartig wich eine lähmende Erstarrung von ihnen. Sie hatten das Gefühl, als könnten sie sich erst jetzt wieder bewegen. Hastig flüchteten sie sich wieder ins Auto, zogen sich an. Und erschraken nochmals.

In ihrer Erinnerung hatte das Erlebnis mit dem UFO nur

Sekunden gedauert. Und doch müssen sie – nackt – zwei Stunden dem gleißenden Licht des UFOs ausgesetzt gewesen sein. (Anmerkung des Autors: Wie bei Adams Erlebnis mit dem UFO begegnen wir auch hier dem Phänomen der »fehlenden Zeit«. Ich werde in Teil III ausführlicher auf dieses unheimliche Phänomen zurückkommen.)

Am nächsten Morgen erscheint beiden das Erlebnis fast so unwirklich wie ein ferner Alptraum, der sich langsam ins Reich der Phantasie verflüchtigt. Doch ein schmerzhaftes »Souvenir« beweist beiden, wie real alles gewesen sein muß. Beide haben einen gewaltigen Sonnenbrand am ganzen Körper. Besonders schlimm betroffen ist der junge Mann. Seine Augen sind fast ganz zugeschwollen, erst zwei Wochen später klingen die Beschwerden ab, verschwinden die Schwellungen.

Weit über 100 Zeugen sahen Luzifer. 1966/67 brachen wellenartig wahre Hysterien aus. Mit schweren Waffen ausgestattete Trupps schwärmten aus, um eines der Engelwesen oder den Flugmenschen zu schießen.

Gottlob ohne Erfolg. Der Geflügelte tauchte anscheinend immer nur dort auf, wo man ihn nicht erwartete. Eifrige Journalisten recherchierten. Sie fanden heraus, daß bereits Anfang Januar 1948 im Bundesstaat Washington geflügelte Himmelswesen gesichtet worden waren. So von Frau Zaikowski aus Chehalis, Washington.

Am 6. April tummelten sich »fliegende Männer« am blauen Himmel von Chehalis. Zeugin: Viola Johnson. Am gleichen Tag erschreckte ein »Monstervogel«, größer als ein Flugzeug, die Einwohner von Caledonia, Illinois.

In – oder besser gesagt: über – Brooklyn, New York, zeigte sich ein »Geflügelter« gar schon im 19. Jahrhundert.

In den Jahren 1877 bis 1880 erfreute er sich großer Beliebtheit bei den Sonnenanbetern von Coney Island. Ein Mr. W. H. Smith berichtete am 18. September 1877 in einem Leserbrief an die »New York Sun« von einem »geflügelten Wesen in Menschengestalt«.

Am 18. September 1880 war in der honorigen »New York Times« zu lesen, daß »viele ehrbare Personen« ein Engelwesen mit Fledermausflügeln in 300 Meter Höhe Richtung New Jersey fliegen sahen. Deutlich habe man die »schwarze Gestalt« am wolkenlosen Himmel gesehen. Bemerkenswert sei der »grausam-gemeine Gesichtsausdruck« gewesen.

Andere Journalisten lösten das Rätsel der Engelwesen auf eine bekannte, elegante Weise: Es könne sie gar nicht geben, weil sie den Gesetzen der Aerodynamik im speziellen und der Physik im allgemeinen widersprächen.

Eine Kreatur von 2,10 Meter Größe müsse wohl an die zwei Zentner wiegen. Für solch ein Wesen würden aber Flügel von einer Spannweite von drei Metern nicht ausreichen, um sich damit in die Lüfte erheben zu können.

Nach dem Motto »Es kann nicht sein, was nicht sein darf!« erklärten sie damit, allen Zeugenaussagen zum Trotz, das Luftmonster für »unmöglich« und damit für nicht existent.

Ob sich das Luzifer zu Herzen genommen hat? Von 1967 an ließ er sich jahrelang nicht mehr blicken. 1973 gab er ein »Gastspiel«, zumindest ordnen manche UFO-Forscher das Erlebnis des Eddie Webb dem Phänomen »Luzifer« zu.

Am 3. Oktober 1973 ist Eddie Webb, 45, aus Greenville, im südöstlichen Missouri unterwegs... im Auto. Und plötzlich fällt ihm eine Bewegung im Rückspiegel auf. Ist es ein anderes, schnell auffahrendes Auto?

Eddie schaut aus dem Fenster. Ein UFO verfolgt ihn. Es fliegt sehr niedrig. Die genaue Form des Flugobjekts kann der Zeuge nicht ausmachen. Nur Sekunden kann er es beobachten. Das UFO ist nämlich von solcher Helligkeit, daß er geblendet wird.

»O mein Gott! Ich bin verbrannt! Ich kann nichts mehr sehen!« schreit er, reißt die Hände vors Gesicht. Gedankenschnell greift seine neben ihm auf dem Beifahrersitz mitfahrende Frau ins Steuer, lenkt den Wagen, verhindert so einen Unfall.

In den folgenden Tagen hat Eddie noch Probleme mit den Augen. Es bleibt aber zum Glück kein Schaden zurück. Kaputt ist seine Brille. Ein Glas ist herausgefallen. Der metallene Rahmen weist deutliche Schmelzspuren auf.

Am 24. April 1994 tauchte das »Ding« – was es auch sein mag – wieder auf. Mitten in der Nacht ist Brian Canfield, 18, mit einem Kleinlaster unterwegs, von Buckley in die Berge von Mount Rainier beim See Kapowsin, Washington, USA. Gleich wird er bei seinen Eltern sein ... doch plötzlich setzt der Motor aus, wird abgewürgt. Dann sieht Brian es. Oder ihn. Es ist ein Wesen von etwa 2,70 Meter Größe. Es hat raubvogelähnliche Klauen, Füße, muskulöse Beine, einen breiten Brustkorb. Das Fell ist dunkel-bläulich. Der eher zu klein geratene Kopf wird von bösartigen, gelben Augen dominiert, die Brian in seinem Auto anstarren.

Später erinnert er sich: »Ich hatte Angst, die Haare standen mir zu Berge! Dabei fühlte ich mich gar nicht bedroht, hatte nur das Gefühl, am falschen Ort zu sein.«

Brian gelingt es, sein Auto wieder zu starten. Er tritt das Gaspedal voll durch. Vor seinem geistigen Auge sieht er den Kopf ... Luzifers? »Vom Kopf her ähnelte er einem Wolf ...« Er oder es ... entfaltete seine Flügel. So breit wie die Straße ... beobachtet der Zeuge im Rückspiegel. Mühelos erhebt Luzifer sich in die Luft, verschwindet in der Dunkelheit, wohl Richtung Berge ... Kaum zu Hause an-

gekommen, zieht es Brian wieder an den Ort der unglaub-
lichen Beobachtung zurück. Mit einer Kamera und einem
schweren Gewehr rast der junge Mann zurück. Ein Nach-
bar, der sich in den Wäldern gut auskennt, kommt mit. Sie
finden keine Spur von dem mysteriösen Wesen, so intensiv
sie auch suchen. Gleichzeitig ist Brian Canfield aber auch
erleichtert: »Wer hat schon gern eine Begegnung mit einem
Wesen, das einen an den Teufel erinnert! Ich jedenfalls
möchte diesem Ding nie wieder begegnen!«
Einem Reporter der Lokalzeitung »News Tribune« sagte
Brian Canfield: »Es ist wirklich passiert! Darauf wette ich
mein Leben! Ich habe immer noch das Bild in meinem
Kopf von diesem Ding, ich kann es einfach nicht loswerden. Ich wünschte, es wäre nie passiert!«

10 Hesekiel, zwei Ingenieure und ein Tempel

Beschreibungen von UFOs und Berichte über Kontakte mit Außerirdischen finden sich in Texten innerhalb und außerhalb der Bibel. Gelegentlich ist von »UFOs« die Rede, die zufällig am Himmel erspäht wurden, vor Jahrtausenden. Häufig forderten aber Besucher aus dem All ganz bestimmte Menschen dazu auf, zum Himmel zu blicken und zu beschreiben, was sich da vor ihren Augen abspielte. Abraham wurde in jungen Jahren sogar an Bord eines Raumschiffs genommen – und aufgefordert, sein Erlebnis schriftlich festzuhalten.

Es drängt sich der Gedanke auf, daß Besucher aus dem All vor Jahrtausenden sichergehen wollten, daß ihre Gegenwart nicht nur von den Menschen wahrgenommen, sondern auch dokumentiert, der Nachwelt ins Gedächtnis geschrieben wurde.

Die wohl interessantesten Begegnungen mit Außerirdischen und ihren Raumschiffen hatte der biblische Prophet Hesekiel. Darauf machte Erich von Däniken bereits 1968 in seinem Erstling »Erinnerungen an die Zukunft« aufmerksam: »Das Alte Testament gibt eindrückliche Schilderungen, in denen Gott allein oder seine Engel unter großem Lärm und starker Rauchentwicklung direkt vom Himmel herniederflogen. Eine der originellsten Beschreibungen solcher Ereignisse überliefert uns der Prophet Hesekiel.«

Erich von Däniken zitierte aus dem biblischen Bericht, beschrieb das in der Bibel präzise wiedergegebene Fahrzeug. Was mag Hesekiel gesehen haben? Erich von Däniken:

»Denken wir an den allmächtigen Gott der Religionen: Hat dieser allmächtige Gott es nötig, aus einer bestimmten Richtung daherzurasen, kann er nicht ohne viel Aufhebens und Getöse dort sein, wo er zu sein wünscht?«

Weiter Erich von Däniken: »Außer der ziemlich genauen Beschreibung des Fahrzeugs notiert Hesekiel auch den Lärm, den das Ungetüm erzeugt, wenn es vom Boden startet. Er bezeichnet den Krach, den die Flügel machen, mit einem Rauschen und das Rasseln der Räder mit einem gewaltigen Getöse. Gibt diese Schilderung eines Augenzeugen nicht zu denken?«

Zu denken gaben Dänikens Fragen nicht nur Millionen von Lesern in aller Welt, sondern auch einem Mann der Raumfahrt, Josef F. Blumrich, einem führenden Mann der US-Raumfahrtbehörde NASA.

Blumrich, damals Chef der Abteilung »Projektkonstruktion«, war zum Beispiel damit beschäftigt, künftige Weltraumstationen auf dem Reißbrett zu entwerfen und bis ins Detail zu berechnen. Josef F. Blumrich war aber auch maßgeblich an der Konstruktion der letzten Stufe der »Saturn V« beteiligt und plante eine Orbitalstation. 1972 wurde er mit der »Exceptional Service Medal« der NASA für seine Arbeiten an »Saturn« und »Apollo« ausgezeichnet, eine Ehrung, die nur sehr wenigen Wissenschaftlern zuteil wurde. Und eben dieser NASA-Mann wurde nun durch Dänikens konkrete Hinweise auf Hesekiel nachdenklich gestimmt. Oder sollte man besser sagen verärgert?

Josef F. Blumrich erklärte selbst, wie er als Raumfahrtexperte dazu kam, sich mit Dänikens Gedankengut auseinanderzusetzen: »Aus Protest! Ich las ›Erinnerungen an die Zukunft‹ mit der überlegenen Einstellung eines Menschen, der von vornherein weiß, daß das alles nicht stimmt. Ich fand mit der Beschreibung der technischen Merkmale von Hesekiels Visionen ein Gebiet, auf dem ich sozusagen mitreden konnte, da ich den weitaus größten Teil meines Lebens mit der Konstruktion und der Berechnung von Flugzeugen und Raketen verbracht hatte. Ich nahm also eine Bibel, um den vollen Text zu lesen, und war sicher, Däniken in wenigen Minuten glatt widerlegt und erledigt zu haben. Däniken durfte, konnte nicht recht haben.«

Damit begann Josef Blumrichs intensive Auseinandersetzung mit Hesekiels biblischem Text. Aus dem skeptischen Blumrich wurde der überzeugte Blumrich. 1973 erschien sein Buch »Da tat sich der Himmel auf – Die Raumschiffe des Propheten Hesekiel und ihre Bestätigung durch modernste Technik«. Im gleichen Jahr wurde die »Ancient Astronaut Society« gegründet, die 1993 ihr 20jähriges Bestehen feierte. (Der Autor gehörte zu den Referenten der Jubiläumskonferenz der »Ancient Astronaut Society« und hielt einen Vortrag über »Hesekiel und seine Raumschiffe«. Tagungsort war Las Vegas, USA.)

Josef F. Blumrichs Werk wurde zu einem Eckpfeiler der Beweisführung in Sachen »Waren die Götter Astronauten?«. Wenn jemals in der Geschichte der »Ancient Astronaut Society« so etwas wie der Beweis für die Richtigkeit der Thesen von Dänikens erbracht wurde, dann gelang dies ohne Zweifel Josef F. Blumrich, dessen Bekehrung vom Saulus zum Paulus den sympathischen Österreicher als wahren Wissenschaftler auszeichnet. Ist es nicht Kennzeichen ehrlicher Wissenschaft, wenn zugegeben wird, daß man durch intensive Arbeit zu neuen Erkenntnissen gelangte, die ursprünglich für unmöglich gehalten wurden? Der echte Wissenschaftler sucht Erkenntnis, nicht Bestätigung vorgefaßter Meinungen. Das mag menschliche Probleme mit sich bringen. Zuzugeben, man habe sich geirrt, das zeichnet aber eben doch den Wissenschaftler von Format aus.

Meiner Meinung nach wären die Wissenschaften schon

wesentlich weiter, gäbe es mehr Vertreter vom Schlage eines Josef F. Blumrich in den Reihen der Wissenschaftler.

Zwei biblische Texte galten schon vor Jahrtausenden als besonders »schwierig«: der Schöpfungsbericht bei Moses und Hesekiels Beschreibung des »Himmelswagens«.

Es sieht ganz so aus, als wäre der Hesekiel-Text um die Zeitenwende fast aus dem Kanon des Alten Testaments gestrichen worden. Wir verdanken es vermutlich Rabbi Channaniah, daß Hesekiel noch in unseren Bibeln anzutreffen ist.

Auch Theologen unserer Tage beschäftigten sich sehr intensiv mit Hesekiel, tun das noch immer. Manche kommen zum Schluß, daß Teile des Buches Hesekiel nicht von Hesekiel selbst, sondern von einem Bearbeiter stammen. Andere, wie etwa Kirkpatrick, meinen das Gegenteil: »Das Buch Hesekiel trägt die Spuren sorgsamer Planung, es stammt aller Wahrscheinlichkeit nach vom Propheten selbst, der zu uns in der ersten Person spricht.«

Denkbar bleibt eine technische Interpretation des Hesekiel-Textes immer. Es erhebt sich aber die Frage, ob es sich um eine Vision, um eine Zukunftsschau im Traum und nicht um ein reales Erlebnis handelt.

Dieser Einwand ist nicht berechtigt, man muß nur den Bibeltext sorgsam und gründlich lesen. Schon Hesekiel selbst muß sich der Unglaublichkeit seiner Beschreibung bewußt gewesen sein. Deshalb betonte er die Realität der beschriebenen Ereignisse ausdrücklich.

Alle wichtigen Verben sind doppelt ausgeführt: »da geschah ein Geschehen« (Hesekiel 1,3) und »ich sah und siehe« (Hesekiel 1,4). Diese sprachliche Besonderheit fällt den meisten neueren Übersetzungen zum Opfer, wohl um dem zeitgenössischen Leser umständliche Formulierungen zu ersparen. Dabei geht eine wesentliche Aussage des Textes leider verloren: die ständige Betonung, daß tatsächlich

Geschehenes beschrieben wird. Es liegt also ein Tatsachenbericht vor, keine Vision.

Das Raumschiff des Hesekiel

Hesekiel war 597 vor Christus mit vielen Landsleuten durch König Nebukadnezar nach Babylon deportiert worden. Er lebte im Ort Tel-Abib am Flusse Chebar, in Chaldea. Der Priester Hesekiel, er war verheiratet, gehörte allem Anschein nach zum einflußreichen Teil der Bevölkerung.
Hesekiels Bericht beginnt im Jahre 593 oder 592 v. Chr. Damals war der Prophet etwa 30 Jahre alt. Die Aufzeichnungen Hesekiels erstreckten sich über einen Zeitraum von etwa 20 Jahren.
Wann Hesekiel starb, ist ebenso unbekannt, wie wo er begraben liegt. 40 Kilometer südlich von Babylon, bei Al-Kifl, wird zwar eine »letzte Ruhestätte Hesekiels« gezeigt, doch niemand weiß so recht, ob dort auch wirklich der Prophet Hesekiel begraben liegt.
Hesekiels Text enthält eine Fülle von Hinweisen auf außerirdische Raumschiffe. Josef F. Blumrich setzte die zahllosen Informationen zusammen – wie Puzzlesteine. Es ergab sich ein schlüssiges, stimmiges Gesamtbild.
Demnach handelte es sich bei dem von Hesekiel beschriebenen Vehikel um ein Zubringerschiff, das zwischen einem Mutterschiff (in der Erdumlaufbahn) und der Erde pendelte und auch für Erkundungsflüge im erdnahen Bereich eingesetzt wurde.
Während des Fluges zur Erde, durch die Atmosphäre, wurde seine Geschwindigkeit durch den Luftwiderstand gebremst. Schließlich wurde der Raketenmotor eingeschaltet.

Hesekiel beschreibt sehr eindrucksvoll das Aufbrüllen des Motors. Bei laufendem Raketenmotor waren vier Hubschrauberelemente hochgeklappt. Nach dem Abschalten der atomgetriebenen Einheit wurden die vier Hubschraubereinheiten nach unten geschwenkt und in Betrieb genommen. Hesekiel beschrieb sie als »Lebewesen«, durch die hindurch der rotglühende Raketenantrieb leuchtete. Die Steuerraketen erschienen Hesekiel als »Blitze«, die »zwischen den Lebewesen aufzuckten«.

Während der Landung wurden aus den Hubschraubereinheiten Räder ausgefahren, Räder, die bei Hesekiel so genau beschrieben sind, daß NASA-Ingenieur Blumrich darauf ein Patent erhielt.

Hesekiel wurde zu mehreren Flügen an Bord des Raumschiffes mitgenommen, er war dabei extrem erregt, stand förmlich unter Schock. So dauerte es eine Woche, bis er sich vom ersten Flug wieder erholt hatte. Weitere, spätere Flüge bezeichnete Hesekiel dann als »wundervolle Erlebnisse«.

Leider sind uns keine Beschreibungen aus der Feder Hesekiels überliefert, die das Innere des Raumschiffs betreffen. Wir wissen nicht, ob Hesekiel diesbezüglich überhaupt etwas notiert hat. Seine Aufzeichnungen mögen verlorengegangen oder von Zensoren gestrichen worden sein.

Eindeutig beschrieben ist aber das Äußere des Raumschiffs. Sein Zentralkörper erinnert von der Form her an einen Brummkreisel. An der Oberseite des Hauptkörpers befand sich, am höchsten Punkt des Raumschiffs, eine Kommandokapsel. Sie bestand aus einem zylindrischen Teil von etwa zwei Meter Durchmesser. Die äußere Schale bestand aus einem durchsichtigen Stoff. Im gewölbten Oberteil konnten die Insassen die Kapsel durch eine verschließbare Luke verlassen. Die Kapsel konnte, gelöst vom Hauptkörper des Raumschiffs, mit eigener Kraft fliegen und kontrolliert gesteuert werden.

125

Josef F. Blumrich: »Die Hauptmerkmale des Raumschiffes zeigen uns einen Flugkörper von überraschend sinnvollem Aufbau. Wir erkennen in der auffälligen Form des Hauptkörpers die aerodynamischen und gewichtlichen Vorteile. Wir sehen, wie sehr sie für die Anbringung von Hubschrauben geeignet ist. All diese Eigenheiten fügen sich lückenlos und widerspruchsfrei an- und ineinander. Sie sind unverkennbare Anzeichen für eine sehr überlegte und gekonnte Planung und Entwicklungsarbeit.«

Fast 20 Jahre waren seit Hesekiels erster Begegnung mit dem Raumschiff verstrichen, als er sein wohl wichtigstes Erlebnis hatte. Er wurde als Passagier zu einem Tempel geflogen. Lesen wir in einer heutigen· Übersetzung nach, so scheint es keine Zweifel mehr daran zu geben, wohin Hesekiel befördert wurde, nämlich nach Jerusalem.

Ich selbst habe während meines Studiums der Theologie den Text Hesekiels in der Originalsprache gelesen und wortwörtlich übersetzt. Ich mußte zu meiner Überraschung feststellen, daß im Original Hesekiel das Ziel seiner Reise nicht kannte. Geht man vom Originaltext aus, muß man zwangsläufig zu folgendem Schluß kommen: Wohin Hesekiel auch geflogen wurde, nach Jerusalem wurde er mit Sicherheit nicht gebracht.

In Jerusalem kannte er sich aus »wie in seiner Westentasche«. Ohne Zweifel hätte er ihm vertraute geographische Namen verwendet, doch die fehlen in Hesekiels Originaltext und wurden von späteren Übersetzern hinzugefügt. Was also war Hesekiels Ziel bei seiner »Himmelsreise«?

Hesekiel beschreibt zu Beginn des 40. Kapitels, er sei auf einen »sehr hohen Berg« gebracht worden. Ihm war ganz offensichtlich, das muß man immer wieder betonen, nicht bekannt, wie dieser Berg hieß oder wo er gen Himmel ragte. Im Süden habe sich »eine Stadt« befunden.

Hesekiel kannte diese Stadt nicht – Jerusalem war es also nicht.

Ein weiteres Beispiel für die Manipulationen am Hesekieltext: In faktisch allen gängigen Übersetzungen von Hesekiel, Kapitel 47, Vers 8, lesen wir, wie ein Fluß in das »Tote Meer« einmündet. Im Hesekiel-Text ist freilich nur von einem namenlosen Meer die Rede.

Theologe Eichrodt erklärt die Vorgehensweise bei der Übersetzung: Bei dem namenlosen Meer müsse es sich ja um das Tote Meer handeln, also habe man den entsprechenden geographischen Ausdruck ergänzend hinzugefügt. Dabei muß doch auffallen, daß Hesekiel nicht die wüstentrockene Umgebung Jerusalems, sondern eine ganz andere Landschaft gemeint haben muß: eine wo üppige Vegetation gedieh!

Eine solche geradezu paradiesische Landschaft gab es zu Zeiten Hesekiels in Israel nicht. Da es sich nach dem Willen der Übersetzer um das »Heilige Land« handeln mußte, machten sie aus einer realen Landschaftsbeschreibung eine Zukunftsvision, eine Zukunftsschau.

Theologe Eduard Reuss fabuliert von »Verklärung der Natur«. Sein Kollege Rudolf Smend läßt Hesekiel »in die Zukunft blicken«, ein Israel von übermorgen erspähen.

Tatsächlich ist es theoretisch möglich, den Text Hesekiels sowohl als Zukunftsschau als auch als Erlebnisbericht zu übersetzen. Das Hebräische kennt keine eigene Zukunftsform wie etwa das Deutsche. Die Grammatik spricht in diesem Falle von »Perfekt konsekutiv«, eine Sonderform, die es in keiner anderen Sprache mehr gibt. »Ein Fluß ergoß sich in ein Meer« und »Ein Fluß wird sich in ein Meer ergießen« sind zwei gleichberechtigte Übersetzungen der gleichen hebräischen Schriftzeichen.

Erich von Däniken machte nun, ohne auf mögliches Theologengezänk zu achten, einen Tempel ausfindig, auf den die Beschreibung Hesekiels ganz exakt zutrifft. »Sein« Hesekiel-Tempel befindet sich aber im Hochland Perus: Chavin de Huantar.

Ich fasse zusammen: Hesekiel wurde im Raumschiff auf einen hohen Berg gebracht, der ihm unbekannt war. Chavin de Huantar liegt auf einem solchen Berg. Und natürlich war der peruanische Berg dem Hesekiel unbekannt.

Hesekiel sah »etwas wie den Bau einer großen Stadt« – also nicht Jerusalem. War es die ausgedehnte Stadtsiedlung in den Anden, Chavin de Huantar?

Hesekiel beschreibt einen namenlosen Tempel, dessen Hauptfront gegen Osten lag. Wie in Chavin de Huantar. Hesekiels Tempel hat einen dreistufigen Aufbau in drei übereinanderliegenden Terrassen. Wie in Chavin de Huantar. Hesekiel vermerkt: Der Vorhof hatte drei Tore, nach Osten, Süden und Norden, nicht nach Westen – wie in Chavin de Huantar.

An der Südwand des Tempels floß eine Quelle – wie in Chavin de Huantar. Die Quelle wurde zum Fluß, in welchem es »von Lebewesen wimmelte«, schreibt Hesekiel. Das traf niemals auf den Jordan, wohl aber auf den Mosna-Fluß und den Rio Maranon in Peru zu. An den Ufern dieser peruanischen Flüsse gab es, zu Hesekiels Zeiten und wie von Hesekiel beschrieben, eine üppige Tier- und Pflanzenwelt.

Je sorgsamer man Hesekiels Text liest, um so klarer wird, daß er nicht den Tempel von Jerusalem beschrieb. Und um so wahrscheinlicher wird es, daß er tatsächlich in Chavin de Huantar war.

So wird man in Jerusalem vergeblich einen Bach suchen, der »unter der Schwelle des Tempels ... nach Osten floß«. (Hesekiel, 47, 1.) Am Tempel von Chavin de Huantar freilich gab es ihn, an der richtigen Stelle.

Der »innere Hof«, so gibt Hesekiel an, hatte eine Seitenlänge von umgerechnet 50 Metern. Erich von Däniken prüfte nach: Chavin de Huantar hat einen Innenhof mit eine Seitenlänge von 49,70 Metern.

Hesekiels Erlebnisse lassen sich auf eine Zeit zwischen 592 bis 570 v. Chr. datieren. Der Tempel von Chavin de Huantar wurde etwa zwischen 800 und 500 v. Chr. errichtet.

Der Tempel der Wartung

Hesekiel beschreibt auf Anordnung der Götter in einem ihm unbekannten Land einen ihm unbekannten Tempel. Seitenlang reiht er präzise Maßangaben an, was seine Beschreibung zum wohl langweiligsten Text der gesamten Bibel macht.

Hunderte von Maßangaben forderten den in Österreich geborenen Ingenieur Hans Herbert Beier heraus. Er nahm sich der Hesekielschen Datenflut an, mit der Theologen über viele Jahrhunderte nichts anzufangen wußten, und baute den Tempel im Modell nach.

Bei dem Bauwerk handelte es sich trotz der Bezeichnung »Tempel« nicht um einen Ort für fromme Andacht und Meditation, nicht um einen sakralen Raum, in welchem Geistliche den Menschen das Wort Gottes erklärten. Vielmehr war es eine technische Anlage für Raumschiffe vom Typ Hesekiel.

Hier wurden Reparaturen vorgenommen, etwa am atomaren Antrieb des Hesekiel-Raumschiffes. Hesekiel beschreibt eine solche Reparatur, erwähnt ausdrücklich die massive Schutzkleidung, die dabei von den Arbeitern getragen werden mußte.

Ingenieur Beier faßte seine Erkenntnisse 1985 in seinem Buch »Kronzeuge Ezechiel« zusammen. Er zeigte auf eindrucksvolle Weise, daß Hesekiel nicht nur präzise ein Raumschiff beschreibt, sondern auch eine technische Wartungsanlage für eben dieses Raumschiff.

Immer wieder finden wir in altjüdischen heiligen Texten Belege dafür, daß die Astronautengötter großen Wert darauf legten, gesehen und in Dokumenten beschrieben zu werden. Spätere Generationen – wir? – sollten erkennen: Außerirdische waren in »grauer Vorzeit« auf der Erde.

Wurde Hesekiel deshalb auch nach Peru geflogen? Zwang man ihn, den Chavin de Huantar-Tempel nachkonstruierbar genau zu beschreiben, damit spätere Generationen – wir? – erkennen würden: Hesekiel war in Peru? Sollte Hesekiel uns den Beweis für die Existenz der Astronautengötter liefern, für ihre Gegenwart auf der Erde – vor Jahrtausenden?

Natürlich ist bislang nicht bewiesen, daß Hesekiel in Chavin de Huantar war. Diese deutliche Spur sollte aber endlich überprüft werden. Und wenn das Hesekiel-Raumschiff in Chavin de Huantar startete und landete, müßten noch heute Spuren zu finden sein, radioaktive Spuren!

Hesekiels Raumschiff wurde ja nach Blumrich mit Atomenergie angetrieben. Es gab Reparaturen am Reaktor. Noch heute müßte der Chavin-Tempel radioaktiv verseucht sein, die radioaktive, meßbare Strahlung müßte den zu erwartenden Normalwert weit übersteigen.

Aktueller Nachtrag: Im Februar 1995 erfuhr ich, daß auf dem südlichen Hochland, dem Dekkan, in Indien ein Tempel restauriert wird, der in verblüffender Weise dem von Hesekiel beschriebenen Tempel gleicht. Eine meiner nächsten Forschungsreisen wird mich nach Indien führen!

130

11 Salomo, die Königin von Saba und eine Flugmaschine

Hesekiel war freilich nicht die einzige biblische Gestalt, die in Verbindung mit Flugapparaten und Raumschiffen gebracht werden muß. Flugmaschinen waren auch Salomo bekannt, wovon freilich die Bibel nichts verkündet. Das heilige Buch der Äthiopier, das »Kebra Negest«, hingegen berichtet davon.

Studiert man sorgsam das Alte Testament und ergänzt die kurzen Fragmente durch Fakten aus der »äthiopischen Bibel«, ergibt sich eine gute Story mit Krimi- und Science-fiction-Elementen. Auch eine Prise Liebe fehlt nicht. Hinweise auf einen Sexkult verleihen dem Ganzen eine gewisse Würze.

Nehmen wir die Spur beim »Kebra Negest« auf. Gegen Ende des 19. Jahrhunderts erhielt der Assyrologe Carl C. A. Bezold (1859–1922) von der Königlich-Bayerischen Akademie der Wissenschaften den Auftrag, einen Text dieses heiligen Werkes in deutscher Sprache zu erstellen. Er reiste durch Europa und fand in Museumssammlungen in Paris, Oxford, London und Berlin uralte Handschriften.

Wann die Urfassung des Kebra Negest entstand, ist umstritten. Anfang des 14. Jahrhunderts stellte Neburäed Jeshak aus älteren Texten eine Fassung des »Kebra Negest« zusammen. Doch schon 409 n. Chr. übertrugen die Äthiopier Isaak und Jemharana-Ab äthiopische Kebra-Negest-Texte ins Arabische. Die Urfassung dürfte schon um 850 v. Chr. entstanden sein.

Eine der Hauptpersonen jenes heiligen Buches ist die Königin von Saba. Die attraktive Herrscherin, so heißt es, habe durch einen reisenden Handelsmann von einem Herrscher gehört, der nicht nur besonders weise, sondern auch recht attraktiv sei. Von König Salomo von Israel, erfuhr die Herrscherin, sei die Rede. Der Mann übe geradezu magische Wirkung auf Frauen aus. Spontan faßte die Königin von Saba einen Entschluß: Der Mann war interessant genug, um nach Jerusalem zu reisen. Ein Staatsbesuch wurde organisiert. 300 Edle und Bedienstete begleiteten die Königin von Saba. 797 Kamele, zahllose Esel und Maultiere wurden in Marsch gesetzt, schwer bepackt mit edelsten Geschenken.

Allein das Gold, das die Königin von Saba dem König der Juden schenkte, hatte, auf heutige Verhältnisse umgerechnet, einen Wert von 85 Millionen DM. Da sage einer noch, unsere heutigen Politiker gingen mit Geschenken bei staatspolitischen Besuchen zu verschwenderisch mit dem Geld des Steuerzahlers um!

Im 25. Kapitel berichtet das »Kebra Negest«: »Aber auch er (Salomo, der Autor) ehrte sie und freute sich und gab ihr Wohnung in einem königlichen Palast nahe bei sich.«

Langatmig, die Geduld des Lesers strapazierend, wird aufgezählt, was die Königin alles an Geschenken erhielt: »Augenfesselnde schöne Kleider und alle im Lande Äthiopien erwünschten Herrlichkeiten, Kamele und Wagen an 6000, die mit kostbaren, wünschenswerten Geräten beladen waren ...«

Man muß den Text sorgsam, Wort für Wort lesen, um in Kapitel 30 das wohl wichtigste Geschenk nicht zu übersehen. Da heißt es nämlich: »Er gab ihr ... einen Wagen, der durch die Lüfte fuhr, den er gemäß der ihm von Gott verliehenen Weisheit angefertigt hatte.« Salomo schenkte also – ich muß es wiederholen – der Königin von Saba eine Flugmaschine. Und die kam später bei einer für König Salomo höchst peinlichen Sache zum Einsatz, bei einer vom König geduldeten »Aktion«, die juristisch gesehen wohl gar kein Diebstahl war.

Doch zurück zur Königin von Saba und Salomo. Die liebreizende Königin wird auch im Alten Testament erwähnt. Und das zweimal. Merkwürdigerweise wurde der kurze Text wortwörtlich doppelt wiedergegeben. Einmal bei 1. Könige 10,1–13. Und dann ein zweites Mal bei 2. Chronik 9,1–12. Der biblische Autor notiert leicht säuerlich: »Und der König Salomo gab der Königin von Saba alles, was ihr gefiel und was sie erbat, außer dem, was er von sich aus gab. Und sie wandte sich und zog in ihr Land mit ihrem Gefolge.« (1. Könige 10, Vers 13, und 2. Chronik 9, Vers 12.)

Doch während laut Bibel Salomo und die Königin von Saba einen Wettstreit in Sachen Weisheit durchführten, dabei über hochphilosophische Themen disputierten, vermeldet das »Kebra Negest« Intimeres. Die beiden hatten handfesten Sex miteinander. Neun Monate und fünf Tage nach der Rückkehr in die Heimat bekam die Königin von Saba einen Sohn von Salomo. Sie nannte ihn Baina-lekhem. Der wuchs rasch zu einem gewitzten Burschen heran, wurde in den schönen Künsten und in den verschiedensten Wissenschaften geschult.

22 Jahre alt reiste er mit großem Troß nach Jerusalem. Der Papa war ohne Zweifel stolz auf seinen Filius, über den das »Kebra Negest« zu berichten weiß: »Er aber, der Sohn, Baina-lekhem, war schön, seine ganze Statur, sein Körper und die Haltung seines Nackens glichen Salomo, dem König, seinem Vater, seine Beine und seine ganze Art glich dem Salomo.« (»Kebra Negest«, Kapitel 32.)

So nimmt es nicht Wunder, daß Salomos jüngeres Ebenbild mit üppigen Geschenken überhäuft wurde. Der bedankte sich zwar artig beim Papa, forderte aber zugleich mehr: die Bundeslade. Salomo war ob dieses Ansinnens zunächst entsetzt, konnte aber seinem Sohn auch diesen Wunsch nicht abschlagen. Zwei Bedingungen stellte er. Zum einen sollte die Übergabe des Geschenks unbedingt heimlich bei Nacht erfolgen. Zum anderen mußte der heilige Kultgegenstand ohne sein offizielles Wissen verschwinden, notfalls als »gestohlen« gelten.

Salomos Sohn tüftelte schnell einen Plan aus. Zunächst wurde eine zerlegbare Kopie der Bundeslade hergestellt. Dann wurde bei Nacht und Nebel die echte Bundeslade aus dem Tempel getragen und durch die täuschend echt wirkende Kopie ersetzt. Ins heimatliche Reich wurde die Bundeslade dann mit Salomos Flugapparat gebracht. Das »Kebra Negest« berichtet im 52. Kapitel:

»Von der Lade ging eine Wolke aus wie ein Schleier und umhüllte sie damit schützend gegen die Sonnenhitze. Es war niemand, der ihren Wagenpark gezogen hätte, sondern er selbst, Erzengel Michael, zog den Wagen, indem sich von der Erde eine Elle hoch erhoben sowohl Menschen als Pferde, Maultiere und Kamele, und alle Leute, die auf den Tieren ritten, wurden eine Mannesspanne hoch von ihren Rücken gehoben, aber auch alle die aufgeladenen Arten ihrer Gerätschaften wurden eine Mannesspanne hoch erhoben. Und alles eilte auf dem Wagen dahin wie ein Schiff auf dem Meere, wenn es der Wind hebt, und wie ein Adler, wenn er auf dem Winde leicht dahinfliegt. So eilten sie auf dem Wagen dahin, ohne nach vorn oder nach hinten, nach rechts oder nach links zu schwenken.« (»Kebra Negest«, Kapitel 52.)

In den Kapiteln 58 und 59 des »Kebra Negest« wird verraten, daß die Flugroute über Ägypten führte. In Jerusalem entdeckte die Priesterschaft irgendwann den Schwindel mit der falschen Lade. Salomo wurde informiert, gab sich zunächst, so wie mit seinem Filius besprochen, entsetzt. Auf seinen widerwillig erteilten Befehl hin wurden Reiter dem Troß von Salomos entflohenem Sohn nachgeschickt, doch vergeblich.

In Ägypten wurde den Jägern des gestohlenen Schatzes mitgeteilt, man habe die Diebe fliehen sehen, sie seien durch die Lüfte gereist, »indem sie auf einem Wagen fuhren wie die Engel, und sie waren schneller als die Adler am Himmel«. Die streng befragten ägyptischen Zeugen berichteten auch von Begleiterscheinungen des Flugs des himmlischen Objekts. Statuen und Obelisken seien durch die Flugmaschine umgestürzt worden, so daß sie zerbrachen oder gar völlig zerstört wurden. Ob dieses Frevels waren die Ägypter empört.

Zurück nach Jerusalem. Die Priesterschaft war über den Verlust des Heiligtums Bundeslade entsetzt, befürchteten einen Volksaufstand. Das Volk würde die Autorität der Priester anzweifeln, da die Herrschaften nun nicht mehr im Besitz der Bundeslade, des wohl heiligsten Gegenstandes überhaupt, waren. Salomo hörte sich das Wehklagen und Jammern eine Weile lang an, dann wurde er energisch, überspielte wohl auch die Tatsache, in die Sache mit der verschwundenen Bundeslade verwickelt gewesen zu sein. Er befahl, daß die peinliche Angelegenheit vor dem unwissenden Volk geheimgehalten werden solle. Für die tumben Massen müsse so getan werden, als sei die Imitation, die Kopie der Bundeslade, das wahre, das echte Original. So steht es im 62. Kapitel des »Kebra Negest«.

Die Priester machten beim falschen Spiel mit, behauptet zumindest das »Kebra Negest«. Sie wollten lieber eine falsche Bundeslade verehren als ihre Jobs verlieren. Von nun an, so die Bibel Äthiopiens weiter, interessierte sich Salomo kaum noch für Politik und fromme Theologie. Er lebte »ein Leben der Fülle und der Liebe zu den Weibern«. Elf Jahre später starb er, verbittert und enttäuscht.

Die Suche nach der Bundeslade

Versuchen wir einmal, die bewegte Geschichte der Bundeslade anhand des Alten Testaments nachzuzeichnen. Das
Heiligtum kam von Ägypten ins »Gelobte Land«, wurde
längere Zeit in Silo aufbewahrt. In den Wirren kriegeri-
scher Auseinandersetzungen wurde es den Philistern zur
Beute, aber wieder an die Besitzer zurückgegeben, weil sie
mit einem Fluch beladen zu sein schien und grausige Pla-
gen auslöste. Die Bundeslade kam dann zunächst nach Bet
Schemesch, später nach Kirjat-Jeraim.
König David schließlich holte sie um 1000 v. Chr. nach Jerusalem. 955 v. Chr. wurde der Bau des Tempels in Jerusalem abgeschlossen, die Bundeslade erhielt einen Ehren-
platz im Tempelheiligtum. (1. Könige 8,2 und 2. Chronik
5,2–10.) Um 930 v. Chr. starb Salomo. Elf Jahre zuvor
wurde die Bundeslade laut »Kebra Negest« gestohlen und
per Flugapparat, also um 941, entführt.
Es fällt auf, daß im Alten Testament nach Salomo jeder
konkrete Hinweis auf die Bundeslade fehlt. Verschwand
sie also, wie das »Kebra Negest« behauptet, wirklich zur
Zeit von Salomos Regentschaft? 587 v. Chr. belagerte König Nebukadnezar Jerusalem. Seine Truppen eroberten die
Stadt und raubten die Schätze des Tempels. Die Bundeslade, heiligstes Objekt der Juden und damit ohne Zweifel
begehrte Kriegstrophäe, wird mit keinem Wort erwähnt.
Weil sie zu diesem Zeitpunkt schon gar nicht mehr im
Tempel war und nur eine wertlose Kopie aufbewahrt
wurde?
Ich bin überzeugt: Wenn die Bundeslade nach Babylon
verschleppt worden wäre oder wenn sie beim Brand des
Tempels und des Palasts verbrannt wäre – in beiden Fällen
hätte man den Verlust der heiligen Reliquie nicht verschwiegen, sondern bitter beklagt.

Völlig korrekt stellt Forscher Jörg Dendl fest: »Sämtliche Behauptungen, die ein Weiterbestehen des Heiligtums voraussetzen, basieren ... auf einer ganzen Reihe von Annahmen, ungesicherten Sagen und Verknüpfungen von Fakten, die so nicht unbedingt in Zusammenhang gebracht werden können.«

Der Diebstahl der Bundeslade wäre so einzigartig nicht zu Zeiten des biblischen Alten Testaments. So raubten die Israeliten selbst, als sie unter Moses' Leitung aus Ägypten flohen, heilige Kultgegenstände. Im 2. Buch Mose (Kapitel 12, Vers 35) wird zunächst beschönigend festgestellt: »Und die Israeliten taten nach dem Wort Moses und liehen sich von den Ägyptern silberne Geräte.« In Vers 36 heißt es dann realistischer: »Sie beraubten die Ägypter.«

Auch Louis Ginzberg, der nimmermüde Sammler altjüdischer Überlieferungen, fand einen Hinweis auf diesen Diebstahl. So heißt es in einem der heiligen altjüdischen Texte, die nicht in die Bibel aufgenommen wurden: »Das Volk aber blieb weiterhin uneinsichtig und schenkte Moses keine Beachtung. Angeführt wurde es von einem Idol, das man aus Ägypten mitgenommen hatte.« (Ginzberg, S. 361, Übersetzung des Autors.)

Forscher Jörg Dendl ist überzeugt: die Hebräer ließen eine »heilige Götterbarke« mitgehen, wohl eines der wichtigsten Heiligtümer der Ägypter überhaupt.

Jörg Dendl mutmaßt durchaus nachvollziehbar: Die Ägypter haben wohl kaum eine gewaltige Streitmacht aufgeboten, um entflohenen Sklaven nachzujagen. So wertvoll waren sie auch wieder nicht. Der militärische Großeinsatz würde aber eher verständlich, wenn es darum ging, den Hebräern wieder abzujagen, was sie in Ägypten gestohlen hatten: heiligste Gegenstände. Verständlich wäre dann auch der Meinungsumschwung des Pharao, der ja zunächst den Abzug der Hebräer gestattete, dann aber die

Verfolgung der Abgezogenen befahl. Weil er vom Diebstahl der Heiligtümer erfuhr?

Der Versuch der Ägypter, wieder an ihre Reliquien zu kommen, scheiterte. Wie das den Ägyptern Gestohlene ausgesehen haben mag, wir werden es wohl nie erfahren. Sollte es sich tatsächlich um eine »Götterbarke« gehandelt haben? Und wenn ja: Was müssen wir uns darunter vorstellen? Das Modell eines Raumschiffs der Astronautengötter vielleicht? Ein Raumschiff haben die Besucher aus dem All wohl kaum zurückgelassen. Und wenn, dann wären flüchtende Sklaven nicht dazu in der Lage gewesen, es mit sich zu schleppen.

Salomo selbst nahm es mit den Besitzverhältnissen nicht ganz so genau, wenn es um begehrte Heiligtümer ging. So ließ er einen »Heiligen Thron« aus der Schatzkammer der Königin von Saba entwenden. Die 27. Sure des Koran, »Ameisen-Sure« genannt, berichtet, daß der Transport durch die Lüfte erfolgte, ausgeführt von einem »fliegenden Geist«.

Auch ein altägyptisches Märchen weiß von der Königin von Saba zu berichten. Sie habe eine »Wundersäule« besessen, auf der »alles Wissen der Welt ... geschrieben stand«. Es nimmt kaum Wunder, daß Salomo auch diese Kostbarkeit »per Luftfracht« an seinen Hof schaffen ließ – mit Hilfe eines »Flügelgeistes«.

Zurück zur Bundeslade. Ein sorgsames Studium biblischer Texte verrät, daß die Bundeslade, wie es vom »Kebra Negest« behauptet wird, zu Salomos Zeiten verschwand. Spätere Hinweise auf das Heiligtum fehlen in der Bibel.

Der Vollständigkeit halber muß darauf hingewiesen werden, daß gelegentlich behauptet wird, die Bundeslade habe sich noch zu Zeiten Hiskias im Allerheiligsten des Tempels befunden. Das wäre um 750 v. Chr. gewesen und damit lange Zeit nach Salomo. Der Bibeltext, der das beweisen soll, enthält freilich keinen Hinweis auf die Bundeslade. So heißt es bei Jesaja (Kapitel 37, Vers 14) nämlich lediglich: »Und als Hiskia den Brief von den Boten empfangen hatte, ging er hinauf in das Haus des Herrn und breitete ihn aus vor dem Herrn.«

Nach dem Tod Salomos zerbrach sein Reich. Mit dem Imperium der Königin von Saba aber soll es rapide aufwärts gegangen sein. Ob das an der Bundeslade lag, muß dahingestellt bleiben.

Wo aber lag das Reich der legendären Herrscherin? In Äthiopien, behauptet man dort in höchsten Regierungskreisen. Die Bundeslade sei von Salomos Sohn auf Umwegen in die Landeshauptstadt Axum geschafft worden, wo sie noch heute in der Marienkathedrale als Hauptheiligtum des dortigen Christentums (koptisch) aufbewahrt werde.

Zweifel müssen aber angemeldet werden: Es gab zu Salomos Zeiten auf dem Gebiet des heutigen Äthiopien noch kein etabliertes Staatswesen.

Wo sonst könnte sich das Reich der Königin von Saba befunden haben? Folgt man der Argumentation von David Hatcher Childress, einem Weltreisenden und anerkanntem Experten auf dem Gebiet der großen Geheimnisse unseres Planeten, dann könnte die Bundeslade gen Indien entführt worden sein. Tatsächlich enthält die Bibel einen deutlichen Hinweis, der Salomo in Verbindung mit jenem Land bringt.

Ohne falsche sexuelle Verklemmung stellt das fundierte Nachschlagewerk »Das geheime Wissen der Frauen« (Herausgeberin Barbara G. Walker) fest, daß Salomos Tempel wenig Ähnlichkeit mit einem »Gotteshaus« nach abendländisch-christlichem Verständnis hatte: »Eine Besonderheit im Tempel des Salomo war ein Paar phallischer Säulen vor der Eingangshalle. Sie trugen den Namen Boaz (›In ihm ist die Stärke‹) und Joachim (›Gott läßt ihn aufstehen‹), und ihre Kapitel waren mit weiblichen Symbolen in Form von Lilien und Granatäpfeln geschmückt.« Sollte also Salomo Anhänger eines deftigen Sexkults gewesen sein? Des Königs Vorliebe für pralle Weiblichkeit (»Deine beiden Brüste sind wie junge Zwillinge von Gazellen ...«, Hoheslied 4, Vers 5) bleiben auch dem heutigen Bibelleser nicht verborgen.

»Phallische Säulen« passen überhaupt nicht in altjüdische Tempel des Jahweglaubens, wohl aber in den religiös-mythologischen Kontext des indischen Kulturkreises.

Das Lingam begegnet uns in zahllosen indischen Tempeln: die Phallussäule, oftmals von drastischer Erkennbarkeit, ist das Symbol des Gottes Schiwa. War Salomo ein Anhänger Schiwas? Praktizierte er einen Sexkult, in dessen Zentrum der Penis stand? Wenn es je konkrete Belege dafür in biblischen Schriften gab, dann wurden sie wohl von »frommen« Zensoren, nach deren krauser Logik Sexualität eine Ausgeburt der Hölle war, getilgt.

Im 1. Buch Könige (Kapitel 11, Vers 6) heißt es reichlich nebulös: »Und König Salomo tat, was Jahwe mißfiel und folgte nicht Jahwe wie sein Vater David.«

Kein zweiter Forscher unserer Tage hat sich so intensiv mit dem Reich der Königin von Saba auseinandergesetzt wie Graham Hancock. Der Journalist und Schriftsteller fand bei seinen sorgsamen Recherchen immer wieder Hinweise auf Indien. So weist Hancock nach, daß führende Denker des 12. und 13. Jahrhunderts das Reich der Königin von Saba in Indien vermutet haben.

12 Tempel, Raumschiffe und Atombomben

Laut David Hatcher Childress könnte das Luftschiff, mit dem die Bundeslade »entführt« wurde, ein »Vimana« aus Indien gewesen sein. Laut der »Internationalen Akademie der Sanskritforschung Mysore«, Indien, muß man sich unter einem Vimana einen Flugapparat vorstellen. Ich fand im altindischen »Mahabharata« einen Hinweis, eine Textstelle, die Childress' Überlegungen bestätigen könnte.

Der Flugapparat, mit welchem die Bundeslade gestohlen wurde, wird im 52. Kapitel des äthiopischen »Kebra Negest« beschrieben. Da heißt es, Erzengel Gabriel habe einen fliegenden Wagen durch die Lüfte gezogen, auf den »sowohl Menschen, Pferde, Maultiere als auch Gerätschaften« verfrachtet und dann auf dem Luftwege davongeschafft worden seien. Im »Mahabharata« fand ich nun (im 15. Kapitel, Verse 20–24) eine zumindest ähnliche Flugmaschine beschrieben – oder gar die gleiche? Da heißt es (Kapitel 15, Vers 23): »Indem er dies zu der Göttin sagte und sich von ihr und den Weisen verabschiedete, ging er an Bord des Flugzeugs.« Und weiter: »Indem er die Elefanten, Pferde, Wagen und Waffen sowie mechanische Vorrichtungen zusammenholte, machte er sich auf den Weg.« (Kapitel 15, Vers 24.)

Es muß dahingestellt bleiben, ob »Kebra Negest« und »Mahabharata« dasselbe oder zwei Luftschiffe des gleichen oder eines ähnlichen Typs beschreiben. Fest steht: Im »Kebra Negest« ist das Luftschiff ein Kuriosum, das man allzuleicht überliest. In Indiens heiligen Büchern treten Vimanas geradezu in Massen auf.

Vimana bedeutet aber keineswegs nur »Himmelswagen«. Der gleiche Terminus wird auch für »Tempel« benutzt.

Für den indischen Sthapati, gleichzeitig Priester und Architekt, ging es beim Bau eines Tempels nicht allein um ein Gebäude, das Räumlichkeiten zum Abhalten von Gottesdiensten zur Verfügung stellte. Der Tempel war, wie Andreas Volwahsen im fundamentalen Werk »Indien« feststellt, »eine plastische materielle Dimension des Gottes«.

Folgendes geschah vor Jahrtausenden im Reich Israel: Brausende, feuerspeiende Himmelsgefährte, in denen übermächtig scheinende Wesen durch die Gegend donnerten, wurden gern mit den Göttern und später mit Gott gleichgesetzt. In Indien identifizierte man vor Jahrtausenden die Götter mit den Himmelswagen und setzte diese wiederum mit den Tempeln gleich.

Vielleicht versuchte man, die in ferne himmlische Gefilde entschwundenen Götter auf die Erde zurückzuholen, indem man ihnen Tempel baute, die den Himmelsfahrzeugen der Allmächtigen gleichen sollten?

Die heute erhaltenen Tempel Indiens sind sicher keine »Originale« mehr, sondern Kopien von Kopien von Kopien. Die ältesten gehen aber immerhin auf die Zeit von 200 v. bis 500 n. Chr. zurück, die jüngeren wurden erst im 17. Jahrhundert. n. Chr. errichtet. Freilich bemühten sich die Erbauer stets, weitaus älteren Bauanleitungen zu entsprechen.

Etwa im 3. nachchristlichen Jahrhundert begann man, alte Tempelstädte, wie etwa die von Madurai, auszubauen, zu renovieren und zu erweitern. Die meisten Tempel haben einen direkten Bezug zu den Himmelsfahrzeugen der Götter. Und nicht wenige, etwa der von Konarak oder die von Bhubabeswar, sind in ihrer Gänze auf die Erde geholte und in Stein verewigte göttliche Flugmaschinen. Andere wiederum wirken wie Abschußrampen frühgeschichtlicher Raumschiffe. Tatsächlich thronen auf ihren steilen Tempelpyramiden Vimanas, Flugapparate der Götter.

Der altehrwürdige indische Text »Natyasastra« von Bharata hält eindeutig fest: »Die Tempel sind nach den Vorbildern der himmlischen Flugzeuge entworfen.«

Ein besonders schönes Beispiel für ein in heiligem Stein verewigtes Raumschiff ist der Brhadisvara-Tempel im Westen der Stadt Tanjore. Das monumentale Bauwerk ist Gott Schiwa geweiht, der vor vielen Jahrtausenden Indiens Himmel mit seinem Flugapparat unsicher machte. Das mächtige Bauwerk ist von Südosten nach Nordosten ausgerichtet. Betritt man den Tempel im Südosten, so folgen auf eine Säulenhalle der große Versammlungssaal, dann ein Vorraum und schließlich das Heiligtum selbst. Über diesem Sanktuarium erhebt sich bis zu einer Gesamthöhe von 74 Metern der Tempelturm, auch Turmpyramide genannt. An der Spitze steht das Götterfahrzeug.

Um 1003 soll das Heiligtum nach nur siebenjähriger Bauzeit vollendet worden sein, eine Leistung, die den Tempel zu einem der erstaunlichsten Baudenkmäler der Erde macht. Ruht doch das Götterfahrzeug in schwindelerregenden 70 Metern Höhe auf einer wuchtigen Granitplatte. Und die wurde aus einem einzigen Granitbrocken gefertigt. Sie wiegt immerhin stolze 80 Tonnen!

Wie wurde der Monolith an seinen ihm zugedachten Platz hoch oben im Tempel gebracht? Darüber streiten sich nach wie vor die Fachleute. Ihre Diskussionen erinnern stark an den Gelehrtenstreit um den Bau der Pyramiden Ägyptens.

Die einen meinen, man habe eine hölzerne Rampe gebaut. Und darauf den mächtigen Steinklotz nach oben geschoben. Sechs Kilometer soll diese Konstruktion lang gewesen sein – und sehr stabil. Mußte sie doch nicht nur den 80-Tonnen-Monolith, sondern auch noch das Heer von Arbeitern tragen, die den Riesen in die Höhe schoben und zerrten.

Eine andere Theorie besagt, daß man den gesamten Tempel unter einem kuppelförmigen Erdberg verschwinden ließ. Angeblich wurde dann der mächtige Stein mit Hilfe von Elefanten auf einem spiralförmigen Weg langsam bis an die Spitze geschafft.

Eine dritte These geht ausschließlich von »hölzernen Hebebäumen« aus, bei denen wiederum Elefanten als »treibende Kraft« gedient haben sollen.

Vergeblich suchten Fachleute in der näheren Umgebung nach einem Steinbruch, aus dem die gewaltige Platte stammen konnte. Sie wurden nicht fündig, und so bleibt die Frage offen, woher sie stammt.

Fest steht jedenfalls, daß die Inder wahre Meister im Transportieren unglaublicher Lasten waren. So gab es bei Chunnar einen gewaltigen Steinbruch, in welchem über Jahrtausende Baumaterial für zahllose Tempel gewonnen wurde. Hier wurden wahrhaft monströse Säulen gefertigt: jeweils aus einem einzigen 15 Meter langen Stein bestehend und pro Stück etwa 50 Tonnen schwer.

Das Herstellen dieser Säulen aus Sandstein soll leicht von der Hand gegangen sein – meinen »Experten«, bei denen sich körperliche Arbeit gewöhnlich auf das Spitzen von Bleistiften beschränkt. Mehr als strapaziös muß freilich der Transport der Riesen gewesen sein. Wurden sie doch oft Hunderte von Kilometern befördert, querfeldein, durch unwegsamen Dschungel, über Berge und Schluchten hinweg.

30 solcher Säulen fand man inzwischen in diversen Tempeln Indiens, niemand vermag zu sagen, wie viele es einst insgesamt waren. Eine davon schaffte man in die vielleicht geheimnisvollste Tempelanlage Indiens. In Sanci wurde eine komplexe, weitläufige Kultanlage errichtet, zu der drei steinerne Kuppelbauten gehören.

Seltsam: Bei meinem letzten Aufenthalt in Südamerika entdeckte ich in Ecuador ein Bauwerk, bei dem es sich um eine Kopie von einer der Sanci-Kuppeln handeln könnte. Der »Bienenkorb« befindet sich am Stadtrand von Quito. (Anmerkung: Ein Besuch des Bienenkorbs ist in unseren Tagen mehr als riskant. Als einzelner Tourist sollte man das geheimnisvolle Bauwerk auf keinen Fall bewundern und sich schon gar nicht in jenen düsteren unterirdischen Gang wagen, der in das Innere des Gebäudes führt.)

Im Komplex von Sanci wurde eine 15-Meter-Steinsäule aus Chunnar verarbeitet. Der so häufig in Anspruch genommene Steinbruch ist freilich 800 Kilometer entfernt. Es übersteigt unsere Vorstellungskraft, wie der Transport vor mehr als 2000 Jahren über Land erfolgt sein könnte.

Beförderung auf dem Landweg – ausgeschlossen! So lautet das Urteil der meisten Archäologen. Man habe den Koloß auf einem gewaltigen Floß über die Flüsse Ganges, Jumma und Betwa transportiert. Die Betwa fließt »nur« zwei Kilometer von Sanci entfernt an der Tempelanlage vorbei.

Das Unterfangen muß zur Regenzeit durchgeführt worden sein, weil nur dann Jumma und Betwa ausreichend Wasser führ(t)en. Die Floßfahrt zur Regenzeit war alles andere als leicht: In jener Zeit werden die Flüsse zu unberechenbaren, furchteinflößenden Wildwässern.

Es ist fast unvorstellbar schwierig, dann ein großes Floß mit einem 50-Tonnen-Stein darauf gegen die Strömung zu schleppen. Und genau das soll vor rund 2000 Jahren geschehen sein.

Auch der Transport der Säule vom Fluß zur Tempelanlage selbst war schon eine Meisterleistung. Allein auf den letzten 200 Metern ist ein Höhenunterschied von 60 Metern zu überwinden. War der Steinriese endlich an seinem Bestimmungsort angelangt, mußte er auch noch aufgerichtet werden. Wie, mit welchen technischen Hilfsmitteln das vor 2000 Jahren geschah? Wir wissen es nicht.

Heilige Texte

Von Indiens Tempeln zu Indiens heiligen Texten. Besonders viele wertvolle altehrwürdige Schriften befinden sich in der Bibliothek von Mysore, die schon lange wegen ihrer umfangreichen Sammlung geradezu einen legendären Ruf genießt. So nimmt es nicht wunder, daß, wenn bei Restaurierungsarbeiten von Tempeln religiös-mythische Texte gefunden werden, diese meist der »Royal Sanskrit Library« anvertraut werden.

In dieser Bibliothek befindet sich auch eines der geheimnisvollsten Schriftwerke überhaupt, das »Vymaanika Shaastra«. Es handelt Themen ab, die man in einem »heiligen Buch« nicht erwartet. Da geht es um Ausbildung und Kleidung der Piloten, ihre Flugrouten, die Metalle, die für ihre Flugmaschinen verwendet werden müssen, da werden die Vor- und Nachteile der verschiedenen Antriebsarten erörtert und die diversen »Geheimnisse der Astronautik« aufgezählt.

Hinter für unsere Zungen kaum zu bewältigenden Namen verbergen sich erstaunliche Vorrichtungen, mit denen die Flugmaschinen ausgestattet sind. Einige seien genannt:

»Visvakriyadarpana« ist ein Teleskop. Es wird benutzt, um aus dem Raumschiff im Erdorbit heraus Vorgänge auf der Erde zu observieren.

»Shaktyakarsanayantra« bezeichnet einen »Spiegel, fähig, Energie anzuziehen«. Eine Art Sonnenkollektor, wie er bei heutigen Satelliten verwendet wird?

Mit Hilfe von »Parivesayantra« konnte man in Kontakt mit der Besatzung von Himmelsfahrzeugen treten.

»Vyairoopadarpana« ist ein Gerät, das während des Fluges

überprüft, ob am Himmelsfahrzeug irgendwelche Veränderungen oder Verformungen auftreten, ob Reparaturen erforderlich sind.

»Puspinee« beobachtet Blitze und kontrolliert, ob sie sich in irgendeiner gefährlichen Form auf die Flugsicherheit auswirken.

»Saktipinjara« hat mit dem Antrieb zu tun, kontrolliert die »Kraftmaschine«.

»Sirahkeelaka« könnte eine Art zentrale Computersteuerung sein. Sie koordiniert alle Bestandteile der Flugmaschine.

Der Text nennt freilich nicht nur die Namen diverser technischer Apparate. Er geht auch konkret auf einzelne wichtige Details ein. Ein Beispiel:

»Shaktyakarsanayantra« (»Spiegel, fähig Energie anzuziehen«). Die Funktion des Gerätes wird genannt. Wir erfahren aber auch, woraus es besteht: »Zu fünf Teilen Quecksilber, sechs Teilen Glimmer, acht Teilen Perlenpuder, zehn Teilen Granitsalz, acht Teilen Salz ...« Nach Reinigung der einzelnen Stoffe müssen sie, so vermerkt der Text weiter, auf 800 Grad erhitzt, verflüssigt und in die vorbereiteten Formen gegossen werden.

Eine Frage drängt sich auf: Woher stammt dieses uralte Wissen? An europäischen Universitäten scheint man sich für diese Frage nicht zu interessieren. Anders geht es am »Bhaktivedanta-Institut«, San Diego, Kalifornien, USA, zu. Da sind hochrangige Experten am Wirken, die in den uralten vedischen Büchern firm sind.

Dr. Richard Thompson, Mitbegründer des Instituts, Verfasser des Buches »Vedic Cosmography and Astronomy«, stellt fest: »Die vedische Literatur enthält zahllose deutliche Beschreibungen von Außerirdischen, die vor Jahrtausenden auf die Erde kamen! Sie vermittelten den Menschen erstaunliches Wissen.«

Im »Sabha-parvam«, einem altehrwürdigen Text, heißt es: »In alten Zeiten pflegten die Götter zur Erde zu kommen. Sie nahmen menschliche Züge an, um die Menschen studieren zu können.«

Hinweise auf Außerirdische und ihre Flugmaschinen finden sich in zahlreichen Büchern Indiens, die ganze Bibliotheken füllen, so im »Mahabharata«, im »Samaranganda Sutradhara«, im »Mayamatam«, im »Ramayana«, im »Abimaraka« von Bhasa, in der »Vaimanika Sastra«, kurz in zahllosen Werken der vedischen Literatur.

Immer wieder steht in altehrwürdigen Texten, sie seien von den Göttern selbst geschaffen worden. Sind deshalb einige Beschreibungen, die vor Jahrtausenden entstanden, so präzise?

Bereits 1870 veröffentlichte das »Calcutta Sanskrit College« den Text des »Yukikalpatataru« von Bhoha. Der Text enthielt deutliche Hinweise auf antike Raumschiffe.

1895 rekonstruierte der gelehrte Inder B. G. Talpul eine Flugmaschine – nach dem Text des »Vaimanika Sastra«.

1968 wurde vom »Dayanandra Trust« in Neu Delhi eine Studie über heilige Texte veröffentlicht. Swami Brahamuni Parivrajaha kommt darin zum Ergebnis: »Luft- und Raumfahrt gab es schon im alten Indien.«

1975 publizierte Swami Dayananda Saraswati eine Studie über das altindische »Rigveda«. Ergebnis: »Im vorgeschichtlichen Indien gab es Flugmaschinen.«

Noch sind unzählige Schriften überhaupt nicht auf präastronautische Inhalte überprüft worden. So mancher Text, das ergaben meine Recherchen, verschwand noch in unserem Jahrhundert spurlos. Aus Versehen? Oder absichtlich, weil er nicht in ein liebgewordenes Bild von der Vergangenheit paßte, das keine Besucher aus dem All im Indien vor Jahrtausenden vorsieht?

1600 wurde Giordano Bruno in Rom verbrannt, unter an-

148

derem auch deshalb, weil er postulierte, daß es auch auf anderen Welten im All Leben gibt. Jahrtausende zuvor war dieses Wissen im alten Indien weit verbreitet. So heißt es in der »Bhagavad-Gita«: »Die Erde schwebt im All wie Millionen anderer Planeten, auf denen es, wie auf der Erde, Berge und Meere gibt.«

Sätze wie »Das Weltall ist wie ein Ozean, und die Planeten darin sind wie Inseln in einem Meer« tauchen in schöner Regelmäßigkeit in uralten vedischen Texten auf. Unendlich viele Welten im All sind, so altindische Texte, bewohnt.

Das »Srimad-Bhagavatam«: »Im Universum gibt es 400 000 Arten intelligenter Wesen. Viele von ihnen sind den Menschen überlegen.«

Dr. Richard Thompson: »Die Erde wurde vor Jahrtausenden von Außerirdischen besucht. Jene Wesen, die interstellare Raumfahrt betrieben und von Planet zu Planet reisten, kamen auch nach Indien.«

Außerirdische Besucher vor Jahrtausenden in Indien? Diese Theorie vertritt Erich von Däniken weltweit in seinen Büchern und Vorträgen – und das seit Jahrzehnten. In unseren Gefilden wird er an den hehren Orten der Wissenschaft ob seiner kühnen Gedanken oft nur belächelt. Ganz anders geht es in Indien selbst an den Universitäten zu. Da setzt man sich vorurteilsfrei mit den uralten Überlieferungen auseinander und akzeptiert. auch phantastisch anmutende Gedanken.

Gegenüber Dänikens Thesen mehr als aufgeschlossen ist kein geringerer als Professor Dr. Dileep Kumar Kanjilal. Mit seinem Buch »Vimana in Ancient India« über Flugmaschinen im vorchristlichen Indien müßte der Mann eigentlich weltweit Aufsehen erregen. Wenn der Gelehrte darlegt, daß sich am Himmel Indiens vor Jahrtausenden Flugmaschinen geradezu tummelten, dann haben seine Worte Gewicht.

Der freundliche, zierlich wirkende Inder ist ein Wissenschaftler von hohem Rang. Ausgebildet wurde er am »Sanskrit College« von Kalkutta. Er studierte in Oxford, wurde Rektor des angesehenen »Victoria College« von Coochbehar in Westbengalen und ist heute nicht nur Ehrenmitglied der »Asiatischen Gesellschaft«, sondern auch amtierender Professor an der Universität von Kalkutta.

Ich lernte Professor Kanjilal persönlich kennen, als er – wie ich – 1979 einen Vortrag im Rahmen der Weltkonferenz der »Ancient Astronaut Society« in München hielt.

Professor Kanjilal gab mir im persönlichen Gespräch wertvolle Hinweise auf die heiligen Bücher seines Landes. Über Jahre hinweg las ich inzwischen Tausende Seiten altindisch-vedischer Literatur, meist in englischer, selten deutscher Übersetzung. Ich begann ein Buchmanuskript über Raumfahrt im alten Indien zusammenzustellen – und gab auf, als es auf mehrere hundert Seiten angewachsen war und ich feststellen mußte, daß sich solche Massen von Originalzitaten auch in guten Übersetzungen mehr als mühsam lesen, so brisant der Inhalt auch immer sein mag. So werde ich nun einige wenige der wichtigsten Aussagen über Raumschiffe, Space-Shuttles und atomare Holocausts im alten Indien zusammenfassen. Dem interessierten Leser aber, dem das nicht genügt und der tiefer in die Materie eindringen möchte, biete ich im Literaturanhang Hinweise auf wichtige Quellenwerke. Sie enthalten nicht nur umfangreiches Textmaterial, sondern auch wertvolle Hinweise auf weitere Literatur.

Vor Jahrtausenden tauchten gewaltige Mutterraumschiffe aus den Tiefen des Alls auf. Die altindischen Texte beschreiben sie als gigantische Objekte, die sich um die eigene Achse drehen. (Zur Erinnerung: Der junge Abraham wurde in ein solches Riesenraumschiff gebracht. Durch Eigenrotation entsteht an Bord künstliche Schwerkraft, eine der wichtigsten Voraussetzungen überhaupt für lange Raumflüge.)

Professor Kanjilal: »Die Beschreibungen von einer Vielzahl von sich um sich selbst drehenden Städten im Weltall erscheinen im »Varnaparvan« des »Mahabharata«. Im »Sabhaparvan« finden sich ebenfalls Beschreibungen von Raumstädten, die hoch in den Himmel gebracht werden konnten. Was erstaunlich an dieser Beschreibung ist: Sie bewegten sich in einer unveränderten Bahn rund um die Erde. Sie hatten Türeingänge, die weit genug waren, um Flugzeugen den Durchgang zu ermöglichen.«

Stolze Besitzer von Weltraumstädten waren unter anderen die Götter Indra, Brahma, Rudra, Yama, Kuvera, Varuna. Die Götter verkehrten zwischen Orbitalstationen und Erde in kleineren »Space-Shuttles«. Von einem dieser Zubringer haben wir präzise Maße: Flügelspannweite 10 Meter, Gesamtlänge 13 Meter, Höhe vom Boden aus 5 Meter. Gewöhnlich wurden acht bis zehn Passagiere befördert. 35 Kubikmeter Fracht konnten an Bord genommen werden.

Rhbus, der Mediziner unter den Göttern, baute auch solch ein Shuttle. Von mindestens drei Piloten gesteuert transportierte es maximal acht Passagiere. Während des Fluges wurden seine Räder eingezogen. Das Flugobjekt konnte zu Wasser wie zu Lande niederfahren. »Es flog schneller als der Verstand!« vermerken verschiedene alte Texte.

Kleinere Flugmaschinen wurden, so steht es zum Beispiel im »Rigveda«, von den Göttern auch auserwählten Menschen zur Verfügung gestellt. Dabei handelte es sich (wie auch im Fall des Kebra-Negest-Luftschiffes) um vergleichsweise langsame Himmelsschiffe.

Eines dieser Flugzeuge startete morgens in Lanka (Sri Lanka) und legte 1800 Meilen in neun Stunden zurück. Zwei Zwischenstops wurden eingelegt. Auch König Anicchasena soll von den Göttern eine Flugmaschine zur Verfü-

151

gung gestellt bekommen haben, die sechs Menschen befördern konnte.

Das »gemeine Volk« kam freilich nicht in den Genuß von Luftreisen. Die Menschen liefen staunend oder entsetzt zusammen, wenn sich wieder mal ein Flugapparat der Götter näherte. Und die Vimanas der Götter tauchten regelmäßig auf. Es sind aus heiligen Texten regelrechte Flugpläne mit präzisen Zeitangaben bekannt. Mit Donnergebraus verängstigten die Götter mit Tiefflügen Mensch und Tier. Gelegentlich wurden sogar Bäume entwurzelt.

Waffen der Götter

Als »gute Götter« sahen wohl die wenigsten Inder die Besucher aus dem All an. Wußten doch die Menschen, daß die Fremden oft in Streit miteinander gerieten und untereinander heftigste Schlachten ausfochten.

Altindische Beschreibungen von Kämpfen zwischen den Göttern sind uns in verschiedenen Epen erhalten. Wir werden bei der Lektüre dieser Texte an Science-fiction-Filme à la »Krieg der Sterne« erinnert.

So wird die Weltraumstation Hiranyapurna von Arjuna angegriffen. Ein fliegendes Kampfgeschwader, ausgestattet mit gewaltigen Waffen, versucht vergeblich, Arjunas Flugzeug in der Luft zu zerstören. Ein »Raketengeschoß« Arjunas trifft und zerstört die Weltraumstadt, reißt sie in Stücke. Die Trümmer stürzen auf die Erde, versinken vermutlich im Meer.

Die furchteinflößenden Waffen der Außerirdischen kamen aber nicht nur im All, sondern auch auf der Erde zum Einsatz. So berichtet das »Bhagavata«: Salva attackierte einst die Stadt Dvaraka mit seinem Flugzeug, ließ Geschosse auf sie niederprasseln. Krisna verwickelte den Angreifer in eine Luftschlacht. Salva entfloh zunächst, landete kurz im Meer, stieg in atemberaubender Geschwindigkeit auf etwa 1300 Meter Höhe auf. Sein gewagtes Flugmanöver bringt nicht die erhoffte Rettung. Krisna feuert eines seiner Geschosse ab. Dabei könnte es sich um eine von Krisnas Superwaffen gehandelt haben, eine Rakete, die dem Geräusch feindlicher Flugmaschinen folgt. Salvas Flugzeug wird getroffen und zerfetzt.

Im 7. Buch des Mahabharata-Epos lesen wir von der verheerenden Wirkung einer der Götterwaffen. »Sie schoß hoch in die Lüfte, und Flammen brachen aus ihr hervor, die dem Feuer glichen, das die Erde am Ende des Erdzeitalters verschlingt. Tausende von Sternschnuppen fielen vom Himmel, die Tiere in den Gewässern und auf dem Land erzitterten vor Angst. Die Erde bebte.« Was »Mahabharata« und »Ramayana« über diese Waffe aussagen, läßt eigentlich keinen Zweifel mehr zu: Vor Jahrtausenden setzten die Astronautengötter Atomwaffen ein.

Es heißt, die Geschosse seien »mit der Kraft des Universums« ausgestattet gewesen. Nach der Explosion gab es »eine weißglühende Säule von Rauch und Flammen, so hell wie zehntausend Sonnen.«

Und weiter: »Die unbekannte Waffe ist ein strahlender Blitz, ein verheerender Todesbote, der alle Angehörigen der Vrischni und der Andhala zu Asche zerfallen ließ. Die verglühten Körper waren unkenntlich. Denjenigen, die davonkamen, fielen die Haare aus. Töpfereien zerbrachen, Vögel wurden weiß. In kurzer Zeit war die Nahrung vergiftet. Der Blitz senkte sich und wurde feiner Staub. Um diesem Feuer zu entkommen, stürzten sich die Soldaten in die Flüsse, um sich und ihre Ausrüstung zu waschen.«

An anderer Stelle heißt es: »Es war, als seien die Elemente losgelassen, die Sonne drehte sich im Kreise. Von der Glut der Waffen versengt, taumelte die Welt in Hitze, Tausende von Wagen wurden vernichtet, dann senkte sich tiefe Stille. Es bot sich ein schauerlicher Anblick: Die Leichen der Gefallenen waren von der furchtbaren Hitze verstümmelt, so daß sie nicht mehr wie Menschen aussahen.«

Ich wiederhole: Wer unvoreingenommen diese Texte liest, muß zum Schluß kommen, daß – wie bei Sodom und Gomorrha – die Astronautengötter im alten Indien Atomwaffen einsetzten.

Seltsam: Dr. Robert Oppenheimer, 1943–1945 Leiter der Atombombenentwicklung in Los Alamos, war nicht nur Physiker. Er beschäftigte sich auch intensiv mit uralten Sanskrit-Texten Indiens. Halfen ihm die uralten Beschreibungen unheimlicher Waffen bei seinen tödlichen Erfindungen?

Als die erste Testatombombe gezündet worden war, zitierte Dr. Oppenheimer einen altindischen Vers aus dem »Mahabharata«: »Ich habe die Gewalt des Universums entfesselt. Nun bin ich zum Zerstörer der Welten geworden.«

Sieben Jahre nach diesem ersten Test hielt Dr. Oppenheimer einen Vortrag an der Universität von Rochester. Im Anschluß daran gab es eine Diskussion. Ein Student wollte wissen, ob die Atombombe von Alamogordo die erste gewesen sei, die man gezündet habe, oder ob es nicht doch schon früher erfolgreiche, aber verheimlichte Tests gegeben habe.

Dr. Oppenheimers Antwort mutet seltsam an: »Well, es war die erste, ja. Jedenfalls in moderner Zeit.« Ging also Dr. Oppenheimer davon aus, daß bereits in vorgeschichtlichen Zeiten Atombomben explodierten?

Als Dr. Oppenheimers Atombomben in New Mexicos Wüste detonierten, entstanden dabei so hohe Temperaturen, daß der Wüstensand verflüssigt und zu glasartigen Klumpen verbacken wurde. Auf solche Steinverglasungen stießen Archäologen auch in Indien, ohne sich vorstellen zu können, wer oder was wohl vor Jahrtausenden die dazu erforderlichen enormen Temperaturen erzeugt haben könnte.

Im Gebiet zwischen dem Ganges und dem Rajmahal-Gebirge wurden die Reste von uralten menschlichen Siedlungen ausgegraben. Sie wurden, das stellten Archäologen fest, bei einer Katastrophe vernichtet. Der Forscher de Camp konstatiert: Die Häuser müssen enormen Temperaturen ausgesetzt gewesen sein, die so stark waren, daß Steine schmolzen und zu mit Blasen überzogenen Klumpen verbacken wurden. Unweit der Steinverglasungen grub de Camp ein menschliches Skelett aus. Es war hochgradig radioaktiv verseucht.

Auch David W. Davenport, ein in Indien gebürtiger italienischer Forscher, fand in Indien klare Beweise für Atomexplosionen vor Jahrtausenden. Der Wissenschaftler: »Mohenjo-Daro, eine der ältesten Städte der Welt, wurde durch Atombomben vernichtet!«

Mohenjo-Daro, eine der geheimnisvollsten Ruinenstädte der Welt, liegt 350 Kilometer nördlich von Karatschi im heutigen Pakistan. Archäologen haben hier Tausende »schwarze Steine« gefunden. Der Name ist irreführend. Handelt es sich doch dabei um die Reste von Töpfereiwaren, die einmal so extrem hohen Temperaturen ausgesetzt waren, daß sie wie Butter in der Sonne schmolzen. Was kommt als Ursache für die dazu erforderlichen extrem hohen Temperaturen in Frage?

30 000 Skelette wurden gefunden, alle seltsam verstümmelt, anscheinend durch enorme Hitze entsetzlich entstellt. Folgt man David W. Davenport, dann explodierte vor Jahrtausenden über dem Zentrum von Mohenjo-Daro mindestens eine Atombombe. Im Zentrum der Stadt fanden sich die Steinverglasungen, in den Außenbezirken waren die Auswirkungen der Explosion schwächer. Aber

auch hier fanden sich Tausende Skelette von Menschen, die von einer Katastrophe »aus heiterem Himmel« überrascht und getötet worden waren. »Natürliche« Erklärungen für den Untergang der Städte scheiden aus. Weder Lava noch Vulkanasche wurden gefunden – ein Vulkanausbruch kommt als Verursacher für das Desaster also nicht in Frage.

Vielleicht hätte es nie eine plausible Antwort gegeben, wenn nicht David W. Davenport veranlaßt hätte, Skelette auf Radioaktivität hin zu überprüfen. Ergebnis: Die Skelette sind extrem radioaktiv verseucht. Die gemessenen Werte gleichen jenen, die man bei Toten von Hiroshima und Nagasaki festgestellt hat.

Atombomben vor Jahrtausenden? Das paßt nicht in das Bild, so wie es von Archäologen vom alten Indien gezeichnet wird. Doch fügt man Indizien wie Mosaiksteinchen zusammen, kann es eigentlich keinen anderen Schluß geben, als daß Mohenjo-Daro vor Jahrtausenden wie Sodom und Gomorrha durch Atombomben zerstört wurde.

Warum sollte das geschehen sein? Darüber geben die uralten Texte Indiens keinen Aufschluß. Probierten die Astronautengötter in Indien ihre Waffen aus? Experimentierten sie? Verhielten sie sich vor Jahrtausenden wie irdische Wissenschaftler von heute, gefühllos, nur auf Ergebnisse aus, die statistisch brauchbar sind? Alles spricht dafür: Unser Planet war für die Astronautengötter das Testlabor Erde.

13 Sprechende Statuen, heilige Steinkreise, Telepathie

Die Götter des alten Indien verfügten über »gedanken-schnelle« Flugmaschinen, die mit Supertechnik ausgestattet waren. Es bestand stets die Möglichkeit, von der Erde aus mit den fliegenden »Himmlischen« in Kontakt zu treten, offenbar per Funk. »Parivesayatra« hieß der entsprechende Kommunikationsapparat.

Solch ein Gerät oder ein ähnliches war offenbar auch Bestandteil der im Alten Testament beschriebenen Bundeslade. So heißt es im 2. Buch Mose 25 (Vers 22): »Und ich (Jahwe) will mich dort bei dir einfinden und mit dir reden von der Stelle über dem Deckel, von der Stelle zwischen den beiden Cheruben (Engeln), die auf der Lade des Zeugnisses sind.«

Schon 1968 mutmaßte Erich von Däniken in »Erinnerungen an die Zukunft«: »Wirkte nun einer der beiden Cheruben auf der Deckplatte als Magnet, dann war der Lautsprecher, vielleicht sogar eine Art von Gegensprechanlage zwischen Moses und dem Raumschiff, perfekt.«

Auch Hesekiel, der ja intensiv wie kaum ein anderer Kontakte mit Außerirdischen pflegte, beschreibt Funkverbindungen zwischen Menschen und Göttern. Dazu dienten »sprechende Statuen«, »Teraphim« genannt. Aus diesen »Teraphim« ertönte Jahwes Stimme. (1. Samuel 15, Vers 22: »Hat Jahwe ebensoviel Gefallen an Brandopfern und Schlachtopfern wie daran, daß man der Stimme Jahwes gehorcht?«)

Die »sprechenden Statuen« flößten den Menschen oft

Angst ein. Manchmal empfanden sie die Worte, die aus ihnen ertönten, als »unheimlich«. (Sacharja 10, Vers 2.)

Wie Jahwe aus dem Deckel der Bundeslade oder den Mündern der »Teraphim« sprach, so nahmen Gottheiten der Azteken durch ein »Standbild« Kontakt mit den Menschen auf. Und erteilten Befehle.

Universitätsprofessor Julian Jaynes, Princeton-Universität: »Das Standbild befahl ihnen aufzubrechen, den vor ihnen liegenden See zu überqueren und es auf ihre Reise überall mitzunehmen. Es lenkte sie hierhin und dorthin.«

Die Parallele ist augenfällig: So wie der Bibelgott Jahwe eine Gruppe von Juden 40 Jahre durch die Wüste lotste, so wurden die Azteken zu einer nicht minder strapaziösen Reise veranlaßt, von Aztlan am See Mexaltitlan nach Tula.

In beiden Fällen gab es Götterbefehle per Funk: aus dem Deckel der Bundeslade oder aus dem Inneren eines »Standbildes«.

Die biblischen »Teraphim« sollen von Abrahams Vater gebaut worden sein. Zur Erinnerung: Abraham junior wurde in einem Zubringerraumschiff von der Erde in eine Weltraumstation im Erdorbit gebracht.

Die Könige der Sumerer bekamen direkt von den Göttern »gistugpis«, aus denen die Himmlischen zu sprechen pflegten. Nach alten Keilschrifttexten, die etwa 4000 Jahre alt sein dürften, entstanden die sprechenden Statuen in speziellen Werkstätten, die »bi-nummu« genannt wurden. Gott Nummu selbst gab die konkreten Anweisungen, nach denen die technischen Wunderwerke anzufertigen waren.

Zu sprechen waren die Götter in der Regel nur für Könige und höchste Beamte. Der »gemeine Mann« wagte es erst gar nicht, Kontakt mit den Göttern aufzunehmen. Normalsterbliche, das zeigen Rollsiegel, mußten in seltenen Notfällen Mittelsleute, die Zugang zu den sprechenden

Statuen hatten, einschalten, die dann die Götter um Rat fragten.

Seltsam: Als die Spanier das Reich der Inkas eroberten – zerstörten ist wohl passender –, soll es in Tempeln immer noch sprechende Köpfe gegeben haben. Ein anonymer Berichterstatter aus jenen Tagen der blindwütigen Vernichtung und des blutigen Terrors durch Vertreter des ach so hochstehenden Abendlandes: »Im Tempel des Pachamac hielt sich ein Teufel auf, der in einem finsteren Raum ... zu den Indianern zu sprechen pflegte.« Ähnliches wußte Pater Joseph de Acosta aus Zentralamerika zu vermelden: Indianer unterhielten sich in den Heiligtümern mit »Götzen«, sprechenden Köpfen, die konkrete Fragen beantworteten und Befehle erteilten.

Was die spanischen Eroberer nicht verstanden, flößte ihnen nur allzuoft geradezu panische Angst ein. Einige Jahrhunderte bevor Funkverkehr zum Alltag gehören sollte, konnten »sprechende Götzenköpfe« nur »Teufelswerk« sein. Und das wurde, leider, mit Feuereifer vernichtet.

So können wir heute nur noch spekulieren: Handelte es sich bei den »sprechenden Statuen«, die wohl als Reliquien auch dann noch verehrt wurden, als sie schon lange nicht mehr funktionierten, um technische Relikte aus jenen Zeiten, als Astronauten die Erde besuchten?

Der Vollständigkeit halber muß in diesem Zusammenhang auch noch darauf hingewiesen werden, daß Albertus Magnus noch im 13. Jahrhundert einen »sprechenden Statuenkopf« besessen haben soll. Auch Papst Sylvester II. soll solch einen Apparat sein eigen genannt haben. Klarheit über die Beschaffenheit der »Teraphim« würde gewonnen, wenn es gelänge, einen solchen »sprechenden Kopf« zu finden.

Hinweise aus der geheimnisvollen Geschichte des Templerordens könnten so verstanden werden, daß die wißbegierigen Ritter um 1200 nach Christus in Jerusalem ebensolche Apparate fanden und nach Europa brachten. Womöglich gerieten sie auf Umwegen in den Besitz des Vatikans.

Die Vorstellung, außerirdische Gegenstände, die vor Jahrtausenden von den »Göttern« mitgebracht und Menschen geschenkt wurden, könnten irgendwo in einem römischen Geheimdepot verwahrt werden, mutet phantastisch an.

Könnten solche Apparate heute noch funktionstüchtig sein? Ich stellte diese Frage Prof. Dr. Dr.-Ing. Hermann Oberth, dem »Vater der Weltraumfahrt«, von dessen kühnen Projekten, die er schon vor vielen Jahrzehnten entwikkelte, manche erst in den ersten Jahrhunderten des 3. Jahrtausends verwirklicht werden können. Der Gelehrte antwortete mir nachdenklich: »Das wäre denkbar. Aber auch ein defektes Relikt technischer Art, das in grauer Vorzeit von Außerirdischen auf die Erde gebracht worden wäre, müßte natürlich jeden Wissenschaftler brennend interessieren.«

Wie sich der Professor künftige Kommunikationsmittel in der Raumfahrt vorstelle, wollte ich weiter wissen.

Professor Oberth: »Gleichgültig ob wir selbst interstellare Raumfahrt betreiben oder mit Außerirdischen, die das tun, kommunizieren ... Funk ist da zur Verständigung ungeeignet. Die Entfernungen sind zu gewaltig, ein normales Gespräch aus Fragen und Antworten wäre unmöglich, einfach weil die Funksignale unerträglich lange unterwegs wären.«

Professor Oberth zeigte sich überzeugt, daß Telepathie das künftige Kommunikationsmittel für interstellare Raumfahrt sein werde.

Ein sowjetischer Rekordkosmonaut, mit dem ich mich dank einer hochattraktiven Dolmetscherin in Jugoslawien unterhalten konnte, behauptete: »Wir haben bei langen Aufenthalten an Bord unserer Weltraumstation auch Gedankenübertragung geübt!«

Ich halte es für eine interessante Überlegung: Spielte Gedankenübertragung auch bei der Kommunikation mit den Astronautengöttern eine wichtige Rolle? Vielleicht gibt es noch heute konkrete Spuren von aus unserer Sicht höchst ungewöhnlichen Kommunikationssystemen – Jahrtausende alt und direkt vor unseren Augen!

Wenn Sie einmal nach London kommen, sollten Sie unbedingt einen Abstecher zur geheimnisvollen Steinanlage von Rollright machen. Sie erreichen Sie bequem von London aus im Rahmen eines Halbtagesausflugs. Verlassen Sie London in Richtung Westen auf der Autobahn M 40 in Richtung Oxford. Sie umfahren dann die altehrwürdige Stadt, auf der A 34 geht es weiter in Richtung Norden, bis Chipping Norton. Von da aus sind es auf der M 44 noch vier Kilometer bis zur geheimnisvollen Anlage von Rollright.

Aber was ist Rollright? Rollright besteht erstens aus einem Steinkreis mit einem Durchmesser von 31,6 Metern. Dieser Kreis heißt einer alten Legende nach »Die Männer des Königs«. Weil angeblich in grauer Vorzeit Soldaten in Steine verwandelt wurden. Zweitens besteht die Anlage aus einem einsamen Steinriesen, 70 Meter vom Steinkreis entfernt. Name: Königsstein. Der Koloß mißt in der Höhe 2,60 Meter und in der Breite 1,44 Meter. Drittens gehört zu Rollright eine weitere Gruppe von Steinen, die heute zum Teil umgestürzt sind, zum Teil noch stehen. Sie befindet sich östlich von den »Männern des Königs«. Name: »Flüsternde Ritter«.

In einer alten Legende heißt es, einst seien Ritter in Steine verwandelt worden. Wie mag man auf »flüsternde Ritter« gekommen sein?

Erich von Däniken berichtet in »Reise nach Kiribati«: »In unserer Zeit gehen ... nebulöse Berichte um. Da behaupten Leute, die die Steine berührten, sie hätten Schwindelgefühle verspürt. Rutengänger reden von Halluzinationen, Sinnestäuschungen im Wachzustand, die sie zu gewissen Tageszeiten befielen, sobald sie sich im Steinkreis aufhielten. Sensible sollen sogar Schocks erlitten haben.«

Solche Gerüchte machten den britischen Forscher G. S. Robins aktiv. In den Jahren 1978 und 1979 führte er mit seinem wissenschaftlich geschulten Team auf dem Rollright-Gelände umfangreiche Tests durch – und das zu den unterschiedlichsten Tages- und Nachtzeiten.

Dazu benutzte er unter anderem einen tragbaren Ultraschalldetektor. Die Skala des Geräts zeigte Werte von eins bis zehn. Die Normalfrequenzen beliefen sich auf zwischen Null und Eins. Dann geschah Seltsames: Die Strahlungswerte änderten sich. Etwa zu Sonnenaufgang, so erwartete Dr. Robins, würde die Strahlung der Steine zunehmen. Das aber war nicht der Fall. Bereits eine halbe Stunde vor Sonnenaufgang setzte ein unerklärliches Pulsieren eines Kraftfelds beim Königsstein ein – und erreichte einen Wert von sieben auf dem Meßgerät. Gleichzeitig sank der Stärkewert des Feldes im Bereich des Steinkreises auf Null.

Zwei bis drei Stunden nach Sonnenaufgang: keine Strahlung mehr beim Königsstein. Dafür Anstieg der Strahlung im Steinkreis. Und zwischen dem Steinkreis und dem Königsstein baute sich ein elektrisches Feld auf. Dieses Feld aber brach zusammen, sobald jemand in den Steinkreis trat.

Dr. Robins beschreibt diesen geheimnisvollen Vorgang so: »Bei allen Besuchen in der Morgendämmerung konnte starkes Pulsieren um den Menhir sowie zwischen Menhir und Steinkreis beobachtet werden.« Seltsam: Da bauen sich geheimnisvolle Energiefelder zwischen Steinen auf, und, was noch seltsamer ist, diese Energiefelder werden deutlich beeinflußt, sobald ein Mensch hineintritt.

So rätselhaft, so geheimnisvoll die beschriebenen Energiefelder sind – es gibt sie keineswegs nur bei Rollright! Beobachtet wurden sie auch in den USA!

Das Städtchen St. Florian, Alabama, ist für seine steinige Umgebung berühmt-berüchtigt. Besonders viele Brocken in den unterschiedlichsten Größen gibt es entlang der Straßen 17 und 13 sieben Meilen nördlich von Florence. Hier gibt es gewaltige Steinbrocken, die teilweise ganz, teilweise halb, teils nur zu einem Drittel im Erdreich stecken. Sie alle sind von geheimnisvollen Energiefeldern umgeben.

Wyatt Cox und Greg Keeton haben sich mit diesen Energiefeldern intensiv auseinandergesetzt. Der Lieutenant-Colonel Thomas E. Bearden aus Huntsville, Alabama, beschäftigte sich gleichfalls mit den Feldern und kam zu erstaunlichen Erkenntnissen. Manchmal waren die besagten Felder sichtbar!

Thomas E. Bearden ist Magister in »Nuclear Engeneering« am »Institute of Technology«, Georgia, USA. Auch er kann keine gesicherte Erklärung für das Sichtbarwerden der Energiefelder bieten. Dann tauchten ... UFOs auf, hell, ja grell leuchtend. Tanzende Kugeln, die verrückte Manöver ausführten, am Boden dahinsausten, Haken schlugen und plötzlich verschwanden.

Thomas E. Bearden bietet eine mögliche Erklärung für das Lichtphänomen an: Die Steinbrocken sind in jenen Bereichen, in denen sie im Erdreich stecken, häufig Druck ausgesetzt, mal stärker, mal schwächer. Der Druck entsteht bei tektonischen Verschiebungen im Erdinneren, etwa wenn sich verschiedene Schichten bewegen. Werden nun quarzhaltige Steine gepreßt, dann reagieren sie darauf: Sie erzeugen UFO-ähnliche Leuchtphänomene.

Diese Leuchterscheinungen sind den Ureinwohnern Australiens schon seit langem bekannt. Sie nennen sie schon seit Urzeiten »minmin«. In Afrika werden sie seit Ewigkeiten unter dem Ausdruck »aku« geführt, in Indien »Chota adonis« und in Malaysia »pennangal« genannt. In Deutschland kannte man sie schon im Mittelalter. Als Schatzlichter gingen sie in Sagen ein.

Inzwischen konnte man diese merkwürdigen Lichter schon im Labor künstlich erzeugen. Dabei wurde quarzhaltiges Gestein unter Druck gesetzt, der konstant erhöht wurde. Bei einem Druck von 2252 Kilogramm pro Quadratzentimeter drohte der Fels auseinanderzubrechen ... und sonderte plötzlich kleine Lichtbälle ab.

Die Leuchtkugeln beeinflussen nachweislich die menschliche Psyche. So fand der US-Forscher Persinger heraus: Nähert man sich solch einer Leuchtkugel, gerät man in ein elektromagnetisches Feld, verspürt ein prickelndes Gefühl. Ängstlichkeit, Gänsehaut, Beklemmungen können auftreten. Längerer Kontakt kann zu übersinnlichen Wahrnehmungen wie Visionen führen, aber auch zu Gedächtnisverlust. Dies war anscheinend schon den Wintu-Indianern Kaliforniens bekannt, die die Lichtbälle »Geistesser« nannten.

Halten wir fest: Quarzhaltiger Stein sondert unter Druck Energiefelder ab.

Glen Rein, Master of Sciences, Amerikaner von Geburt, arbeitete lange am St. Bartholomew's Hospital in London. Sein Spezialgebiet: Energiefelder. Ein interessantes Ergebnis seiner Arbeiten: Die Zirbeldrüse des Menschen reagiert in gewisser Weise auch wie ein quarzhaltiger Stein. Die Zirbeldrüse enthält kristalline Strukturen – und die führen unter gewissen Umständen zu Energiefeldern.

Es war der britische Parapsychologe Maurice Tester, der sich mit den vom Hirn, von der Zirbeldrüse, erzeugten Energiefeldern auseinandersetzte. Sie sind besonders bei geistiger Anstrengung zu bemerken, oder wenn eine Testperson versucht, einem anderen Menschen per Telepathie etwas mitzuteilen.

Glen Rein: Bei versuchter Gedankenübertragung verläßt ein Kraftfeld den Kopf des Menschen. Es kann dann sozusagen »huckepack« auf anderen Kraftfeldern reisen. Beispielsweise auf Energiewellen akustischer Art.

Konkretes Beispiel: Im afrikanischen Busch erzeugt ein Stammespriester ein Gedankenfeld. Es verläßt den Kopf des Mannes. Gleichzeitig werden Trommeln geschlagen. Die Kraftfelder »verbinden« sich, das Kraftfeld des Stammespriesters reist sozusagen mit dem akustischen mit – und wird irgendwo empfangen.

Was haben diese parapsychologischen Hypothesen mit Kommunikation mit Außerirdischen zu tun?

Stellen wir uns vor: Ein Stammeshäuptling tritt in den Rollright-Kreis. Sein Gedankenkraftfeld und das Energiefeld der Steinanlage »tun sich zusammen«. In Stonehenge wird die Energie wieder aufgefangen, die Steine dienen als Empfangsantennen. Ein Eingeweihter im Stonehenge-Kreis vermag nun die in Rollright abgesandten Gedanken zu verstehen.

Nikolai Bodnaruk, Korrespondent der »Ksmolskaja Prawda«, schreibt: »Viele Herde uralter Kultur hatten keinen zufälligen Standpunkt gehabt, sondern lagen an den Knotenpunkten eines weltweit existierenden Netzsystems. Angeschlossen waren die Induskultur, Ägypten, die Nordmongolei, Irland, die Osterinsel, Peru, Kiew und viele andere.«

Kommunikation?

Bislang konnte nicht geklärt werden, wieso mit enormem Aufwand unsere Erde mit einem Netz von Kultstätten überzogen wurde. Etwa um ein weltumfassendes System von Sende- und Empfangsanlagen für Gedankenübertragung zu schaffen? Bestand »in grauer Vorzeit« die Möglichkeit, etwa in Rollright Gedanken abzusenden und in einem anderen heiligen Steinkreis – zum Beispiel in der Südsee – wieder aufzufangen?

War dieses Kommunikationssystem auf die Erde beschränkt? Oder reichte es über die Grenzen unseres Globus hinaus? Wurde es vielleicht sogar benutzt, um mit den Astronautengöttern in Verbindung zu treten? Vielleicht auch dann noch, wenn die Fremden schon lange Zeit wieder zu ihrem Heimatplaneten unterwegs waren?

Wenn Gläubige in frommer Andacht in Steinkreisen zusammenkamen, wenn sie in Gebeten Wünsche äußerten, traten sie dann in Gedankenverbindung mit den Astronautengöttern? Durften sie mit Antworten rechnen?

Entstand so das Gebet als Erinnerung an technische Kommunikation mit den Göttern? Tausende Kirchen stehen heute auf heiligen Plätzen, an denen sich jahrtausendelang »heidnische Kulte« abgespielt hatten.

Jacques Bergier, Mitautor des Buches »Aufbruch ins dritte Jahrtausend«: »Haben Sie keine Angst vor kühnen Gedanken! Ich denke, man wird nur dann für so manches Rätsel der Erde eine Lösung finden, wenn man konventionelle Denkmodelle einfach mal vergißt. Und hinter heiligen Steinkreisen verbirgt sich wohl vielleicht wirklich mehr, als konservative Archäologen wahrhaben möchten.«

Die heiligen Orte mögen von Archäologen vernachlässigt werden, vergessen sind sie deswegen noch lange nicht. So habe ich auf der Osterinsel Steinkreise gesehen, in denen sich auch heute noch Menschen, wenn auch verstohlen, zu stillem Zwiegespräch mit den Göttern versammeln.

Ich sprach mit einem Franziskanermönch auf der Osterinsel. »Heidnische Bräuche sind leider immer noch nicht ausgestorben! Sehen Sie sich diese ärmlich gekleideten Menschen an! Sie rufen Make Make an und meinen, mit ihm sprechen zu können!« – »Per Telepathie via ›Steinkreis-kommunikation‹?« wollte ich von dem frommen Mann wissen.

»Gedankenübertragung gibt es nicht!« schnaubte der Mönch. Angesichts der wütenden Blicke, die er mir zuwarf, war ich froh, daß die Scheiterhaufen des ausgehenden Mittelalters und der beginnenden Neuzeit längst erloschen sind.

Hoch oben über dem Umayosee, im Grenzland zwischen Peru und Bolivien, besuchte ich die »heiligen Türme«, die »Chulpas von Sillustani«. Niemand vermag zu sagen, welchem Zweck diese Bauwerke dienten und warum man sich die strapaziöse Mühe machte, wahrhaft zyklopische Steinmonster bei ihrem Bau zu verwenden.

»Die Türme dienten Fischern beim Ausguck aufs Meer!« sagen manche. Leider kann man von den Türmen aus den See kaum sehen, so daß diese Erklärung wohl nicht zutreffen dürfte. Sie wurde wahrscheinlich von »Experten« am Schreibtisch ausgeheckt, die niemals selbst »vor Ort« gewesen sind.

»Sie dienten als Begräbnisstätten!« lautet eine andere Meinung. Tatsächlich befinden sich im Inneren der Türme zu ebener Erde düstere Räumlichkeiten. Sie sind eher klein und nur durch sehr niedrige, schmale Gänge zu erreichen. Wenn hier wirklich einst Menschen bestattet wurden, dann kann es dabei wenig pietätvoll-würdig zugegangen sein.

»Von den Türmen aus spähten die Menschen zu den Sternen!« vermuten andere. Auch diese Erklärung leuchtet nicht ein. Die Türme sind allesamt fensterlos, und es gibt keinerlei Hinweis auf astronomische Verwendung.

Ich selbst bin aber nicht wegen der rätselhaften Türme in die karge Gegend von Sillustani gekommen. Die geheimnisvollen Steinkreise haben mich angelockt.

Niemand vermag zu sagen, wie viele Steinkreise es einst

hier gegeben hat. Zwei sind noch erhalten, etwa 30 und 50 Meter im Durchmesser. Schlicht gekleidete Einheimische betreten die Steinkreise, bekreuzigen sich – und beten noch zu ihren vorchristlichen Göttern. Viele ziehen vor dem Steinkreis die Schuhe aus. Man sieht es ihnen an: Für sie markieren die Steine heiliges Land.

»Sie sprechen mit den Göttern!« raunt mir ein städtisch aussehender Spanier mit Inkaphysiognomie zu. Funktioniert das Kommunikationssystem Steinkreis also noch? Oder wieder?

Es ist endlich an der Zeit, daß einfühlsame Forscher erkunden, was da in den »heiligen Steinkreisen« geschieht. Vielleicht gibt es ja – wieder – einen regen Gedankenaustausch zwischen Menschen und Astronautengöttern, die erneut zur Erde zurückgekehrt sind!

14 Mayas, Messiasse und eine Schlange aus Licht

So konkret die ehrwürdigen, heiligen Texte des alten Indien auch sind, wenn es etwa um die Beschreibung außerirdischer Weltraumschiffe geht, so vage scheinen ihre Angaben zu sein, sucht man nach Datierungen. Wann war wohl die Zeitepoche, als Astronauten zur Erde herniederfuhren?

Indischen Universitätsgelehrten ist dieses Problem durchaus vertraut. Seit unzähligen Jahrhunderten sind zahllose Wissenschaftler jenes Landes damit beschäftigt herauszufinden, wann genau sich die Götter der Vorzeit in Indien tummelten.

Wichtige Hinweise ergeben in diesem Zusammenhang Beschreibungen von Planetenkonstellationen in den heiligen Texten. Daraus errechnen Experten Jahresangaben. Demnach haben Außerirdische Indien 8000, vielleicht 6000 vielleicht aber »erst« 2000 v. Chr. besucht.

Professor Kumar Kanjilal machte mich auf ein recht konkretes Datum aufmerksam. Demnach fand die fürchterliche Schlacht von Kiruksetra, an der auch Außerirdische beteiligt waren, 3102 v. Chr. statt. Diese Jahreszahl machte mich hellhörig. 3114 v. Chr., also nur zwölf Jahre früher, ereignete sich wahrhaft Wichtiges auf einem anderen Kontinent: bei den Mayas!

Nach den Berechnungen von John Erich Sidney Thompson, der weltweit als einer der besten Maya-Experten überhaupt gilt, entspricht der mythologische Zeitanfang bei den Mayas dem 11. August 3114 v. Chr. nach unserer Zeitrechnung.

Die beiden Daten – 3102 v. Chr. und 3114 v. Chr. liegen meiner Meinung nach zu dicht zusammen, als daß man noch von einem Zufall sprechen könnte.

Ich bin überzeugt: Am Ende des 4. Jahrtausends v. Chr. waren Außerirdische auf der Erde – bei den Indern und bei den Mayas. Für beide Völker gehörten die fliegenden Himmelswesen förmlich zum Alltag. Ohne jemals etwas vom christlichen Jesus gehört zu haben, hatten die Mayas eine Art Messiasglauben. In ihren heiligen Büchern und Überlieferungen gibt es eine Reihe von Göttern, die alle wieder einmal zur Erde zurückkehren wollten. Nicht auf ewige Zeiten würden sie in den Tiefen des Alls entschwinden.

1978 hielt ich während meines Studiums der evangelischen Theologie in Erlangen im Wohnheim des altehrwürdigen »Martin-Luther-Bundes« einen Vortrag über vorgeschichtliche Astronautenbesuche. Im Rahmen dieses meines Vortrags ging ich auch auf »die Messiasse dieser Welt« ein, was bei meinen Mitstudenten bestenfalls Befremden auslöste. Es gebe nur einen einzigen Messias, und das sei Jesus.

Seit nunmehr fast zwei Jahrtausenden herrscht Streit zwischen Vertretern des jüdisch-mosaischen und solchen des christlichen Glaubens. Während die Christen überzeugt sind, daß der Messias, der im Alten Testament angekündigt wurde, bereits mit Jesus gekommen sei, harren die Juden nach wie vor des Erlösers. Jesus erkennen sie jedenfalls nicht als den Messias an. Die Christen erwarten, daß ihr Messias zum Jüngsten Gericht wiederkehren wird.

Wiederkehren sollen nach altjüdischem Glauben dereinst auch Henoch und Elias, die per Flugmaschine entführt wurden. Wieder »vom Himmel herabsteigen« soll, davon sind die gläubigen Muslime überzeugt, auch ihr Mahdi.

Auch die Hopis, ein Indianerstamm aus dem Südwesten

der USA mit Siedlungen in Arizona und New Mexico, haben Messiasse. Sie heißen Katchinas und kamen in grauer Vorzeit »von einem fernen Planeten« zur Erde. Drei Gruppen gibt es bei ihnen, den Himmlischen: die »Hüter des Gesetzes«, die »Lehrer« und die »Erzeuger«. Die Erzeuger zum Beispiel waren spezialisierte Wissenschaftler, die experimentierten und den Menschen erzeugten.

Wie ich selbst in Arizona recherchierte: Auch heutige Hopis sind überzeugt, daß ihre Katchinas, die irgendwann einmal zu ihrer himmlischen Heimat zurückgekehrt sind, wieder zur Erde kommen werden.

Bevor die Katchinas zum bisher letzten Mal ins All starteten, gaben sie einen Befehl, der bis in unsere Tage befolgt wird. Von nun an sollten Puppen nach ihrem Ebenbilde angefertigt werden, so daß künftige Generationen die zurückkehrenden Astronauten der Vorzeit wiedererkennen können. Dank dieser Puppen wissen wir, wie wir uns die Katchinas vorzustellen haben: als Astronauten mit Helmen in plumpen Raumanzügen. In ihren Händen halten sie oft seltsame Gegenstände. Sollen sie wissenschaftliche Meßgeräte oder Waffen darstellen?

So wie die Hopis von Katchinas aus dem All besucht wurden, so empfingen die Kayapos in grauer Vorzeit kosmischen Besuch.

Die Angehörigen dieses Stammes leben am Rio Fresco südlich von Para in Brasilien. Vor langer Zeit, so besagen es heilige Überlieferungen des Stammes, kam ein »Messias« zu ihnen: Bep Kororoti. Einige Zeit weilte er unter den Menschen, studierte sie, unterrichtete sie aber auch. Respekt verschaffte er sich mit einer fürchterlichen Waffe, Kop genannt. Der gesamte Leib des Himmlischen war von einem seltsamen Anzug bedeckt, Bo genannt. Das seltsame Kleidungsstück umhüllte auch den Kopf. Eines Tages beschloß Bep Kororoti in seine himmlische Heimat zurückzukehren.

Ethnologe Ja Americo Peret zeichnete die heiligen Überlieferungen der Kayapos auf, die diese denkwürdigen Ereignisse so klar beschreiben, daß keinerlei Erklärung mehr erforderlich ist: »Da geschah etwas Ungeheueres, das alle sprachlos werden ließ. Rückwärts ging Bep Kororoti bis an den Rand des Pukato-Ti (ein Berg, der Autor). Mit seinem Kop vernichtete er alles, was in seiner Nähe war. Bis er auf dem Gipfel der Gebirgskette angekommen war, waren die Bäume und Sträucher zu Staub zerfallen. Dann gab es plötzlich einen gewaltigen Krach, der die ganze Region erschütterte. Bep Kororoti verschwand in der Luft, umkreist von flammenden Wolken, Rauch und Donner. Durch dieses Ereignis wurden die Wurzeln der Büsche aus dem Boden gerissen und die Wildfrüchte vernichtet, das Wild verschwand, so daß der Stamm anfing, Hunger zu leiden.«

Noch heute fertigen die Kayapos eine Kopie des Bo-Gewandes aus Stroh an. Ein auserwählter Stammesangehöriger zieht es bei feierlichen Anlässen zur Erinnerung an den Messias aus dem All an. Er sieht dann aus wie einst Bep Kororoti, wie ein Astronaut im Raumanzug. Und wenn er einmal sein Volk wieder aufsuchen wird, wird man ihn sofort erkennen.

Warum aber zieht es die Götter aus dem All immer wieder zur Erde zurück? Sie wollen verfolgen, wie sich das von ihnen begonnene Experiment Mensch weiterentwickelt hat.

Dem heiligen Buch der Mayas, dem »Popol Vuh«, können wir wichtige Informationen über das »Testprodukt Mensch« entnehmen. Die Namen der ersten Exemplare werden da aufgezählt: »Balamquitze, dann Balamacab, der dritte war Mahucutah, der vierte endlich Iquibalam, das sind die Namen unserer Ahnen.«

Den Mayas war unbegreiflich, wieso ihre Ahnen nicht auf die normale Art zur Welt gekommen, sprich geboren worden waren: »Dies sind die Namen der ersten Menschen, die erbaut, erschaffen wurden! Nur Gebautes, nur Geschöpf wurden sie genannt: Sie haben keine Mutter, keinen Vater. Keine Weiber haben sie geboren, und sie wurden auch nicht als Söhne gezeugt. Ein Wunder war es, daß sie erschaffen wurden, ein Zauber, gewirkt von der Erbauerin und dem Schöpfer, von der Gebärerin und dem Söhne-Erzeuger, von dem mächtigen Kukumaz.« Ausdrücklich hält das Popol Vuh fest, daß es sich beim Menschen um ein Kunstprodukt, um eine Mischung aus Irdischem und Außerirdischem handelt. Nahmen die Fremden beim Schöpfungsakt doch zugleich »vom Herzen des Himmels und vom Herzen der Erde«.

Das Popol Vuh beschreibt die Schöpfungsgottheiten weder als allwissend noch als allmächtig, auch keineswegs als perfekte Alleskönner. So wird fast schon pedantisch festgehalten, daß der Mensch erst im vierten Anlauf gelang.

Die »Adams und Evas« der zweiten Generation waren unförmig im Aussehen und besaßen keine Intelligenz. »Ihre Sprache war sinnlos!« Versuch Nr. 3 schlug ebenfalls fehl: »Da war nichts in ihren Herzen und nichts in ihren Hirnen!«

Ihre Mißerfolge erschütterten die Astronautengötter keineswegs. Mißlungene Exemplare der fehlgeschlagenen Tests wurden einfach vernichtet. Mitleid war den Göttern fremd. Sie ließen, die Bibel läßt grüßen, eine Flut über die mißratenen Wesen kommen. Vergeblich versuchten ihre Opfer »auf die Dächer ihrer Häuser zu entkommen, aber die Häuser brachen zusammen, auch Höhlen und Bäume gewährten keine Zuflucht. So wurden sie zerstört, und die wenigen, die überlebten, wurden die heutigen Affen.«

Im 4. Anlauf gelang der Vorfahre des heutigen Menschen. Stolz betrachteten die Götter die ersten Exemplare: »Es waren gute Menschen, schön anzusehen.«

Zu den mißlungenen Exemplaren des Schöpfungsaktes der

Götter, über die etwa der »Codex Chimalpopoca« berichtet, müssen wohl auch die Riesen gezählt werden. Wie in der Bibel wurden diese monströsen Wesen von den Göttern vernichtet.

Leider haben weltliche und geistliche Eroberer des Maya-Reiches nicht nur unter den Menschen grauenhafte Blutbäder angerichtet, sondern auch viele der uralten heiligen Schriften vernichtet. Trotzdem sind noch viele Bruchstücke erhalten, die sich zu einem Puzzle zusammensetzen lassen und Aufschlüsse über das Vorgehen der Götter gegen die Riesen, die Monster der Vorzeit, erlauben.

Nach den Maya-Überlieferungen löste der fliegende Gott Ah Mucenab ein gewaltiges Feuer aus, dem die Riesen zum Opfer fielen. Im »Codex Chimalpopoca« heißt es: »In diesem Zeitalter geschah es, daß es Feuer regnete, die Bewohner daher verbrannten.« Wurden Atombomben eingesetzt? Angesichts der Knappheit des Textes mutet diese Spekulation zunächst als ausgesprochen gewagt an. Meine Vermutung läßt sich aber durchaus begründen: Beim Einsatz massiver Atombomben können als Folge der Explosionen solch enorme Staubmassen in die Erdatmosphäre geschleudert werden, daß zeitweise der Tag zur Nacht wird, weil das Sonnenlicht nicht mehr bis zur Erde durchdringen kann. (Derlei Szenarien wurden übrigens von den Waffenexperten beider Machtblöcke während des »Kalten Krieges« entwickelt, als man überlegte, wie wohl die Welt nach einem Atomkrieg zwischen den Supermächten aussehen würde!)

Genau das aber wird im Popol Vuh beschrieben: »Keinen Schlaf gab es für sie, keine Ruhe. Groß war die Wehklage ... daß der Tag nicht anbrechen, daß es nicht hell werden wollte. Nur Verzagtheit war in ihren Mienen, große Trauer und Niedergeschlagenheit kam über sie, ganz verwirrt waren sie vor Pein ... ›Wehe, sähen wir doch nur die Sonne geboren!‹ sagten sie und redeten viel miteinander, voll der Trauer, voll der Verzagtheit und voller Wehklage, sie redeten und konnten doch immer noch keinen Trost finden, daß es nicht Tag wurde.«

Die Katastrophe betraf nicht nur regional begrenztes Gebiet. So vermeldet auch die aztekische Überlieferung »Geschichte der Königreiche von Colhuacan und Mexico«: »In dieser Zeit gingen die Menschen zugrunde, in der Zeit ging es mit ihnen zu Ende. Und damals ging die Sonne zugrunde.«

Die Götter waren eben sehr rigoros im Einsatz tödlicher Waffen. Die Riesen wollten sie austilgen – was machte es da schon, wenn »im gleichen Aufwasch« auch noch viele Menschen getötet wurden? Ganz offensichtlich gelang auch der mörderische Plan nicht vollkommen. Es lebten jedenfalls in der auf den atomaren Schlag folgenden Nacht immer noch Riesen: »Im trüben Dämmerlicht irrten hungernde Riesen umher. Sobald die Menschen mit ihnen zusammentrafen, kam es zu verzweifelten Kämpfen.«

Jetzt gingen die Götter gezielter gegen einzelne Riesen vor. Der aztekische Text beschreibt den Sachverhalt in blumig-märchenhafter Sprache: »Aber die Himmelsjaguare fraßen die Riesen. Sie stießen aus dem dämmerigen Himmel nieder und vernichteten sie.« Das klingt nach Kampfflugzeugen, die den Mayas als »Himmelsjaguare« erschienen. Die Vernichtungsaktionen der Götter, so überliefert das die Maya-Literatur, flößten den Menschen panische Angst ein.

Abbé Charles-Etienne Brasseur (1814–1874), jahrelang als Missionar in Guatemala tätig, stellte den Gesamttext des heiligen Buches der Maya, das »Popol Vuh«, zusammen. Für den unvoreingenommenen Theologen war klar: Vor langer Zeit hatten die Mayas die Ankunft ihrer Götter beobachtet. Unglaubliches geschah: Die Götter stiegen vom

Himmel hernieder. Die staunende Bewunderung für die Astronautengötter wich aber bald der Angst – angesichts der fürchterlichen Waffen der Überirdischen, die etwa im Kampf gegen die Riesen eingesetzt wurden. Sie bezeichneten die »Himmlischen« als die »schrecklichen Kreaturen«, deren Wiederkehr man mit Bangen, ja mit Grausen erwartete. Sie entwickelten sogar eine Spezialastrologie, mit deren Hilfe sie anstehende Besuche der Astronautengötter vorherberechnen zu können glaubten.

Im Maya-Observatorium

Auf der Halbinsel Yukatan erhebt sich, noch heute modern anmutend, das Observatorium der Mayas weit über den Dschungel. Mir will scheinen, als ob sämtliche Moskitos anläßlich meines Besuchs aus nah und fern zusammengekommen sind. Mit peinigender Ausdauer fliegen sie einen Angriff nach dem anderen. Ihre Stiche sind schmerzhaft. Zum Glück habe ich ausreichend Medikamente vorbeugend gegen Malaria eingenommen.

In drei Terrassen ist das Observatorium angelegt. Luken sind in die Wände eingearbeitet, nach verschiedenen Sternkonstellationen ausgerichtet, die den Mayas wichtig waren und die sie verehrten und beobachteten. Ursprünglich waren die Außenwände dieses imponierenden Gebäudes der Wissenschaft einst mit Abbildungen der Gottheiten bedeckt. Nur noch Bruchstücke sind erhalten.

Ein weiterer Teil des Tempelkomplexes von Chichen Itza ist der »Tempel der Jungfrauen«. Der Name stammt von den spanischen Eroberern. Wie die Mayas den Gebäudekomplex bezeichneten, wissen wir nicht.

Mich interessieren die auch heute noch erhaltenen Reliefs. Sie zeigen, man ist versucht, »natürlich« zu sagen, Gottheiten, die vom Himmel zur Erde niederfahren. Deutlich sind Helme auszumachen und plumpe Anzüge. Unschwer erkennt man als Zeitgenosse moderner Raumfahrt Astronauten. Dieser modernen Interpretation wollen die Archäologen freilich nicht folgen. Doch ist die »wissenschaftliche« Erklärung etwa einleuchtender? Demnach handelt es sich bei den Behelmten um »Bienengötter«. Der Gedanke ist schwer nachzuvollziehen.

Das wohl schönste und beeindruckendste Bauwerk von Chichen Itza, von »humorigen« Touristen gern zu »Chikken Pizza« verballhornt, ist ohne Zweifel die Pyramide des Kukulkan. Sie steht, 30 Meter hoch, im Zentrum der Kultanlage. 55,50 Meter mißt die Seitenlänge des quadratisch angelegten Kultbaus. Auf jeder Pyramidenseite führt eine steile Treppe mit jeweils 91 Stufen zur oberen Plattform, zum Tempelheiligtum empor. Es ist Gott Kukulkan, auch Quetzalcoatl genannt, geweiht. Bei den Mayas trägt er auch den Namen »gefiederte Wolkenschlange«. (Übrigens: Ein ähnliches Wesen ist auch in der altindischen Mythologie bekannt.)

Für Karl F. Kohlenberg, Völkerkundler und Buchautor, war Kukulkan ein außerirdischer Astronaut, der in grauer Vorzeit die Erde besuchte. Und der versprach, wie viele seiner Kollegen, dereinst wiederzukehren.

Von Kukulkans Abschied von der Erde gibt es mindestens drei verschiedene Variationen. Eine besagt, daß der Gott an die »Ufer des Himmelswassers reiste« und sich selbst verbrannte. Karl F. Kohlenberg sieht in diesem Text die verstümmelte Erinnerung an einen Raketenstart. Als der Gott mit Feuer und Rauch gen Himmel brauste, mußte da nicht ein Maya ohne unser heutiges »Raumfahrtwissen« eine Art Verbrennung sehen?

Eine zweite Version der Überlieferung beschreibt, Kukulkan sei auf einem »majestätischen Floß in die Heimat« zurückgekehrt. Und Version drei zufolge wurde Quetzalcoatl zum Himmel entrückt. Als »Herr des Himmels und der Sterne lebte er von da an in der Milchstraße, die als Weg durch die himmlischen Gefilde fungiert. In jenen Sphären lebte er von da an.«

Auf alle Fälle versprach der Gott, dereinst wiederzukehren, was bei den Mayas gemischte Gefühle auslöste. Auf alle Fälle wollten sie sichergehen, daß das Versprechen der Wiederkehr auf keinen Fall vergessen würde. So verewigten sie in einem Monument aus Stein, in der Pyramide des Kukulkan nämlich, die zu erwartende Wiederkunft des göttlichen Besuchers. Zweimal im Jahr wird, durch das Zusammenspiel von Steinen, Sonnenlicht und Schatten, eine eindrucksvolle Show geboten, der noch heute jedesmal Zigtausende Menschen beiwohnen.

Am 21. März und am 21. September kriecht eine riesige Schlange, geformt aus Licht und Schatten, die steilen Pyramidentreppen hinauf und wieder hinunter. Das faszinierende Schauspiel kündigt auf ewige Zeiten die Rückkehr Kukulkans aus dem All an.

Sehr düster mutet eine Vorhersage aus der Maya-Schrift »Das Buch der Jaguar-Priester« über die Rückkehr der Götter an, die an die biblische Offenbarung, die Apokalypse, erinnert: »Sie stiegen von der Straße der Sterne hernieder. Sie sprachen die magische Sprache der Sterne des Himmels. Ihr Zeichen ist unsere Gewißheit, daß sie vom Himmel kamen. Und wenn sie wieder herniedersteigen, werden sie neu ordnen, was sie einst schufen.«

Die Vorhersagen haben sich erfüllt: Die Astronautengötter der Vorzeit sind zur Erde zurückgekehrt.

Teil III

Offenbarung – Die Rückkehr der Astronautengötter

»Die Menschheit befindet sich in der vielleicht wichtigsten Phase seit Jahrtausenden. Die Astronautengötter sind zurückgekehrt. Droht uns ein globales Sodom und Gomorrha?«

(Karl F. Kohlenberg)

15   Kontakt – UFOs auf dem Radarschirm

»Discovery« und ein UFO

Am 15. September des Jahres 1991 flimmerten faszinierende Bilder über Hunderttausende amerikanischer Fernsehgeräte. Sie stammten von einer Kamera an Bord der US-Raumfähre »Discovery«. Es gehörte zur Mission STS 48, Live-Bilder aus dem All von unserem Planeten zu übertragen.

Seltsam unwirklich wirkten die Bilder aus 600 Kilometer Höhe. Mit 28000 Stundenkilometern raste »Discovery« über die Erdkugel. Eben hatte sie Burma überflogen, am Horizont tauchten anheimelnd die Lichter Nordaustraliens aus der Nacht. Gleich würde man Java sehen.

Dann geschah blitzschnell Unerwartetes. Gegen 20.30 Uhr EST tauchte ein leuchtendes UFO hinter der Erde auf. Deutlich war es am Horizont zu sehen. Urplötzlich wechselte es seine Flugrichtung und sauste von der Erde weg ins All. Der Vorgang dauerte nur wenige Sekunden, wurde wohl von nur wenigen sehr aufmerksamen Zuschauern bewußt wahrgenommen. Auch die NASA selbst ließ nichts über die UFO-Sichtung verlautbaren, man hoffte wohl, niemand möge den Vorgang bemerkt haben.

Dem war nicht so. Don Ratsch, einer der führenden UFO-Forscher der USA, hatte die gesamte Übertragung aufgezeichnet und das UFO bemerkt. Er ließ seine Videoaufnahmen vom UFO von Jack Kasher, Physikprofessor an der

Universität von Omaha, Nebraska, und von Professor Dr. Mark Corlotto, Computerbildauswerter der NASA-Vertragsfirma TASC (»The Analytic Sciences Corporation«) Bild für Bild analysieren.

Ergebnis: Das UFO war zunächst bei seinem Auftauchen etwa 2900 Kilometer von der »Discovery« entfernt und bewegte sich innerhalb der Erdatmosphäre, mit einer Geschwindigkeit von etwa 92 000 km/h. Schließlich raste es mit einer unvorstellbaren Geschwindigkeit von annähernd 300 000 km/h ins All.

Professor Corlotto: »Das Objekt tauchte von jenseits des Horizonts auf und verließ die Erdatmosphäre, wobei sich seine Leuchtkraft extrem verringerte. Offenbar war es von einer Art Kraftfeld umgeben, das die Atmosphäre durch einen Ionisationseffekt heller leuchten ließ.«

Jetzt sah sich auch die NASA genötigt, eine Erklärung abzugeben, man konnte den Vorgang nun nicht mehr stillschweigend übergehen. Bei den Bildern handele es sich keineswegs um die Wiedergabe eines UFOs, sondern um »Eis an der Sicherheitsscheibe der Discovery«.

Professor Corlotto hält diese Erklärung für indiskutabel: »Es lag kein optischer Effekt vor, das Objekt tauchte wirklich von jenseits des Horizonts auf und verließ die Erdatmosphäre. Es ist auch ausgeschlossen, daß es sich um ein Eispartikel handelte, das sich gelöst und quer über die Scheibe bewegt haben könnte.«

Der Wissenschaftler wies darauf hin, daß das UFO einen abrupten Kurswechsel ausführte, daß es sozusagen einen Haken schlug. Ein Eispartikelchen aber, so Professor Corlotto, wäre nur dadurch zu einem solch zackigen Richtungswechsel veranlaßt worden, wenn »Discovery« gleichfalls abrupt den Kurs gewechselt hätte.

»Zu solch einem Manöver war sie rein technisch nicht in der Lage. Außerdem bewies die unveränderte Lage der

Sterne, die über dem Horizont zu erkennen waren, daß die Fluglage der Raumfähre stabil blieb.«

Auf diese Widerlegung ihrer Beschwichtigung ging die NASA nicht ein, eine weitere, andere Erklärung blieb aus.

Fest steht: Das UFO muß innerhalb von Sekunden auf 272fache Schallgeschwindigkeit beschleunigt worden sein. Eine solche Beschleunigung konnte und kann kein irdisches Vehikel ausführen, dazu sind nicht einmal meine Neffen Michael und Andreas mit ihren Skateboards in der Lage. Vor allem könnte kein irdischer Astronaut die dabei auftretenden Kräfte von 14000 g (1 g = Erdanziehungskraft) überleben.

Damit muß als bewiesen angesehen werden, daß »Discovery« am 15. September 1991 ein außerirdisches Flugobjekt filmte. Die Flugmanöver des Objekts sind phantastisch. Im Vergleich dazu müssen irdische Raketen als schlichtweg primitiv bezeichnet werden. Oder anders ausgedrückt: Im Vergleich zu den heutigen Möglichkeiten irdischer Raumfahrt war das UFO wirklich das Fahrzeug scheinbar allmächtiger Astronautengötter.

Leider überging die NASA die Recherchen der Professoren Kasher und Corlotto mit Schweigen. Eine solche Reaktion auf das Ungewöhnliche, Phantastische ist freilich alles andere als neu. Professor Jose Bonilla machte ganz ähnliche Erfahrungen mit der »offiziellen Wissenschaft«. Und das schon in der vermeintlich noch guten alten Zeit von anno 1883.

Am 12. August 1883 saß der Astronom im Observatorium in Zacatecas, Mexiko, und beobachtete die Sonne. Unfaßbares geschah: Eine Prozession von UFOs zog langsam an der Sonne vorüber. 143 Flugobjekte zählte der Astronom – lange bevor der Ausdruck »UFO« überhaupt existierte. Professor Bonilla war für seine Zeit auf das modernste ausgerüstet, hatte er doch an seinem Teleskop ein »neuartiges

Gerät«, eine Kamera, angebracht, eine Vorrichtung, die viele seiner Kollegen noch mit Skepsis beargwöhnten. Er machte damit eine Reihe von Aufnahmen von den Flugobjekten, die seinen Berechnungen nach 200 000 Meilen von der Erde entfernt waren. Die Fotos zeigten zigarrenförmige UFOs. Professor Bonilla faßte seine Beobachtungen zu einem präzisen Bericht zusammen, fügte einige Fotos bei und schickte die Unterlagen an das ehrwürdige Fachblatt »L'Astronomie«. Sie wurden 1885 veröffentlicht. Und vergessen. Vergeblich wartete der Professor auf Resonanz.

Radarkontakte

Zunächst fing alles ganz harmlos an. Das Personal des Washington National Airport registrierte gegen Mitternacht eine Formation von sieben Objekten auf ihrem Radarschirm. Sie bewegten sich mit einer Geschwindigkeit von zwischen 160 und 209 km/h im Osten der Andrews Luftwaffenbasis. Glaubt man zunächst, daß es sich dabei um »normale Flugzeuge« handelte, wurde man bald eines Besseren belehrt. Denn plötzlich scherten zwei der sieben Objekte aus der ordentlichen Formation aus und beschleunigten auf eine Geschwindigkeit von 11 265 km/h.
Die Radarleute glaubten zunächst, ihr Gerät müsse defekt sein. Sofort durchgeführte Kontrollen ergaben aber: Alles in bester Ordnung. Man rief den Kontrollturm an, ebenso die Andrews Air Force Base. Auch dort verfolgte man die UFOs auf den Radarschirmen, rätselte über deren verrückte Flugmanöver und unglaubliche Geschwindigkeit.
Schließlich meldete sich Kapitän S. Casey Pierman von der Fluggesellschaft Capitol Airlines. Er war mit Flug 807 von Washington nach Detroit unterwegs. »Zwischen Washington und Martinsburg sichtete ich eben sieben unbekannte

Flugobjekte! Sie sahen wie Sternschnuppen ohne Schweif aus.«

Hatte man sich umsonst aufgeregt? Sollte es eine »natürliche« Erklärung geben? Sternschnuppen?

Kapitän Pierman: »In meiner Laufbahn habe ich viel gesehen, auch Sternschnuppen. Das war etwas anderes. Eher Flugzeuge. Aber für Flugzeuge waren die Dinger viel zu schnell.«

Am 6. Dezember 1952 führten Captain John Harter und Radaroffizier Lieutenant Sid Coleman einen nächtlichen Übungsflug mit einem B-29-Bomber durch. In den frühen Morgenstunden befanden sie sich bereits wieder auf dem Rückflug, etwa 322 Kilometer von Calvestone entfernt, 160 Kilometer südlich von Louisiana über dem Golf von Mexiko. Ihre Flughöhe betrug knapp 5500 Meter. Plötzlich tauchte etwas auf ihrem Radarschirm auf. Die rasante Geschwindigkeit, mit der es flog, etwa 8000 km/h, ließ Radaroffizier Coleman stutzig werden. Er machte den Kapitän auf das »Ding« aufmerksam. Der schüttelte nur den Kopf. »Unmöglich! Kein Flugzeug kann solch eine Geschwindigkeit erreichen!« Während Coleman seinen Radarschirm überprüfte, meldete sich aufgeregt Navigator Lieutenant Cassidy: »Ich orte das Ding auch auf meinem Radarschirm!« – »Dann spinnen eben jetzt beide Radargeräte!« warf der Kapitän ein. Doch auch das dritte Radarsystem ortete das unheimliche Flugobjekt.

An ein technisches Versagen konnte der Kapitän nun nicht mehr glauben. Bald tauchten weitere Flugobjekte auf, meldeten die Radarschirme insgesamt vier UFOs. Sie sausten geradewegs auf den B-29-Bomber zu. »Jetzt kann ich sie vor mir sehen!« schrie der Kapitän plötzlich.

Master Sergeant Bailey: »Ich blicke durch das Steuerbordfenster. Ich seh' die verdammten Dinger! Eines davon ist eben an uns vorbeigesaust.« Schließlich schienen sämtliche

Radargeräte verrückt zu spielen. Weitere UFOs tauchten auf, näherten sich rapide dem Flugzeug, als ob sie es angreifen wollten.

UFO-Experte Major Donald E. Keyhole wertete sorgfältig sämtliche Beobachtungen aus: »Drei Gruppen von UFOs spielten förmlich Katz und Maus mit dem Bomber.«

Ein weiteres, scheinbar riesengroßes UFO tauchte auf. Es beschleunigte auf fast 15 000 km/h. Die vielen kleineren UFOs näherten sich dem großen Objekt, verschmolzen damit.

Major Donald E. Keyhole: »Das riesige UFO, wohl eine Art Mutterraumschiff, nahm die kleinen Flugobjekte auf und brauste dann mit unvorstellbarer Geschwindigkeit davon!«

Als Captain Harter landete, warteten schon mehrere Nachrichtenoffiziere. Er und alle übrigen Mitglieder der Besatzung wurden stundenlang befragt, zunächst jeder separat, dann alle zusammen in einer Gruppe. Die Verhöre wurden ergebnislos abgebrochen. Einer der Offiziere: »Was da von hochtrainierten Fliegern gesichtet wurde, kann nicht irdischen Ursprungs gewesen sein!«

Andere UFO-Kontakte verliefen weitaus weniger glimpflich für die beteiligten menschlichen Zeugen. So tauchte am 23. November 1953 auf dem Radarschirm des Luftwaffenstützpunkts Kinross in Michigan ein UFO auf. Ein Abfangjäger wurde gestartet, der den Eindringling befehlsgemäß verfolgte. Gebannt beobachtete das Bodenpersonal, wie die Militärmaschine dem UFO immer näher kam. Über dem Lake Superior schienen beide Objekte miteinander zu verschmelzen, dann verschwanden sie, als hätten sie sich in Nichts aufgelöst.

Eine großangelegte Suchaktion wurde sofort gestartet. Ohne Ergebnis. UFO und Abfangjäger blieben verschwunden, Wrackteile wurden nicht gefunden.

Im Frühjahr 1959 wurde nordöstlich der Küste Japans ein unbekanntes Flugobjekt vom Radar erfaßt. Ein Jetpilot der Air-Force erhielt den Befehl, aufzusteigen und das UFO zu »untersuchen«. Der Pilot eröffnete, in Sichtweite gekommen, in Panik das Feuer, schoß Raketen ab, die keinerlei Wirkung beim UFO zeigten.

Doch plötzlich gab es einen unerwarteten Rollentausch: Der Abfangjäger wurde nun vom UFO verfolgt – und eingeholt. Auf dem Radarschirm verschmolzen beide Flugobjekte zu einem Punkt. Und der löste sich in Luft auf. Der Jäger wurde nie gefunden.

So tragisch der Tod der betroffenen Piloten auch war, am 5. Oktober 1960 hätten Radarsichtungen von UFOs beinahe den dritten Weltkrieg mit nicht vorstellbaren entsetzlichen Folgen ausgelöst. Eine Formation von Flugobjekten wurde auf dem Radarsystem der Frühwarnstation von Thule, Grönland, erfaßt. Ihre Flugrichtung wurde bestimmt. »Sie kommen aus dem Raum Rußlands und fliegen direkt in die USA!« Minuten später klingelten in Omaha, Nebraska, rote Telefone Sturm. B-52-Bomber, mit Atomwaffen bestückt, hoben ab und warteten auf den Befehl, strategisch wichtige Ziele in der UdSSR anzugreifen und atomar zu vernichten. Thule wurde nochmals angefunkt – und antwortete nicht. Sollten tatsächlich die Russen den Außenposten der »Freien Welt« schon zerstört haben? Einen Angriff der Kommunisten hatte man ja schon lange befürchtet, ja erwartet. Stand er nun unmittelbar bevor? Hatte er schon begonnen?

Später fand man eine Erklärung für das plötzliche Schweigen von Thule: Ein Eisberg hatte zum unpassendsten Augenblick das Unterwasserkabel, das die USA mit Grönland verband, durchtrennt.

Vergeblich warteten die Bomberpiloten auf das geheime Codewort. Es wurde, gottlob, nicht ausgesprochen. Weil erkannt wurde, daß nicht russische Kampfflugzeuge gen Amerika flogen, sondern UFOs?

Die ganze Angelegenheit wurde zur Geheimsache erklärt und wäre wohl nicht an die Öffentlichkeit gekommen, hätten nicht Mr. Emrys-Hughes, Mr. Hart und Mr. Swinglar, allesamt Angehörige der Labor-Party Englands und Mitglieder des »House of Commons«, von den Vorkommnissen gehört und lautstark eine Erklärung verlangt. Die US-Air-Force gab dann eine schon ans Humorige grenzende »Erklärung«. Die Radarmeldungen der »angreifenden UFOs« seien in Wirklichkeit »Radarsignale, die vom Mond reflektiert, auf die Erde zurückgeworfen und fehlinterpretiert« worden seien.

Wenige Monate später, am Mittwoch, den 18. April 1962, tauchte ein riesengroßes, rötlich leuchtendes UFO über Kanada auf, flog in südlicher Richtung und überquerte einen Teil des Bundesstaates New York. Das Objekt wurde nicht nur von zahllosen Zeugen mit bloßem Auge gesichtet, es wurde auch von der Air-Force auf dem Radarschirm verfolgt. So wurde bekannt, daß das UFO etwa ein Dutzend US-Staaten überflog, um dann in Eureka, Nevada, zu landen. Und zwar direkt neben dem örtlichen Kraftwerk. 30 Minuten lang fiel der Strom aus.

Lieutenant-Colonel Herbert Rolph von der Kommandozentrale der Nordamerikanischen Luftverteidigung in Colorado Springs, Colorado, sah sich von einer Schar von Journalisten bedrängt, die nähere Informationen zum spektakulären UFO-Fall haben wollten. Der Offizier mußte zugeben, daß das UFO auf diversen Radarschirmen quer über die Vereinigten Staaten verfolgt worden war. »Ein Meteorit oder ein Meteor war es nicht, die Dinger sind nicht per Radar zu verfolgen. Das Etwas war aber auf den Radarschirmen zu sehen!«

Meteore waren es auch ganz gewiß nicht, die 1968 über

Vietnam auftauchten. Im Juni 1968 flogen rätselhafte Objekte unbekannter Herkunft in geordneter Formation über den Ben Hai-Fluß. Auf den Radarschirmen der US-Streitkräfte waren sie deutlich zu sehen.

Am 30. November 1973 flog Riccardo Marano den Caselle-Flugplatz von Turin, Italien, an. Als er eben mit seiner Piper »Navajo« zur Landung ansetzen wollte, bekam er vom Kontrollturm eine Warnung: »UFO in etwa 365 Meter Höhe über Landebahn! Landung abbrechen! Was es auch ist, wir haben das verdammte Ding auf dem Radarschirm.«

Riccardo Marano wollte sich den Störenfried ansehen und flog in Richtung UFO, das sich in bizarren Zickzackbewegungen und mit 5000 km/h entfernte. Sowohl der Tower des Flugplatzes als auch die militärische Abwehr registrierten das UFO auf ihren Radarschirmen.

Die amtliche Verlautbarung war dann mindestens ebenso bizarr wie die UFO-Sichtung selbst: Man habe kein UFO auf den Radarschirmen geortet, sondern einen simplen Wetterballon. Und was Riccardo Marano – und zwei weitere Piloten – gesehen haben, das sei die Venus gewesen.

Riccardo Marano: »Das Ding schüttelte mich ab wie ein lästiges Insekt, schlug Haken, und das in einer Weise, wie es von keinem irdischen Flugobjekt hätte nachgeahmt werden können! Es war einfach zu schnell, ich konnte nicht mithalten in meiner kleinen Maschine!«

Es grenzt schon an Unverschämtheit, einem erfahrenen Piloten zu unterstellen, er habe die Venus verfolgt. Und die habe irre Flugmanöver ausgeführt, um ihm zu entkommen!

Mag sein, daß Militärs Alpträume bekommen, wenn sie an UFOs denken, die trotz modernster Abwehrwaffen in Ost und West im irdischen Luftraum schalten und walten können, wie sie wollen. Mag sein, daß sich die Militärs als

Versager fühlen, weil sie die UFOs, eine potentielle Gefährdung, nicht abwehren können. Trotzdem sollten sie aber nicht versuchen, das UFO-Phänomen mittels allzu fadenscheiniger »Erklärungen« zu lösen.

Vielleicht wurden und werden Radarkontakte mit UFOs von Militärs und Geheimdienstlern verschwiegen und vertuscht, um eine Panik zu vermeiden, die sie befürchten, wenn die Allgegenwart der zurückgekehrten Astronautengötter bekannt würde. Eine Politik der Geheimniskrämerei freilich ist weitaus mehr geeignet, Angst zu schüren, als eine offene, ehrliche Informationspolitik.

Das sehen wohl auch die Militärs des ehemaligen Ostblocks ein, die bis zum Fall des unmenschlichen »Eisernen Vorhangs« eine besonders strikte Geheimhaltungspolitik in Sachen UFOs betrieben. Sie taten UFOs zudem gern als typische Verfallserscheinung des angeblich so dekadenten, maroden Westens ab.

Wie Frau Dr. Marina Popowitsch, die als Testpilotin 101 Weltrekorde aufstellte, enthüllte, gab es in den 80er Jahren geradezu eine Flut von UFO-Sichtungen per Radarschirm in ihrer Heimat. Dr. Popowitsch, Präsidentin der »Mittelasiatischen und Kirgisischen Kommission zur Untersuchung außergewöhnlicher Erscheinungen«, legte in ihrem inzwischen zum Klassiker gewordenen Werk »UFO-Glasnost – ein Geheimnis wird enthüllt« eine Fülle von Fakten auf den Tisch, die mehr als nachdenklich stimmen müssen.

So wurden am 23. März 1984 von 14.22 bis 14.55 Uhr im Gebiet von Borissolebsk auf den Radarschirmen UFOs geortet, die in Distanzen von 900 bis 4000 Metern mit bis zu 3000 km/h kreisähnliche Flugmanöver ausführten.

Am 4. Mai 1984 tauchten zwei UFOs auf Radarschirmen auf. In einer Höhe zwischen 3500 und 4000 Metern blieben sie zum Teil stationär wie Satelliten über der Erde ste-

189

hen und wichen aus, wenn Flugzeuge in ihre Nähe zu kommen drohten.

Am 8. Oktober 1990 wurden im Raum von Grosny bei Tiflis in Georgien zwei riesige UFOs auf Radarschirmen der dortigen Luftwaffeneinheit gesichtet. Pilot Major R. Riabschew erhielt um 11.27 Uhr den Befehl, mit einem Abfangjäger zu starten. »Wir vermuten das Flugobjekt in einer Höhe von viereinhalb Kilometern!« bekam er kurz vor dem Start mitgeteilt.

Sein Flug schien zunächst ergebnislos zu verlaufen. Der Pilot: »Das Wetter war wolkenlos und die Sicht gut, aber die Suche blieb erfolglos.« Das meldete der Pilot der Kommandozentrale und flog schon retour Richtung Stützpunkt. »Plötzlich zwang mich etwas zurückzusehen. Hinter mir und rechts vor mir sah ich zwei zigarrenförmige Objekte von beachtlichen Ausmaßen. Das erste war etwa zwei Kilometer lang, das zweite etwa 400 Meter.« Deutlich sah der geschulte Pilot die riesigen Objekte. »Sie flogen nebeneinander her und waren klar zu erkennen. Das kleinere Objekt war silbern beschichtet und reflektierte das Sonnenlicht, das größere wirkte matt.«

Die UFOs drifteten mit großer Geschwindigkeit seitwärts – und waren plötzlich nicht mehr zu sehen. Auf dem Radarschirm freilich waren noch Spuren der Zielobjekte auszumachen.

Am 21. März 1990 löste ein UFO am Himmel von Perslawl-Salesskij Alarm aus. Die Radarstaffel wurde in »Bereitschaftsstufe I« versetzt. Oberstleutnant Alexander Sementschenko bekam um 21.38 Uhr den Befehl zum Start, konnte sich bis auf etwa einen halben Kilometer dem UFO nähern, es war ihm aber unmöglich, das Objekt anders denn als eine unheimliche Silhouette wahrzunehmen. Auf Befehl seiner Dienststelle brach er den Erkundungsflug ab. Vielleicht rettete ihm diese Entscheidung das Leben.

Zwischen 21.35 und 22.00 Uhr tauchten immer wieder UFOs auf. Bei der Luftabwehr des Moskauer Militärbezirkes gingen Hunderte von Beobachtungsmeldungen ein. Die konkreteste stammte von Hauptmann Viktor Birin: »Das Objekt erinnerte mich an eine fliegende Untertasse mit zwei hellen Lichtern an den Seiten. Der Durchmesser des Objekts betrug, nach dem Abstand der Lichter zu urteilen, ungefähr 100 Meter bis maximal 200 Meter. Zwischen den beiden hellen Lichtern war weniger intensives Licht zu erkennen, das von Fenstern ausgehen konnte. Nach dem Entfernen des Objekts blieb ein rotes Licht von mittlerer Intensität zurück. Die Fluggeschwindigkeit des Objekts und das Blinken der hellen Seitenlichter standen in direkter Abhängigkeit voneinander. Je öfter die Lichter blinkten, desto höher war die Geschwindigkeit des UFOs, und umgekehrt. Beim Schweben erloschen die Lichter des Objekts völlig. Um 2.30 Uhr entfernte sich das Objekt in Richtung Moskau.«

16 Roswell – Zwerge aus dem All

Es begann wie so viele Radar-UFO-Fälle und entwickelte sich doch zu der UFO-Sensation des Jahrhunderts schlechthin: Am Dienstag, 1. Juli 1947, gab es über New Mexico »ungewöhnliche Flugbewegungen«. Etwas tauchte immer wieder auf den Radarschirmen von Roswell, White Sands und Alamogordo auf. Was es auch war, ein Flugzeug konnte es wegen seiner extremen Beschleunigungen und höchst ungewöhnlicher Flugmanöver nicht sein.

Am Morgen des 2. Juli wurde das Objekt wieder einmal über Roswell ausgemacht. Es bewegte sich, das zeigten die Radarschirme an, in nordwestlicher Richtung. Passend zu den Radarmeldungen wurde um 9.50 Uhr abends ein UFO in der klassischen Untertassenform von Familie Dan Wilmot beobachtet: »Es braust über unser Haus!«

Den Militärs wurde die Sache langsam unheimlich. Hielt sich doch ein fremdes Flugobjekt über streng bewachtem, geheimem Gebiet auf! Im »White Sands-Testgebiet« hatte man 1945 die erste Atombombe der Neuzeit gezündet. Hier wurden unter striktester Geheimhaltung die neuesten Waffen getestet. Hier arbeiteten die besten Raketen- und Raumfahrtexperten, darunter viele aus dem deutschen V-Waffen-Programm, an geheimen Projekten.

So nimmt es nicht wunder, daß das Areal wie kein zweites Gebiet von Militärs und Geheimdienstlern bewacht und observiert wurde. Und die Sicherheitskräfte mißtrauten einander gegenseitig.

Wegen der Gebirge (Captains Mountains, weitere Berge

zwischen Albuquerque und Roswell) war freilich die Radarkontrolle alles andere als vollständig. In manchen Gebieten wurden nur Flugobjekte auf den Radarschirmen sichtbar, die sich in einer Höhe von 3000 und mehr Metern bewegten. Diese Besonderheit erklärt, wieso das geheimnisvolle UFO immer wieder von den Radarschirmen »verschwand«, um unvermutet bald darauf andernorts aufzutauchen. Es unterflog streckenweise die Radarüberwachung.

Am 2. Juli bekam Steve Mac Kenzie, stationiert auf dem »Roswell Army Field«, von Brigadier General Martin F. Scanlon vom Luftverteidigungskommando den Befehl, sofort in White Sands Dienst zu tun. 24 Stunden saß er am Radarschirm. Er und seine Kollegen waren sicher: Was sich da auch am Himmel bewegte, es war ein höchst reales Objekt.

Am 4. Juli 1947 tauchte die erste Gruppe von Militärs in Roswell auf, der in den folgenden Tagen noch weitere zur Seite gestellt wurden.

Am gleichen Tag machten Nonnen vom Saint Mary's Hospital eine seltsame Beobachtung. Zwischen 23.00 und 23.30 Uhr stürzte ein helles, leuchtendes Objekt »im Norden« vom Himmel. Die Mutter Oberin, Mary Bernadette, und Schwester Caistrano befürchteten, ein Flugzeug sei womöglich abgestürzt und beteten für die Seelen der armen Toten.

Corporal E. L. Pyles machte eine ähnliche Beobachtung, auch wenn er nicht von religiösen Gedanken heimgesucht wurde. Zunächst vermutete er, es handele sich um eine Sternschnuppe von ungewöhnlicher Leuchtkraft. Doch was es auch war, es glühte beständig und erlosch nicht. Das Ding bewegte sich quer über den Himmel und näherte sich, für eine Sternschnuppe viel zu langsam, dem Erdboden. Dabei war es von orangefarbenem Licht umhüllt.

Im Süden von Roswell beobachtete William Woody zusammen mit seinem Vater den nächtlichen Himmel. Ein »weißes Licht mit roten Streifen darin« tauchte auf. Es »leuchtete grell und brauchte, anders als ein Meteor, sehr lange, bis es anscheinend aufschlug«.

Gegen 23.20 Uhr registrierten die Militärs an den Radarschirmen eine dramatische Veränderung. Das Objekt fing an zu pulsieren, es blähte sich irgendwie auf, um dann auf seine vorherige Größe zusammenzuschrumpfen. Schlagartig verschwand es vom Radarschirm und tauchte nicht wieder auf. »Das Ding ist gelandet. Oder abgestürzt!« fluchte einer der militärischen Beobachter. »Wenn ich nur sagen könnte, wo genau!«

Während die Militärs in konfuser Hektik zu eruieren versuchten, wo denn genau das inzwischen verhaßte »Ding« geblieben war, machten Archäologen eine Entdeckung, deren Bedeutung zunächst niemandem bewußt war. Dr. Curry Holden von der »Texas Tech University« fand zusammen mit seinem Team am Morgen des 5. Juli 1947 ein Wrack. »Es sah wie ein abgestürztes Flugzeug ohne Flügel aber mit sehr dickem Rumpf aus.« Die Wissenschaftler näherten sich der Absturzstelle.

Sie bemerkten insgesamt drei leblose Körper. Zwei befanden sich außerhalb des Wracks, einer im Inneren des Objekts. Man konnte ihn durch ein Loch im abgestürzten Flugobjekt sehen.

Dr. Curry Holden schickte einen seiner Studenten los: »Treiben Sie irgendwo ein Telefon auf, und rufen Sie den örtlichen Sheriff an. Melden Sie einen Flugzeugabsturz!«

Sheriff George Wilcox nahm den Anruf entgegen und benachrichtigte die Feuerwehr. Ein Wagen der Roswell-Feuerwehr traf dann kurze Zeit später mit einigen Beamten des Roswell-Police-Departments am Absturzort ein, worüber sich die Militärs später alles andere als freuen würden.

Deren Experten hatten am 5. Juli, 5.30 Uhr, nach durch-
arbeiteter Nacht herausgefunden, wo das »Ding« nieder-
gegangen war und schickten sofort ein Team los. Die Soldaten eskortierten die »störenden Zivilisten« vom Ort
des Geschehens weg. Zivilisten als Zeugen waren uner-
wünscht.

Das Militär greift ein

Direkt vor Ort waren die Militärs eifrig am Werk. Angeblich benötigten sie nur sechs Stunden, um den Großteil der
Wracktrümmer und die Toten zu bergen. Gleichzeitig wurden mit pedantischer Sorgfalt Untersuchungen angestellt,
ob und wenn ja welche Zivilisten etwas gesehen hatten.
Zu den unbequemen Zeugen gehörten James Ragsdale
und Trudy Truelove, die zusammen auf einem Ausflug waren. Nach James Ragsdale war das Wrack nur teilweise zu
sehen. Es steckte zu einem guten Teil in einem Steilhang.
Ragsdale und Truelove näherten sich dem Objekt, umrun-
deten es. Überall lagen mehr oder minder zerfetzte Teile
des Wracks.
James Ragsdale: »Ich hob etwas auf von dem zerknautsch-
ten Zeugs. Es glättete sich wie von selbst.«
Dann sahen sie die Toten. »Ja, da lagen Körper, leblos und
starr. Sie sahen wie Zwerge aus, waren vielleicht 1,20,
höchstens 1,50 Meter klein.«
Trudy Truelove wurde von Panik befallen. »Laß uns hier
verschwinden!« schrie sie entsetzt. James Ragsdale blieb
zunächst ruhiger. »Wir müssen etwas von diesem komi-
schen Material mitnehmen!« Zusammen mit seiner Beglei-
terin lud er einige kleinere Wrackteile auf den Jeep. Doch
plötzlich tauchten Militärs auf: »Zwei oder drei Armee-
lastwagen, ein Abschleppwagen, ein 47er Ford mit Militär-

polizei.« Lärmend riegelten die Militärs das Gelände ab, schienen aber Trudy Truelove und James Ragsdale in dem unübersichtlichen Gebiet nicht zu bemerken. Die flohen in Panik, wobei Trudy Truelove so schnell sie nur konnte die gesammelten Wrackteile vom Jeep warf. Sie befürchtete wegen Diebstahls verhaftet und belangt zu werden.

Nach Berichten einiger ziviler Zeugen, aber auch von Angehörigen des Aufräumungsteams ging das Militär penibel-planmäßig voran. Eine Gruppe wurde auf eine Anhöhe beordert, von wo aus sie die nähere Umgebung der Absturzstelle überblicken konnte.

Einzige Aufgabe der Männer war es zu beobachten, ob sich ungebetene Besucher der Absturzstelle näherten, und das sofort zu melden. Die unerwünschten Zeugen wurden dann erkennungsdienstlich behandelt, man notierte ihre Namen und Anschriften, schüchterte sie massiv ein und scheuchte sie weg. Auf keinen Fall sollten sie es wagen, sich noch ein einziges Mal blicken zu lassen.

Zurück zum Absturzort selbst. 15 Minuten lang überprüfte ein Wissenschaftler, der in seinem Schutzanzug wie ein Wesen aus einer anderen Welt aussah, mit einem Geigerzähler, ob mit radioaktiver Verseuchung zu rechnen sei. Seine Tests verliefen negativ. Erst dann durften neun speziell ausgebildete Militärs – und nur sie – das Zentrum des abgesperrten Areals betreten, sich dem Wrack selbst nähern.

Mac Kenzie war einer von ihnen: »Als wir das abgestürzte Etwas sahen, waren wir wie von einem Schock gelähmt. Wir blieben einen Moment stehen, unfähig uns zu bewegen. Von den Radarbeobachtungen her wußten wir, daß etwas Merkwürdiges geschehen war. Aber auf den Anblick, der sich uns bot, waren wir nicht vorbereitet.«

Wie groß das Flugobjekt war, war nach dem Absturz nicht mehr zu erkennen. Der Hauptkörper war stark beschädigt, hatte sich in einen Steilabhang gebohrt. Überall lagen Trümmer. Erste Messungen und Schätzungen ergaben folgende Werte: Der Hauptkörper war in etwa acht bis zehn Meter lang und vier bis fünf Meter breit.

Als sich die Männer dem Zentralkörper selbst näherten, fanden sie Leichen. Schon der erste Augenschein ließ keinen Zweifel mehr aufkommen: Bei den Toten handelte es sich eindeutig um Außerirdische. Sie waren etwa 1,50 Meter klein, schlank, und ihre Köpfe paßten irgendwie nicht zu den zarten kleinen Körpern. Ihre Augen waren etwas größer als die von Menschen.

Zwei tote Außerirdische befanden sich außerhalb des UFO-Wracks. Einer davon lag ausgestreckt am Boden. Der zweite hatte eventuell den Absturz seines UFOs überlebt, kauerte hockend am Boden.

Im Wrack selbst befanden sich drei tote Fremde. Einer saß auf einer Art Stuhl, leicht zur Seite gesunken. Ein weiterer soll am Boden gelegen haben. Vom dritten ist nur in Erfahrung zu bringen, daß er »erst später« im Inneren des UFOs gefunden wurde.

Während Militärs die Absturzstelle sorgsam kartographierten und jedes Bruchstück zentimetergenau eintrugen, wurde das Areal gleichzeitig von kleinen Maschinen überflogen, die eine Fülle von Luftaufnahmen machten.

Melvin E. Brown, der am 5. Juli an der Absturzstelle Wache hielt, mißachtete bewußt einen strikten Befehl. Obwohl es ihm ausdrücklich eingeschärft worden war, auf keinen Fall in einen bestimmten Lastwagen zu schauen, riskierte er doch einen Blick. In einem günstigen Augenblick hob er kurz die Abdeckplane und sah sie – die Toten, die Leichen der Außerirdischen. »Sie waren kleinwüchsig, hatten große Köpfe und gelbe oder orangefarbene Haut!«

Schließlich wurden die toten Außerirdischen per LKW nach Roswell gebracht, wo ein Dr. Jesse Johnson fest-

stellte, was alle schon wußten: »Diese Wesen sind tot.«
Zwei weitere, ortsfremde Ärzte wurden eingeflogen. Sie
führten eine Autopsie durch, deren Ergebnisse streng geheim waren. Bis heute werden diese Berichte als »top secret« unter Verschluß gehalten.

Die Militärs waren darauf bedacht, daß auch nicht das
kleinste Wrackteilchen liegenblieb. Als Nachrichtenoffizier
Jesse A. Marcel erfuhr, daß im Sheriffbüro von Roswell
kleinere Metallteilchen vom UFO abgegeben worden
seien, suchte er sofort das Büro auf und beschlagnahmte,
ganz Autorität, die Fundstücke.

Am Morgen des 7. Juli um 2 Uhr wurden die Leichen der
Außerirdischen und Teile des Wracks nach Washington geflogen. An jenem 7. Juli wurde auch die weitere Umgebung
der unmittelbaren Absturzstelle abgesucht. Etwa 500 Meter lang war eine Furche, die sich von Nord nach Süd erstreckte. Sie sah so aus, als ob da etwas sehr Großes vom
Himmel gekommen sei. Offenbar war es aufgeschlagen
und dann erst nach etwa einem halben Kilometer zum Stehen gekommen.

Trotz strikter Geheimhaltungspolitik sickerten Informationen an die Presse über den Absturz eines UFOs durch. Vermutlich plauderten direkt an den Aufräumumgsarbeiten
Beteiligte. Um Spekulationen zu verhindern, gab Lieutenant Walter Haut, Presseoffizier der Luftwaffenbasis Roswell, am 8. Juli 1947 eine Verlautbarung an die Presse heraus. Darin bestätigt er, daß es sich bei dem abgestürzten
Körper um ein außerirdisches Raumschiff gehandelt haben
müsse.

Aus seiner Presseerklärung: »Die vielen Gerüchte über die
fliegenden Scheiben wurden gestern zur Realität, als es
dem Nachrichtenbüro des 509. Bombengeschwaders des
Eighth Air Force District, Luftwaffenstützpunkt Roswell,
glückte, mit Unterstützung eines hiesigen Farmers und des

Sheriffs von Chaves County und dessen Büro in den Besitz einer fliegenden Scheibe zu gelangen. Das fliegende Objekt landete in der vorigen Woche auf einer Ranch bei Roswell.«

Diese sensationelle Mitteilung wurde von zahlreichen Zeitungen der USA, aber auch im Ausland, etwa in der »Times«, London, aufgegriffen und nachgedruckt.

Der »Daily Record«, Roswell, machte die Ausgabe vom 8. Juli mit der Schlagzeile auf »Army Airforce erbeutet fliegende Untertasse – keine Einzelheiten über fliegende Scheiben enthüllt«.

Im Bericht hieß es unter anderem: »Roswell Army Airfield war in der glücklichen Lage, in den Besitz einer Flugscheibe zu gelangen, dank der Mitarbeit eines der örtlichen Farmer und des Sheriffbüros von Chaves County.« Gleichzeitig deutete die Zeitung auch sehr konkret an, daß die Armee dabei sei, den ganzen Vorfall massiv zu vertuschen. Das bekam Radiostation KWSW in Roswell deutlich zu spüren. Der Sender hatte just begonnen, einen Bericht über den UFO-Absturz auszustrahlen, als ein Fernschreiben eintraf: »Keine Übertragung! Wiederhole! Übertragen Sie nicht! Unterbrechen Sie Übertragung sofort!«

Dem Befehl wurde Folge geleistet, die Sendung abrupt, mitten im Satz abgewürgt.

Zeitungsmeldungen und Radiosendung gaben vermutlich den Ausschlag. Militärs beschlossen, weitere Veröffentlichungen über die UFO-Katastrophe zu verhindern. Sie glaubten anscheinend, daß das nur auf eine einzige Art wirksam möglich sei. Die Meldung vom UFO-Absturz wurde als »Mißverständnis« deklariert.

Am 8. Juli 1947 erhielt der Stabsfeldwebel Irving Newton, damals Leiter der Wetterstation und des Flugdienstes auf dem Luftwaffenstützpunkt von Carswell-Fort Worth, Texas, einen Anruf von General Roger Ramey. Er habe sofort nach

Roswell zu kommen. Irving Newton wagte es zu widersprechen. Er sei der einzige Diensthabende in der Station, könne daher seinen Posten nicht verlassen, speziell nicht, da er auch für die Flugüberwachung zuständig sei.

Der General ließ die berechtigten Einwände nicht gelten: »Sie werden innerhalb von zehn Minuten Ihren Arsch in Bewegung setzen! Wenn Sie keinen Wagen haben, dann requirieren Sie den nächstbesten, der Ihnen über den Weg fährt. Die Verantwortung übernehme ich.«

In Roswell angekommen, legte man dem Stabsfeldwebel Newton in Gegenwart von einigen Pressevertretern die Reste eines anscheinend abgestürzten Wetterballons vor. Er bestätigte, daß es sich dabei um Teile eines Ballons vom Typ »Rawin« handele – und durfte sich wieder entfernen.

Diese Desinformationsmaßnahme war ganz offensichtlich überstürzt entschieden und schlecht vorbereitet worden. Tatsächlich war es ganz und gar ausgeschlossen, daß ein Ballon des beschriebenen Typs zu den Geschehnissen von Roswell geführt hatte. War doch das UFO tagelang auf dem Radarschirm verfolgt worden. Eine »Rawin«-Sonde aber bestand in der Hauptsache aus einem Neoprenballon und hätte mit Sicherheit auch nicht das leiseste Radarecho ausgelöst.

Außerdem bestand so ein Ballon aus etwa ein- bis zweihundert Gramm Kunststoff. Der Zentralkörper des UFOs aber maß etwa acht bis zehn Meter in der Länge und vier bis fünf Meter in der Breite und hatte damit ein Vieltausendfaches der Masse eines unschuldigen Wetterballons.

Spätestens 1952 wurde die Ballon-Theorie, auch heute noch von Anti-UFO-Sektierern nachgebetet, ad absurdum geführt. Major Ellis Boldra, Ingenieur im Zivilleben, fand in jenem Jahr in einem Safe seiner Militärbasis Proben vom Roswell-UFO. Er unterzog die Reste einigen Tests. Das Material war sehr dünn, unglaublich stark und wurde, trotz Erhitzung mit einem Schneidbrenner, kaum warm, geschweige denn, daß es schmolz. Bei Erhitzung glühte es nicht und konnte schon Sekunden, nachdem der Schneidbrenner entfernt worden war, problemlos angefaßt werden.

Damit war endgültig bewiesen: Es handelte sich um auf der Erde unbekanntes Material, ideal für die Raumfahrt geeignet, auf keinen Fall um Reste eines banalen Wetterballons.

Der Trick der Militärs funktionierte aber. Sie hatten zunächst einmal lästige Fragesteller zum Schweigen gebracht, konnten ungestört ihre Untersuchungen fortsetzen.

Dabei entdeckten die Militärs, daß das Roswell-UFO schon etwa acht Kilometer von der Absturzstelle entfernt einen Crash-Kontakt mit der Erde gehabt haben mußte. Dr. Lincoln La Paz von der Universität von New Mexico stellte genauere Untersuchungen an und bemerkte, daß an jener Stelle des ersten Kontakts durch offensichtlich enorme Hitzeeinwirkung Sand geschmolzen und verklumpt war. Auch fanden sich weitere Metallteile, die wohl vom UFO stammten. Das Resümee von Dr. La Paz: »Ich würde sagen, daß hier ein Flugobjekt außerirdischen Ursprungs aufgeprallt ist.«

Noch im Sommer 1949 fand Bill Brazel, Sohn des Ranchers, auf dessen Grund und Boden der Roswell-Flugkörper abgestürzt war, Metallteile, die ganz offensichtlich vom UFO stammten. Schon kurz darauf erschien Captain Armstrong mit drei weiteren Militärs von der Roswell-Basis und forderte die Herausgabe des Metalls. Er appellierte an sein Pflichtgefühl als guter Staatsbürger dem Vaterlande gegenüber. Bill Brazel rückte seine Fundstücke heraus.

Auch heute noch, fast 50 Jahre nach dem Absturz, ist von Roswell nur bekannt, was eifrige UFO-Forscher in oft langjährigen, mühsamen Recherchen gegen den Widerstand der Militärs und Geheimdienstler herausfanden. Oft dauerte es viele Jahre, bis Zeugen aufgetan werden konnten, die im Juli 1947 etwas gesehen hatten. Und so manche Zeugen äußerten sich erst nach langem Schweigen, nachdem nach und nach die Angst vor von Militärs und Geheimdienstlern angedrohten Repressalien abklang.

Es ist endlich an der Zeit, daß die Militärs und Geheimdienstler mit offenen Karten spielen und ihre Desinformationskampagne beenden. Ihre Geheimniskrämerei ist weit mehr dazu angetan, Angst auszulösen als offene Information.

Beim heutigen Stand der Dinge scheint aber bewiesen zu sein, daß 1947 bei Roswell ein außerirdisches Raumschiff abstürzte. Der Größe nach dürfte es eher ein Vehikel gewesen sein, das zwischen Erde und einem Mutterraumschiff pendelte, als ein interstellarer Flugkörper.

An Bord befanden sich fünf kleinwüchsige Wesen mit seltsam unpassenden, großen Köpfen. Just solche Wesen aber soll es bereits vor 12 000 Jahren schon einmal auf die Erde verschlagen haben. Die Astronautengötter der Vorzeit sind allem Anschein nach wieder zur Erde zurückgekehrt!

(Bitte beachten Sie auch die »Roswell-Initiative« auf den Seiten 288–291.)

17 Animal Mutilations – Versuch einer Annäherung an einen realen Alptraum

In der Zeit von etwa November 1976 bis Frühjahr 1977 sahen die Einwohner von Sterling, Colorado, und Umgebung so häufig UFOs, daß viele schon gar nicht mehr den Blick zum Himmel hoben, wenn sich dort wieder einmal unbekannte Flugobjekte tummelten. Immer wieder tauchte ein gigantisches UFO auf, oft als »groß wie ein Fußballfeld« beschrieben, setzte zahllose kleine Trabanten ab, die sich der Erde näherten und wieder zum Mutterraumschiff zurückkehrten. Zigtausende waren Zeugen, für viele gehörten die fliegenden Besucher schon fast zur Alltagsroutine.

Die UFOs, von den Einheimischen gern verniedlichend als »Big Mama and her babies« (»Große Mutter und ihre Babys«) genannt, führten an manchen Abenden bizarre Flugmanöver aus, die wie von einem Filmregisseur erdacht wirkten, sich aber höchst real am Himmel ereigneten und auch auf Radarschirmen vermeldet wurden.

Keinen Sinn für die Schönheit dieser Darbietungen ungewöhnlicher Luftakrobatik hatten die örtlichen Bauern. Das lag freilich nicht am mangelnden Schönheitssinn der Landwirte. Den Farmern von Sterling und Umgebung waren die ungebetenen Besucher alles andere als angenehm. Sie waren überzeugt, daß die UFOs für grauenhafte Viehverstümmelungen verantwortlich waren, die ihre Region alptraumhaft heimsuchten. So waren innerhalb weniger Wochen 72 tote Rinder aufgefunden worden, alle grausam dahingemetzelt. Fast immer waren die Kadaver blutleer, stets waren den Tieren entsetzliche Wunden mit chirurgischer Präzision beigefügt worden, waren innere Organe entfernt worden. Und nie gab es Blutspuren, obwohl die Tiere angesichts der Art und des Umfangs der Verletzungen doch im eigenen Blut hätten schwimmen müssen! Sollten tatsächlich Außerirdische für das blutig-blutlose Phänomen verantwortlich sein, wie viele Farmer, aber auch Chefermittler Sheriff Lou Girodo vermuteten?

Tatsächlich scheinen sich außerirdische Besucher nicht erst seit 1976, sondern schon seit über 100 Jahren mehr als lebhaft für irdische Viehbestände zu interessieren. Gegen Ende des 19. Jahrhunderts wurden viele Bundesstaaten der USA plagenartig von einer wahren UFO-Welle heimgesucht.

Am 19. April 1897 will Farmer Alexander Hamilton zusammen mit seinem Sohn Walt und einem Farmangestellten beobachtet haben, wie ein »riesiges Luftschiff« nahe bei Yates Center, Kansas, USA, eine Viehweide anflog und ein Kalb an Bord zerrte. Stunden später habe man das Fell des Tieres wiedergefunden. Damit ähnelt der Fall sehr dem grausigen Phänomen der Viehverstümmelungen unserer Tage.

Später wurde erklärt, der Vorfall habe sich gar nicht ereignet, sei vielmehr von den Mitgliedern des örtlichen »Lügenclubs« frei erfunden worden. Gleichwohl liegt eine schriftliche eidesstattliche Erklärung vor, in der Alexander Hamilton den Vorfall als wahr beschwört.

Der erste, der sich intensiv sowohl mit Viehverstümmelungen als auch mit Besuchen Außerirdischer auf der Erde beschäftigte, war Charles Hoy Fort (1874–1932). Fort zeigte schon früh großes Interesse an den Naturwissenschaften, machte aber nie Anstalten zu studieren. Die universitäre Wissenschaft war dem Autodidakten stets suspekt. Hegte er doch den Verdacht, daß unliebsame Fakten, die mit den gängigen Theorien, wie sie an den Universitäten der Welt gelehrt wurden, nicht in Einklang gebracht werden konnten, unter den Teppich gekehrt wurden. So lautete 1919 der Titel seines ersten Sachbuchs »The Book of the Damned« (»Das Buch der Verdammten«). In diesem Werk machte Fort besonders deutlich, worum es ihm ging. Er schreibt in der Einleitung (Übersetzung des Autors): »Eine Prozession der Verdammten. Damit meine ich die Ausgeschlossenen. Wir werden eine Prozession von Daten erleben, die von der Wissenschaft ausgeschlossen worden sind.«

Zu den von der Wissenschaft übergangenen Fakten zählten für Fort – 1919, 49 Jahre vor Erich von Dänikens Weltbestseller »Erinnerungen an die Zukunft« – auch Besuche von Außerirdischen auf der Erde: »Bewohner anderer Welten sind gekommen, alleine oder in großer Zahl, gelegentlich oder periodisch, zum Jagen ...«

Zum Jagen? Etwa auch zum Verstümmeln von Tieren? Viehverstümmelungen, so wie wir sie heute kennen und beklagen, wurden schon von Fort studiert. Er fand zahllose Berichte darüber in Lokalzeitungen, die aber bei Vertretern der Wissenschaft keine nennenswerte Resonanz auslösten. In seinen Werken »Lo!« (»Sieh da!«, 1931) und »Wild Talents« (»Wilde Talente«, 1932, im Todesjahr Forts erschienen) listet er, verstreut im Text, eine ganze Reihe von Vorfällen auf, die auf verblüffende Weise den Viehverstümmelungen unserer Tage ähneln, ja gleichen. Demnach fing der blutige Alptraum zu Beginn des 19. Jahrhunderts an.

Fort: »Im Mai 1810 erschien etwas bei Ennerdale, nahe der Grenze von England zu Schottland, und tötete Schafe, manchmal sieben oder acht in einer Nacht, tötete sie, verschlang sie aber nicht, sondern saugte ihnen das Blut aus.«

Am 15. September 1883 vermeldete der »Adelaide Observer«, Australien, daß ein Mr. Hoad aus Adelaide am Ufer des Brungle-Creek den »kopflosen Rumpf eines schweine-ähnlichen Tiers« gefunden habe.

Am 2. Februar 1903 wurde, so Fort, in Wryley, Stafford-shire, England, ein edles Reitpferd »aufgeschlitzt«. Bis zum 27. August folgten weitere Verstümmelungen in der Re-gion, von denen Pferde, Kühe und Schafe betroffen waren. Gegen Ende des Jahres 1905 tauchte »etwas« in Badmin-ton, England, auf. Es metzelte zahllose Schafe dahin. Ser-geant Carter von der Polizeistation Gloustershire: »Ich habe selbst zwei der Kadaver gesehen und kann definitiv sagen, daß das nicht das Werk eines Hundes ist. Hunde sind keine Vampire, die Schafen das Blut aussaugen und das Fleisch kaum anrühren.«

Am 22. August 1907 wurde – wieder in Wryley, England – ein Pferd verstümmelt, massakriert. Wer oder was den Tie-ren die entsetzlichen Wunden beifügte, konnte nicht ge-klärt werden. 1925 schließlich, notiert Fort, gab es in Afrika eine Epidemie von was auch immer es gewesen sein mag. »London Daily Mail«, 18. Mai 1925, vermeldet, »daß es auf Farmen in Kenya eine Vielzahl von Schaf-Auf-schlitzungen und Vieh-Verstümmelungen gab«. (Zitat Fort, Übersetzung des Autors.)

Charles Hoy Fort war ein Pionier auf dem Gebiet der un-bequemen Fragen, des provokativen Sachbuchs. Er hat in Autoren wie Dr. h. c. Erich von Däniken, Dr. Johannes Fie-bag, Reinhard Habeck, Peter Krassa, Luc Bürgin – um nur einige zu nennen – würdige Nachfolger gefunden, die auf spannende Fragen Antworten von der Wissenschaft und ih-ren Vertretern verlangen, die sich auch heute noch allzugern in die luftigen Höhen ihrer Elfenbeintürme zurückziehen.

Leider hat sich auch in unseren Tagen seit Forts Zeiten nicht viel geändert, was das Thema »Viehverstümmelun-gen« betrifft. Die grausamen Metzeleien gehen weiter.

UFOs und »Mutilations«

Dr. Johannes Fiebag bringt das Thema in seinem Standardwerk »Die Anderen« auf den Punkt: »Sogenannte ›Tierverstümmelungen‹ oder ›animal mutilations‹ sind ein ganz spezieller Aspekt in der modernen UFO-Forschung. Nicht selten im Zusammenhang mit Landungen unidentifizierter Flugobjekte werden später in der fraglichen Gegend verstümmelte Tierkörper gefunden. Die zum Tode führenden Eingriffe sind in der Regel bei Nutztieren, insbesondere bei Kühen und Pferden, zu beobachten. Aber auch Hunde, Katzen, Waschbären, Oppossums und andere Kleintiere werden – häufig völlig blutleer und von seltsamen Schnittwunden übersät – aufgefunden. Charakteristisch sind die Schnitte selbst: Sie sind extrem dünn und gerade, sie müssen bei Temperaturen von mehr als 120 Grad und darüber hinaus sehr schnell ausgeführt worden sein.«

In den vergangenen Jahren haben sich in meinem Archiv Hunderte von Berichten über grausame Tierverstümmelungen angesammelt. Mir liegen Dutzende von Fotos vor, die einen makabren Vergleich mit dem Prostituierten-Mörder, der Ende des 19. Jahrhunderts fünf Frauen in England abschlachtete, angebracht erscheinen lassen. Es sieht ganz so aus, als ob da Jack the Rippers am Wirken seien. Kommen die Urheber der höchst realen Alpträume aus dem All, wie nicht nur die Farmer von Sterling behaupten?

Ich will mich im folgenden möglichst behutsam einem der merkwürdigsten Phänomene unseres Jahrhunderts annähern. Dabei läßt es sich nicht vermeiden, immer wieder Verstümmelungen zu beschreiben, die im Lauf der Jahre vermutlich Zigtausenden Tieren beigebracht wurden. Zartbesaiteten Leserinnen und Lesern ist vielleicht anzuraten, den Rest dieses Kapitels und Kapitel 18 zu überschlagen.

Ich muß aber betonen, daß meine Beschreibungen schon bewußt zurückhaltend formuliert wurden. Auf besonders brutale, abstoßende Schreckensmeldungen und Schilderungen des Grauens, von denen es in meinen Unterlagen nur so wimmelt, habe ich bewußt verzichtet. Sensationslust soll nicht befriedigt werden. Aber die Fakten müssen endlich auf den Tisch!

Ein geheimnisvolles Phänomen läßt uns schaudern. Doch »Vogel-Strauß-Politik« ist alles andere als angebracht. Wer unheimliche Wirklichkeiten zu verdrängen versucht, hat selten Erfolg. Vermutlich tragen sogar Geheimniskrämerei, Unwissen und Vertuschungstaktik noch dazu bei, daß der Alptraum weitergeht.

Im folgenden Text liste ich einige von zahllosen Fällen von Viehverstümmelungen auf. Ich beschränke mich dabei weitestgehend auf die letzten Jahre.

1989 wurde Nounan, Idaho, USA, von etwas heimgesucht, das Tiere, hauptsächlich Rinder, verstümmelte. Wer oder was es auch war, führte, wie ein Bericht festhält, »unblutige, präzise Schnitte aus, ohne daß es Blutspuren gibt. Auch wurden nicht die geringsten Hinweise auf Täter ausfindig gemacht.«

Officer Gregg Athay: »Weiches Gewebe, Nase, Zunge, Lippen der Tiere wurden entfernt, nie fanden sich Blutspuren, weder an den Kadavern selbst noch auf dem Boden.«

Am 27. Juli 1989 fand Farmer William Veenhuizen, Maple Valley, Washington, am frühen Morgen seine beste Kuh tot, keine 200 Meter vom Wohnhaus entfernt. Das wertvolle, sechsjährige Tier war zu dem Zeitpunkt hochträchtig, sollte etwa drei Wochen später gebären und war deshalb vom Farmer besonders umhegt und genau beobachtet worden. Ihm war nichts Verdächtiges aufgefallen.

Verstümmelungen waren am Tier vorgenommen worden, ein präzises Oval war aus dem Mund geschnitten, dabei war ein Teil des Kieferknochens zusammen mit den Zähnen entfernt worden. Herausgeschnitten worden waren die Zunge und je ein großes Gewebesegment aus Darm und Vagina.

Farmer Veenhuizen: »Was es auch war, es muß gegen ein Uhr nachts geschehen sein. Um diese Zeit wurde ich von etwas geweckt, konnte aber nichts bemerken, als ich vors Haus trat.«

Im November 1989 fand Ron Bartels in Red Cloud, Nebraska, eine seiner Chiania-Kühe tot und verstümmelt. Schon bei oberflächlicher Betrachtungsweise fielen unnatürliche Verstümmelungen auf. Eine Gewebeprobe rund um das rechte Auge war entnommen worden, ein dreieckiges Stück Fell mit Haut fehlte, sauber herausgeschnitten, wie mit einem Skalpell. Die zuständige Polizeibehörde, das Franklin County Sheriff's Department, beauftragte Tierarzt Dr. Carl Guthrie, eine Autopsie vorzunehmen. Der Mediziner beschränkte sich nicht darauf, nur die oberflächlichen Wunden zu untersuchen. So stellte er fest, daß anscheinend ein sauber ausgeführter Luftröhrenschnitt dazu gedient hatte, mehr als 20 Zentimeter von Luft- und Speiseröhre zu entfernen. Enddarm und Vagina waren sauber herausgeschält worden.

1991 gab es eine Reihe unerklärbarer Verstümmelungen im Bundesstaat Idaho. Ein besonders kurioser Fall:

Am 29. August 1991 untersuchte Tierarzt Dr. Bob Stoll eine 15jährige Stute, die auf rätselhafte Weise getötet worden war. Das arme, geschundene Tier, es gehörte Eva Patterson und Tom Blesinger, war völlig ausgetrocknet. Was auch immer geschehen war: Die inneren Organe, etwa Herz und Lunge, waren so stark dehydriert, daß sie bei der geringsten Berührung zerfielen.

Am 20. Oktober 1992 begann eine Reihe von Tierverstümmelungen in Alabama. Eine trächtige schwarze Angus-

Holstein-Kuh wurde getötet. Ihr Euter war chirurgisch sauber entfernt worden. Besitzer John Stawn: »Die große, tiefe Wunde hätte doch stark bluten müssen. Aber es gab nicht die geringste Spur von Blut!«

Am 7. November fand Jared Jarvis, ein weiterer Farmer aus Albertville, einen seiner Ziegenböcke tot und verstümmelt. Hoden und Penis waren entfernt worden. Bis zum 27. März 1993 häuften sich ähnliche Vorfälle. 14 Ziegen wurden südöstlich von Albertville »getötet und verstümmelt«. Besitzer Gervis Wood: »Nie zuvor in meinem Leben habe ich solche Schnitte gesehen. Was ich nicht verstehe ist, daß es keinerlei Blutspuren gab, weder an den toten Tieren selbst noch am Boden, auf dem sie lagen.«

Chief of Detectives, Tommy Cole vom »Albertville Police Department«, stellte umfangreiche Untersuchungen an, ohne daß er zu einem greifbaren Ergebnis kommen konnte. Am 9. Januar 1993 war er selbst »betroffen«, genauer gesagt: einer seiner Angus-Stiere. Das Tier war tot mit grauenhaften Verstümmelungen aufgefunden worden. Am Bauch fanden sich tiefe Einschnitte, aus denen seltsam weißes Gewebe quoll. Wieder gab es, was angesichts der schlimmen Verwundungen unverständlich war, keinerlei auch noch so geringe Blutspuren.

Die Tierärzte Dr. Mike Creel aus Crosville und Dr. Roger Adams untersuchten das tote Tier. Sie konnten nur die chirurgischen Eingriffe feststellen. Und bemerkten erstaunt, daß keinerlei Blutspuren zu finden waren. Was oder wer das Tier getötet hatte, blieb rätselhaft.

Am 29. Januar 1993 fiel in Dawson eine schwarze Kuh den »Jack the Rippers der Tiere« zum Opfer. Der rechte Kiefer war völlig vom Fleisch befreit, so daß Knochen und Zähne freilagen. Mastdarm und Vagina waren entfernt worden. Wie auch immer die Operation ausgeführt worden war, wieder gab es keine Spuren von Blut.

Polizeibeamter Oliphant fand aber etwas anderes, was die untersuchenden Behörden nun völlig perplex machte und vor ein weiteres Rätsel stellte. Es war eine Substanz, die an Kitt erinnerte. Proben davon wurden sorgsam analysiert. Der Stoff war nicht radioaktiv, ließ sich nicht in Wasser lösen. Eine spektroskopische Untersuchung ergab, daß er hauptsächlich aus Aluminium, Silizium, Titanium und Sauerstoff bestand. Er kommt in der Natur nicht vor, ist also eindeutig künstlich hergestellt. Die rätselhafte Substanz fand sich u. a. am Tier selbst und dann noch in etwa zweieinhalb Metern Entfernung vom Kopf der Kuh am Boden.

Eine amtliche Verlautbarung zur geheimnisvollen Substanz war nicht zu bekommen. »Es liegen keine Erkenntnisse dazu vor«, hieß es nur lapidar. Oder werden wichtige Hinweise verschwiegen? Etwa auf Außerirdische als Verursacher der entsetzlichen und doch so realen Alpträume?

Am 4. Februar 1993 wurde eine trächtige Kuh in Arab, Alabama, entsetzlich verstümmelt aufgefunden. Ihr Euter war entfernt worden, ebenso das linke Auge. Auch das ungeborene Kalb war im Mutterleib traktiert worden. Es fehlte ein Teil des kleinen Kopfes.

Der beschriebene Fall war in seiner Grausamkeit keineswegs einzigartig, wie Linda Moulton Howe, wohl die Expertin in Sachen Tierverstümmelungen schlechthin, feststellt. Bereits im März 1989 waren nahe bei Hope, Arkansas, fünf Kühe getötet worden. Ihnen waren schlimmste Verletzungen zugefügt worden. Die toten Tiere waren in einer geraden Linie aufgereiht worden, als ob der oder die Schlächter einen abartigen Sinn für eine sonderbare Ästhetik entwickelt hätten.

Eine trächtige Kuh wies schlimme Schnitte am Bauch auf. Ihr ungeborenes Kälbchen war ihr aus dem Leib gezerrt worden und lag neben dem Muttertier.

Gewebeproben wurden entnommen und analysiert. Das

Ergebnis dieser Untersuchung kann nur als rätselhaft bezeichnet werden. Das Hämoglobin, ein roter Farbstoff von Körperflüssigkeiten und Geweben, muß einer starken Hitzequelle ausgesetzt gewesen sein. »Es war wie gekocht.« Journalistin Juanita Stripling von der Lokalzeitung »Little River News«: »Weder auf dem Boden noch auf dem Körper der Kuh oder des Kälbchens gab es irgendwelche Blutspuren. Auch auf dem Boden war keinerlei Feuchtigkeit, etwa von Wasser oder Körperflüssigkeit, zu finden.«

Am 27. Februar 1993 fand Farmer David McClendon aus Crosville, Alabama, eines seiner drei Wochen alten Kälber tot und verstümmelt. Penis und Hoden, auch ein großer Teil der Haut, waren entfernt worden. Auch »fehlten sämtliche inneren Organe«. Die örtlichen Behörden untersuchten den Fall nur kurz. Assistant Chief Deputy Dale Orr und Police Chief Ron West hatten schnell eine »Erklärung« parat: »Das Tier ist Raubtieren zum Opfer gefallen.« Um was für »Raubtiere« es sich dabei handelte, wußten sie freilich nicht. Farmer David McClendon: »Unsinn! Ich habe den Kadaver gründlich untersucht. Keinerlei Bißwunden waren festzustellen!«

»Raubtiere« wurden von den Behörden auch für eine Reihe von Tierverstümmelungen im Raum Sylvania verantwortlich gemacht, dessen Name Assoziationen zu Transsilvanien, der Heimat blutsaugender Monsterwesen, anklingen läßt. Damit wollten sich die Farmer nicht zufriedengeben. Sie bekamen Unterstützung von wissenschaftlicher Seite. Dr. Jim Armstrong, Professor der Zoologie und in der »Abteilung Zoologie der Auburn University« tätig, lehnte die »natürliche« Erklärung ab. »Wenn etwa ein Kojote verantwortlich für den Tod der Tiere wäre, hätte man das sofort erkannt. Seine Bißwunden würde man sofort erkennen, sie würden ganz anders aussehen als die angewandten glatten Schnitte!« Professor Dr. Armstrong wollte zwar nicht ausschließen, daß »einige der Tiere« Raubtieren zum Opfer gefallen seien, aber für die meisten Fälle müsse nach einer »anderen Erklärung« gesucht werden. »Irgend etwas hat saubere, chirurgische Schnitte ausgeführt.«

Die Farmer im Bezirk DeKalb County, Alabama, waren empört über das anscheinende Desinteresse öffentlicher Stellen an den entsetzlichen Tierverstümmelungen. Sie forderten den Einsatz von zu bildenden Spezialeinheiten der Polizei. Doch Hilfe wurde ihnen keine zuteil. Statt eine Lösung für das unerklärliche Phänomen vorzuschlagen, betrieb Chief Investigator Mike James Vogel-Strauß-Politik: Kopf in den Sand stecken und nichts bemerken! Nach dem Motto »Es kann nicht sein, was nicht sein darf!« erklärte der Chief Investigator kategorisch: »Die Viehverstümmelungen passieren ganz einfach gar nicht!«

Diese seine Botschaft wurde am 4. März 1993 von lokalen Zeitungen wie der »Weekly Post«, Rainsville, Alabama, verbreitet. Die Farmer ließen sich freilich auf diese Art nicht beruhigen. Sie beschafften sich schwere Waffen und erklärten, sie würden auf alles schießen, was »Verdacht erregt«.

Am 6. April 1993 untersuchten Tierärzte den Kadaver eines Sieben-Zentner-Stiers, der im Blaine County, Oklahoma, gefunden worden war. »Todesursache: Viehverstümmelungen.« Am gleichen Tag: Ein toter Hund wurde entdeckt, drei Pfoten waren sauber chirurgisch entfernt, das Herz fehlte. Blutspuren gab es keine.

Am 13. April fand Eloiso Rael auf seiner Farm in New Mexico einen toten Siebeneinhalb-Zentner-Bullen. »Die Genitalien fehlten. Blutspuren gab es keine. Das Gewebe an den Schnittstellen sah so aus, als sei es hohen Temperaturen ausgesetzt gewesen.«

Dann konzentrierten sich die Viehverstümmelungen auf das Grenzgebiet zwischen Nord- und Süd-Dakota. Am

8. April fand Mark Kelner, Buffalo Springs, Nord-Dakota, Bowman County, eines seiner Kälber: »Aus dem Rücken war ein Stück in einem perfekten, runden Kreis herausgeschnitten worden. Blutspuren gab es keine.«

Im Juni 1993 häuften sich Tierverstümmelungen im Bezirk von Weld County, im nördlichen Colorado. Ein Fall von vielen: Auf einer Ranch nördlich von Mead wurde eine Kuh übel zugerichtet.

Berichte der von mir zitierten Art häufen sich, das Interesse der Wissenschaft an einer Klärung scheint mehr als gering zu sein. So muß es als großer Fortschritt bezeichnet werden, daß am 21. Mai 1994 in Taos, New Mexico, ein Seminar zum Thema Viehverstümmelungen stattfand. Laien und Experten vorwiegend aus den USA diskutierten, wer oder was für das blutrünstige Phänomen verantwortlich gemacht werden müsse. Oder könne. Auf der Tagung ging es seriös zu. Man war keineswegs voreingenommen, keine Lösung wurde bevorzugt. Man erörterte auch »natürliche Erklärungen«. So wurden die Recherchen von Tom Adams diskutiert, der einen Zusammenhang zwischen Viehverstümmelungen und geheimnisvollen Hubschraubern sieht, die oft am Ort des Geschehens gesichtet wurden. Seiner sorgsamen Analyse zufolge kam es in den frühen 70er Jahren im mittleren Westen der USA zu »Hunderten Fällen«, in denen Vieh auf entsetzliche und letztlich unerklärliche Weise getötet worden ist. Gleichzeitig meldeten Farmer immer wieder, Hubschrauber in unmittelbarer Nähe von Orten, an denen es zu Verstümmelungen kam, gesehen zu haben. Manchmal sollen Hubschrauber unmittelbar nach den »Vorfällen« aufgetaucht sein, stets ohne Markierungen oder sonstige Hinweise auf die Herkunft der Maschinen.

1975 häuften sich die Fälle von geheimnisvollen Hubschraubersichtungen und Viehverstümmelungen in Texas. Intensive Nachforschungen brachten keine Klärung. Militärbehörden, etwa von der Bergstorm Air Force Base bei Austin, Texas, stritten vehement ab, etwas mit den Hubschrauberflügen zu tun zu haben.

Ob Geheimdienste hinter den Hubschrauberflügen steck(t)en? Möglich! Vielleicht versuchten sie herauszubekommen, wer oder was für die Viehverstümmelungen verantwortlich ist.

Blauäugigkeit ist fehl am Platz. Natürlich sind Geheimdiensten durchaus auch Verbrechen zuzutrauen, auch grauenhafte Tierversuche, etwa um neuartige »Verhörmethoden« (um das Wort Folter zu vermeiden) auszuprobieren. Doch Geheimdienste arbeiten gern, wie der Name schon sagt, im Geheimen. Sie würden doch wohl entsetzliche Tierquälereien versteckt in Labors durchführen, unter Ausschluß der Öffentlichkeit und auf Kosten des Steuerzahlers. Und sie würden nach Vollendung des blutigen Gemetzels die verstümmelten Kadaver nicht einfach in der freien Natur liegen lassen.

Christopher O'Brien, Herausgeber des Fachblatts »The Mysterious Valley Report«: »Manche Tiere mögen von perversen Sadisten getötet worden sein oder von Anhängern obskurer Kulte. Einzelne Tiere mögen auch Raubtieren anheimgefallen sein. Doch hinter den meisten Fällen steck(t)en aber Vertreter einer fortgeschrittenen Intelligenz: Außerirdische.«

Aliens

Die Vertreter dieser Intelligenz, wohl vom Charakter mit den »Aliens« aus den gleichnamigen Filmen zu vergleichen, verwendeten bei ihren grausamen Foltern der Kreatur Tier Instrumente, die anscheinend nach dem Laserprinzip arbeiten. Das zeigte sich zum Beispiel bei einer Verstümmelungsorgie, die sich 1992 in Vancouver, British Columbia, Kanada, ereignete. Betroffen waren hauptsächlich Katzen.

Vic Warren, Supervisor der »Animal Control«, bestätigte zahlreiche Funde toter Stubentiger, die in der Mitte durchgeschnitten worden waren. Gefunden wurde jeweils immer nur eine Hälfte. »Sie wurden brutal getötet, aber auf chirurgische Weise zertrennt.« Dr. John Altshuler untersuchte einen der Kadaver in Denver. Sein Ergebnis: »Ein Instrument, was auch immer, wurde benutzt, das mit hoher Hitze arbeitet. Wahrscheinlich ein Laser.«

Identische Fälle hatte es schon 1989 in Tustin, Kalifornien, gegeben. Am 13. August 1989 berichtete die angesehene »New York Times«: »Manche der Katzen waren in der Mitte durchgeschnitten ... und das mit geradezu chirurgischer Präzision.«

Janet Hampson aus Tustin untersuchte die Vorkommnisse und stellte fest, daß wiederum ein für die unheimlichen Tierverstümmelungen typisches Merkmal zu beobachten war: »Es gab nie Blutspuren. Die Tiere waren oft mit chirurgischer Präzision zerlegt worden. Niemals scheint jemand etwas beobachtet zu haben, niemand hat etwas gehört.« Sie kommt zu dem Schluß: »Irgend etwas entführte die armen Tiere, tötete, verstümmelte sie, entfernte innere Organe, entzog das Blut und brachte die traurigen Reste an die Orte zurück, von wo sie entführt worden waren.«

1993 wurde im Blaine County, Oklahoma, eine Vielzahl von Hunden Opfer der unbegreiflichen Gewalt. Police Commander Gary Reynolds: »Hinter all dem Wahnsinn scheint Methode zu stecken! Wir fanden keine Hinweise auf einen Satanskult.« Den armen Tieren waren Pfoten und Köpfe »chirurgisch sauber« abgetrennt worden. Wie mit Laserschneidern.

1990 häuften sich Tierverstümmelungen in Portland, Oregon und Umgebung. Carlo Sposito und Keith Roswell untersuchten zum Beispiel den Kadaver eines zweijährigen

Herford-Stiers. Das Tier gehörte Richard Fazio. Es wurde tot auf seiner Weide gefunden, auf der innerhalb von vier Monaten bereits vier andere Tiere auf mysteriöse Weise ums Leben gekommen waren.

Sposito und Roswell unterzogen die blutleeren Schnittwunden besonders gründlichen Untersuchungen. Sie machten Nahaufnahmen. Deutlich ist zu erkennen, daß ein Instrument benutzt wurde, welcher Art auch immer, das eine Art Muster an den Geweberändern hinterließ.

Gewebeproben wurden an die Tierärztin Dr. Madeline A. Rae vom »Veterinary Diagnostic Laboratory College of Veterinary Medicine«, Oregon, State University Corvallis, gesandt. Die Ärztin füllte ein amtliches Formular aus, das die Ergebnisse ihrer Untersuchung zusammenfaßt: »Der gezähnte Rand der Schnittwunde zeigt eine Koagulation (Gerinnung, der Autor), die zu einem Schnitt etwa mit einem Instrument der Elektrochirurgie paßt. Es ist unmöglich festzustellen, ob die Läsion von Laser herrührt.«

Ähnlich mysteriös: eine Vielzahl von Viehverstümmelungen, ausgeführt von wem auch immer in New Mexico. 1993 allein vermeldete Rancher Eli Hronich im Gebiet von Eagle Nest und Angel Fire acht zu Tode experimentierte Rinder. Im September 1993 sind die geheimnisvollen Operateure wieder bei Eagle Nest aktiv. Sie töten einen mächtigen Stier. Besitzer Leroy Moore: »Am Kiefer saß kein Gramm Fleisch mehr. Der Schädel war mit chirurgischer Präzision entfernt worden.« Ähnlich erging es im April 1994 einem neun Tage jungen Bullen. Das verstümmelte Tier (Besitzer: Fabian Marquez) wurde bei Arroyo Seco aufgefunden.

Eagle Nest, New Mexico, wird Sommer und Herbst 1994 zu einem Zentrum des Schreckens. Gail Staehlin, Koordinator der Untersuchungen: »Präzise Untersuchungen der Schnittwunden ergeben, daß das betroffene Gewebe sehr

hohen Temperaturen ausgesetzt, förmlich gekocht wurde.«
Forscherin Linda Moulton Howe: »Was immer da geschieht,
Blitze, Raubtiere, Krankheiten oder satanische Rituale sind
nicht verantwortlich zu machen. Wir haben es da mit raffi-
nierter Technologie zu tun.«
Gail Staehlin stößt bei seinen Recherchen stets auf Angst.
»Die Leute wollen nichts zu tun haben mit etwas, das sich
ihrer Kenntnis entzieht!«
Dr. David Perkins glaubte zunächst, das Rätsel der Tierverstümmelungen »rasch« lösen zu können. Perkins, er ist
Yale-Absolvent, mußte aber nach einigen Wochen intensiver Recherchen vor Ort zugeben: »Raubtiere sind da nicht
am Werk! Ich kam zur Ansicht: Das ist die größte Geschichte unserer Zeit!« Schließlich favorisierte der Wissenschaftler eine neue These: Außerirdische waren die »Jack
the Rippers«!
Seit 1976 hält Tex Graves, Sheriff von Loagan County, in
seinem Safe einen Autopsiebericht verschlossen, der nicht
nur ihn vor ein Rätsel stellt. Irgendwer oder was tötete damals eine Kuh und verstümmelte das Tier. In welcher Reihenfolge konnte nicht mehr festgestellt werden. Das Herz
der Kuh war entfernt worden, ohne daß dabei der Herz-
beutel beschädigt wurde.
Dr. Arlen Meyers, Laserchirurg am »Rose Medical Center« in Denver: »Selbst mit modernsten medizinischen
Geräten unserer Tage ist das nicht nachvollziehbar.«
Meyers, von Journalistin und Buchautorin Linda Moulton
Howe interviewt, spekulierte: »Vielleicht werden wir im
21. Jahrhundert dazu in der Lage sein, solch eine Opera-
tionstechnik anzuwenden. Noch sind wir es definitiv
nicht!«
Sind also doch »Jack the Rippers aus dem All« für das Geschehen verantwortlich, Vertreter einer außerirdischen Intelligenz, ausgerüstet mit technischen Gerätschaften, von

denen die Wissenschaftler unserer Tage vorerst noch nur träumen können?

Nach Abwägung der Fakten kann es für mich nur einen Schluß geben: Außerirdische sind die Urheber der entsetzlichen Viehverstümmelungen ... Wissenschaftler aus dem All!

Entrüstung darüber steht uns Menschen freilich nicht zu. Denn unsere »menschlichen« Wissenschaftler in des Wortes schlechtester Bedeutung verhalten sich gegenüber der Kreatur Tier kaum anders, wenn sie etwa neue Waffen oder Kosmetikartikel im Laborversuch testen.

Charles Hoy Fort stellte kurz vor seinem Tod in seinem letzten Buch »Wild Talents« (»Wilde Talente«, 1932 erschienen) die Tierverstümmler und Wissenschaftler auf eine Stufe. »Die Gebildeteren verwandeln das grobe Wort Schlitzer in Vivisektoren, die nicht klammheimlich nachts auf Feldern arbeiten, sondern zu regulären Arbeitsstunden in Labors.«

18 Kleine Wesen – große Killer ... aus dem All!

Dr. John Henry Altshuler, Pathologe und Hämatologe (Hämatologie: Teilgebiet der Medizin, die sich mit dem Blut und Blutkrankheiten befaßt, der Autor), hörte im Sommer 1967 von seltsamen »UFO-Erscheinungen«, die in jenen Tagen gehäuft im San Louis Valley, South Colorado, auftraten. Die Sache interessierte ihn, und so fuhr er, das Nützliche mit dem Angenehmen verbindend, mit seiner Familie in den »Great Sand Dunes-Nationalpark«. Nachts machte er sich allein auf die Pirsch. Und tatsächlich konnte er UFOs beobachten: »Es waren sehr helle weiße Lichter, die sich zugleich langsam unterhalb der Berggipfel des Sangre de Christo fortbewegten.« In jenen Gefilden gab es keine Straßen, Autoscheinwerfer schieden als Erklärung aus.

»Einmal dachte ich, daß sie sich auf mich zubewegten, auf mich zuflögen, denn sie wurden größer. Doch dann schossen sie senkrecht hoch und verschwanden.«

Dr. Altshuler, heute Professor der Medizin an der Universität von Colorado in Denver, hätte gern seine interessanten Beobachtungen fortgesetzt, wurde daran aber von einer plötzlich auftauchenden Polizeistreife gehindert. Die Beamten hielten ihn für ein »verdächtiges Element«. Als sich der Arzt als Mediziner und Pathologe zu erkennen gab, baten ihn die Beamten um einen Rat. Etwa zehn Tage zuvor sei auf der Harry-King-Ranch ein grauenhaft verstümmeltes Pferd aufgefunden worden.

Schon war die berufliche Neugier des Wissenschaftlers geweckt. Bereitwillig ließ er sich von einem der Polizisten an den Ort des rätselhaften Geschehens bringen.

Am 9. September 1967 war ein dreijähriges Stut-Fohlen, genannt Lady, in der Nähe von Alamosa tot aufgefunden worden. Der Kopf des Tieres war auf grauenhafte Weise »behandelt« worden. Fleisch und Muskeln waren säuberlich entfernt worden, das Gehirn, das Rückgrat und innere Organe fehlten. Eine natürliche Erklärung für das Gemetzel konnte nicht gefunden werden. Es fanden sich allerdings fünfzehn kreisrunde »verbrannte Stellen«. Etwas mehr als zehn Meter von der toten Lady entfernt befand sich ein Kreis, bestehend aus acht Löchern im Boden, jeweils zehn Zentimeter im Durchmesser und etwa zehn Zentimeter tief. Was auch immer diese Spuren hinterlassen hatte, es hatte den Boden radioaktiv verseucht. Sollte ein UFO auf der Wiese gelandet sein?

Dr. Altshuler untersuchte das tote Pferd. »Es war am Hals bis zum Brustansatz mit einem sauberen Längsschnitt geöffnet worden. Das Fleisch war an den Schnittstellen dunkler. Die Haut war an den äußeren Rändern fest, so als sei sie mit einem Laser durchtrennt worden. Am merkwürdigsten war die Tatsache, daß keinerlei Blutspuren zu finden waren. Weder am Tier noch am Boden. Dabei fehlten innere Organe, Herz, Lunge und Schilddrüse. Die Brustmitte des Tiers war völlig leer und grundsätzlich überall trocken. Eigentlich eine Unmöglichkeit!«

Dr. Altshuler war entsetzt. Er konnte nicht anders, er mußte die von ihm beobachteten UFOs in Verbindung mit der Verstümmelung des Pferdes bringen. Mit einer solchen Überlegung wollte er aber damals auf keinen Fall öffentlich in Verbindung gebracht werden. Der Mediziner bangte um seine berufliche Existenz. Er befürchtete schon allein ob der Tatsache, daß er UFOs observiert hatte, den Hohn und Spott der wissenschaftlichen Welt. Wie würden die

Herrschaften aber erst reagieren, wenn er es für wahrscheinlich hielt, daß Außerirdische, gern bespöttelnd als »kleine grüne Männchen vom Mars« bezeichnet, auf die Erde niedergefahren seien und ein Pferd verstümmelt hätten!

So bat er die Polizeibeamten, seinen Namen auf keinen Fall in ihren Berichten zu erwähnen. Seiner Bitte wurde gefolgt. Heute steht Professor Altshuler zu einer, wie er meint, unbequemen Wahrheit: Es sind Außerirdische, die nicht nur in den USA grauenhafte Tierversuche in freier Wildbahn durchführen, Wissenschaftler aus den Tiefen des Alls.

»The Pueblo Chieftain«, eine Lokalzeitung, brachte am 7. Oktober 1967 einen Bericht über den Fall Lady. Schlagzeile: »Rätsel um totes Pferd versetzt UFO-Fans in Erstaunen.« Die Pressemeldung ging um die Welt, wobei aus der Stute Lady ein Hengst Snippy wurde, ein Fehler, der in zahlreichen grenzwissenschaftlichen Büchern nachgeplappert wurde. Die Story löste heftige Diskussionen aus.

Die UFO-Gemeinde reagierte empört: Nie und nimmer würden die Außerirdischen – von vielen UFO-Forschern als heiligenähnliche Lichtgestalten gezeichnet – solch blutrünstige Dinge tun. Die UFO-Skeptiker, die mit geradezu religiösem Fanatismus die Existenz außerirdischer Besucher leugnen, suchten und fanden eine »natürliche« Erklärung. Demnach waren nicht außerirdische, sondern menschliche Übeltäter am Werk gewesen. Sie transportierten – wie auch immer und ohne Spuren zu hinterlassen – umfangreiche Utensilien auf Lady's Weide: einen riesigen Bottich, teilweise mit Säure gefüllt, einen mächtigen Dreifuß, einen starken Flaschenzug und chirurgische Instrumente.

Die Unholde fingen das Pferd ein, fesselten es, ohne daß es sich wehrte, und hievten es mit Hilfe des Flaschenzugs über den Bottich. Dann schlitzten sie mit chirurgischem Besteck den Hals des Pferdes auf und ließen das Blut in den Bottich laufen. Schließlich senkten sie die arme Kreatur mit dem Flaschenzug in die Säure, was erklären soll, daß teilweise das Fleisch bis auf die Knochen entfernt worden war. Schlußendlich wuchteten sie Lady, oder was von ihr übrig geblieben war, wieder aus der Säure, deponierten den entsetzlich verstümmelten Kadaver (ohne ein Tröpfchen Säure zu hinterlassen) und transportierten ihre Utensilien wieder ab, neuerlich keine Spur hinterlassend.

Das grauenhafte Szenario wirkt wenig glaubhaft. Abgesehen von der Tatsache, daß ein Pferd die beschriebenen Prozeduren kaum ohne extreme Gegenwehr – und dafür gab es nicht den kleinsten Hinweis – hätte über sich ergehen lassen, wird übersehen, daß anscheinend Lasertechnologie verwendet wurde, um Lady Schnittwunden beizufügen. Entsprechende Laserchirurgie gab es aber 1967 in irdischen Gefilden noch gar nicht, sie kam erst in den späten 70ern und frühen 80ern zum Einsatz, also mehr als zehn Jahre nach dem grauenvollen Tod von Lady. Auch erwähnen die »Erklärer« die gemessene Radioaktivität mit keinem Wort.

Viktor Farkas, Journalist und weithin bekannter Buchautor aus Wien, spezialisiert auf ungelöste Rätsel der Welt, schreibt: »Irgendwie fällt es angesichts solcher Schlußfolgerungen leichter, an Vampire oder Aliens (Außerirdische, der Autor) zu glauben. Wie auch immer: Immer wieder vergreift sich irgend etwas an den Tieren unseres Planeten. Dabei waren wir doch der Meinung, das Monopol zu besitzen, mit allem, was da kreucht und fleucht nach Lust und Laune verfahren zu können. Anscheinend ist das ein Irrglaube. Es gibt viele Berichte von Gemetzeln unter Tieren, für die der Mensch – ausnahmsweise – nicht verantwortlich ist.«

Wenige Monate nach dem rätselhaften Tod des Pferdes Lady machte Terry Goodmurphy zusammen mit Steven Grexton eine Beobachtung, die wieder Tierverstümmelungen mit UFOs in Verbindung brachte. Anfang November 1967 waren die beiden jungen Männer im Auto unterwegs. Sie fuhren gerade den Highway 17 außerhalb von Livingston, Ontario, entlang, als sie ein UFO sichteten. »Es war von einem orangefarbenen Glühen umgeben und schwebte in Richtung Straße herab. Dann hielt es einen Augenblick inne und bewegte sich auf uns zu, in unsere Richtung. Es war rund, hatte einen Durchmesser von etwa 30 Metern.« Als das UFO in einer Höhe von nur etwa 30 Metern über dem PKW der beiden Zeugen stand, bekamen es die jungen Männer mit der Angst zu tun. Sie flohen mit überhöhter Geschwindigkeit und berichteten dem zuständigen Polizeiamt über den Vorfall.

Als Beamte der Ontario Provincial Police am angegebenen Ort Nachforschungen anstellten, war das UFO nicht mehr zu sehen. Sie registrierten aber einen unangenehmen, fast stechenden schwefelartigen Geruch. Luzifer läßt grüßen! Und sie fanden zwei Pferde mit schlimmen Schnittverletzungen, noch lebend. Wer auch immer die Tiere – sie gehörten zur Lorne Wolgemuth-Farm – mißhandelt hatte, war offensichtlich gestört worden und geflohen, ohne sein grausames Werk vollenden zu können. In den folgenden Tagen fanden sich weitere verletzte Pferde. Reitpferd Fury zum Beispiel hatte einen langen, präzisen Schnitt im Hals. Sollten Außerirdische gemetzelt haben?

Dr. Johannes Fiebag, der wahrscheinlich seriöseste Erforscher des UFO-Phänomens im deutschsprachigen Raum, schreibt in seinem Standardwerk »Die Anderen«: »Es ist offensichtlich, daß das UFO-Phänomen in der einen oder der anderen Weise mit den Tierverstümmelungen in einem Zusammenhang stehen muß. Alles andere ist Beschwichtigungstaktik, Desinformation oder generelle Unwissenheit zu diesem Phänomen.«

Je offener über eine Verbindung zwischen Außerirdischen und den Tierverstümmelungen geredet und diskutiert wurde, um so mehr Zeugen wagten sich an die Öffentlichkeit, deren Aussagen diesen Zusammenhang zu belegen scheinen. So wurden bereits in den Jahren 1960 bis 1963 in Alabama tote Tiere gefunden, von denen niemand genau sagen konnte, warum und wie sie gestorben waren: Eichkätzchen, Maultiere und Kühe. Sie alle hatten Wunden, seltsame »Einschnitte«, bluteten aber nicht. Die Einheimischen munkelten, daß vielleicht UFOs damit zu tun hätten. Tatsächlich wurden in jenen Jahren in den betroffenen Regionen »silberne Scheiben« gesichtet, die häufig sehr tief flogen, so daß sie manchmal die Bäume berührten.

Auch im Dezember 1974 überflog Al Madsen wie so oft in einer kleinen Sportmaschine die Wiesen und Felder vom Meeker County, Minnesota, USA. Plötzlich sah der Pilot etwas Seltsames. Mitten im weißen Schnee gab es kreisrunde, grüne Flächen, einzeln oder in Gruppen in geradezu als schön zu bezeichnenden Formationen.

Was mochte die Kreise verursacht haben? Sie sahen so aus, als ob da runde Flugobjekte gelandet seien, als ob ihre »Auspuffgase« den Schnee zum Schmelzen gebracht hätten. In einer dieser Kreisflächen lag eine tote junge Kuh. Sie war verstümmelt. Mit der für solche Fälle typischen Präzision waren die Augen, das linke Ohr, die Zunge und ein Teil der Lippe entfernt worden. Von wem? Der Schnee um die Kreise war nach wie vor jungfräulich weiß, funkelte unschuldig im Sonnenlicht. Keinerlei Spuren waren auszumachen, nicht ein einziger Fußabdruck. Da war einfach nichts.

Die Tierquäler müssen aus der Luft gekommen sein. Waren es Außerirdische, die mit ihren UFOs die Kreise erzeugt hatten? Darüber diskutierte man nicht nur in UFO-Kreisen.

Es gibt nun auch Zeugenaussagen, die klar und eindeutig belegen, daß kleinwüchsige Wesen aus dem All von der Art, wie sie im und am Wrack des Roswell-UFOs tot aufgefunden worden sind, verantwortlich für die Tierverstümmelungen sind. Eindeutig belegt scheint auf alle Fälle ein Zusammenhang zwischen UFO-Phänomen und Tierverstümmelungen.

Im Frühjahr 1980 beobachtete ein Farmer aus dem Milam-Bezirk, Texas, wie zwei »kleinwüchsige Wesen ein Kalb davontrugen«. Die seltsamen Gestalten waren etwa 1,50 bis 1,60 Meter groß, hatten schrägstehende Augen. Der Zeuge war »entsetzt und rannte davon«. Erst drei Tage später wagte er sich, zusammen mit seiner Frau und seinem Sohn, an den Ort seiner unheimlichen Begegnung zurück. Dort fanden sie das Kalb, gräßlich verstümmelt. Die Hufe waren mit chirurgischer Präzision entfernt worden, ebenso die Schädelknochen. Die Haut war dem armen Tier abgezogen, die Rippen waren entfernt worden. Die abgezogene Haut lag, umgestülpt und pervers-ordentlich gefaltet, neben dem Kadaver.

Im Mai 1980 war Myrna Hansen mit ihrem fünfjährigen Sohn im Auto unterwegs. Sie näherten sich gerade Cimarron, New Mexico, als ihnen abseits der Straße »zwei Wesen« auffielen. Die weißgekleideten Gestalten traktierten eine Kuh, die grauenhafte Schmerzensschreie ausstieß. Frau Hansen hielt an und rief den Wesen empört zu, sie sollten das arme Tier gefälligst in Ruhe lassen. Just in diesem Augenblick tauchten zwei »riesige hell erleuchtete UFOs am Himmel auf, direkt über dem Auto«.

Was dann geschah, versuchte Myrna Hansen zu verdrängen, zu vergessen. Erst unter Hypnose war sie in der Lage zu beschreiben, was ihr widerfahren war.

Zusammen mit ihrem Sohn wurde sie von den Fremden an Bord eines Raumschiffs verschleppt. Kleinwüchsige, graue Wesen unterzogen die Frau einer peinlichen, schmerzhaften vaginalen Untersuchung. In einem Raum im UFO sah sie eine menschenähnliche Gestalt, die in einem großen Behältnis, angefüllt mit einer rötlichen Flüssigkeit, schwebend schwamm.

Dr. Leo Sprinkle, der Myrna Hansen unter Hypnose befragte, faßt zusammen: »Kleinwüchsige Wesen mit unheimlich wirkenden dunklen Augen untersuchten Frau Hansen eingehend medizinisch. Sie tasteten ihren ganzen Körper ab, besonders die Bauchregion. Sie widmeten besonders dem Mundraum große Aufmerksamkeit. Und sie entnahmen den Eierstöcken mehrere Ovarien. Die Fremden kamen schließlich zu dem Ergebnis, Myrna Hansen sei ›zu jung‹, erklärten aber nicht, was sie damit meinten.«

Myrna Hansens Sohn konnte sich ohne Hypnose an die Ereignisse an Bord des UFOs erinnern. Der Junge betonte, daß die Fremden ihn hätten wissen lassen, daß es ihre Absicht sei, die Welt zu kontrollieren.

Mount Vernon, Missouri, USA, im Juli 1983. Ron und Paula Watson saßen nach einem arbeitsreichen Tag auf der gemütlichen Veranda des Wohnhauses ihrer Farm. Der Tag war heiß gewesen, man erwartete ein Gewitter. So waren die Bauersleute nicht weiter verwundert, als sie eine Art von Wetterleuchten aufblitzen sahen. Und doch beunruhigte sie etwas, irgend etwas schien nicht zu stimmen. Einerseits waren die Blitze, der Helligkeit nach zu urteilen, sehr nah. Es kam den Watsons so vor, als ob sie nur unweit von ihrer Farm entfernt einschlugen. Andererseits hätte man dann aber lauten Donner hören müssen. Doch nicht einmal leises Grollen war zu vernehmen.

Ron und Paula wurden zusehends nervöser, ohne wirklich zu wissen, warum. Schließlich holten sie ein Fernglas aus dem Haus, durch das sie abwechselnd die Wiesen und Felder in ihrer unmittelbaren Umgebung absuchten.

Auf der Weide eines Nachbarn, sie liegt auf der anderen Seite der Straße, die zu ihrem Haus führt, machten sie durch das Fernglas eine unheimliche Entdeckung. Sie sahen zwei »kleinwüchsige Gestalten in silbrig glänzenden Anzügen«. Die Wesen standen oder kauerten bei einer Kuh, die am Boden lag. Die Wesen »befummelten« das Tier »mit merkwürdigen Bewegungen«. Die Kuh lebte noch, sie atmete, wie die Watsons erkennen konnten, schien aber irgendwie bewegungsunfähig, gelähmt zu sein. Und plötzlich »schwebte die Kuh zusammen mit den kleinwüchsigen Wesen« in Richtung eines kegelförmigen Objekts, das silbrig glänzend im Hintergrund auf einer Wiese stand.

Ron Watson: »Erst sahen wir das Vehikel fast gar nicht, weil seine Oberfläche wie ein Spiegel Gras, Büsche, Bäume und Himmel reflektierte.«

Im glänzenden Objekt war eine Öffnung zu sehen. Auf diese »Tür« zu bewegten sich die kleinwüchsigen Wesen zusammen mit der Kuh schwebend, in der Luft driftend. Sie verschwanden in der Tür. Sekunden später war auch das UFO nicht mehr zu sehen.

Das Beobachtete wirkte so seltsam und so unwirklich auf die Watsons, daß sie fast an der Realität des von ihnen aus geringer Entfernung Miterlebten zweifelten. Bald aber erfuhren sie vom Nachbarn, daß eine seiner Kühe spurlos von der Weide »verschwunden« sei. Aber der Mann wollte nichts von dem hören, was Ron und Paula beobachtet hatten, er fiel ihnen ins Wort, sobald sie davon zu reden begannen. Also ließen sie es schnell bleiben.

Bei Ron und Paula hinterließ das Erlebnis mehr als nur oberflächliche Spuren. Sie wurden seit ihrer Beobachtung von rätselhaften Angstgefühlen, drückender Beklemmung heimgesucht, so daß sie schließlich besorgt einen Psychologen aufsuchten und um Hilfe baten. Der stellte rasch fest, daß das, was die Watsons gesehen hatten, langsam, aber sicher vom Ehepaar verdrängt und vergessen wurde. Ihre Psyche war massiv beeinflußt worden.

Psychologe John Carpenter, den viele wissenschaftliche Auszeichnungen schmücken, stellte fest: »Die Eheleute wußten damals nicht, was mit der Kuh geschah, Paula reagierte besonders intensiv auf das Erlebnis. Sie bat Ron flehentlich, auf keinen Fall die Straße zu überqueren, unter keinen Umständen dürfe er sich dem UFO nähern.«

Von Dezember 1991 bis Januar 1992 wurden die Staaten Oklahoma, Missouri und Kansas von etwas Unheimlichem heimgesucht. Zurück blieben unzählige getötete und verstümmelte Tiere. Und gleichzeitig wurden in den jeweils betroffenen Gebieten UFOs gesichtet. So sahen Mike Markum und seine Frau »UFOs, die, als wir die Landstraße entlangfuhren, direkt über uns schwebten. Es waren zwei Flugobjekte. Das eine war plötzlich verschwunden, wie abgeschaltet, das andere hielt in seinem Flug inne und startete dann. Kein Geräusch war zu hören.«

Im Januar 1993 häuften sich Meldungen von Tierverstümmelungen in Alabama. Ein Zentrum des schrecklichen Geschehens war Fyffe. Polizeibeamter Ted Oliphant: »Gleichzeitig gab es eine Vielzahl von UFO-Meldungen im gleichen Gebiet. Zahllose Zeugen beobachteten geheimnisvolle Lichter am nächtlichen Himmel. Ein Farmer meldete, er habe zwei Stunden nach Mitternacht ein rot-orangenes Flugobjekt am Himmel über einer Wiese gesehen. Es pulsierte und hatte etwa die Größe des Vollmonds.« Am Nachmittag des gleichen Tags fand er auf eben dieser Wiese eine verstümmelte Kuh.

Andere Zeugen beobachteten kleinere bewegliche Flugobjekte am Himmel. Sie seien etwa zwei- oder dreimal so hell wie die Venus gewesen.

Die Cherokee-Indianer begrüßen die UFOs wie alte, aber gefürchtete Bekannte. In ihrer Sprache heißen sie »Atsildi-hye gi«, was sich mit »Feuer-« oder »Lichtbringer« übersetzen läßt –lateinisch: Luzifer. Sie sollen bereits im 16. Jahrhundert gesichtet worden sein.

Die Indianer sahen auch einen Zusammenhang zwischen den »Lichtbringern« und den Viehverstümmelungen. Was aber genau geschah, wollten sie nicht wissen, betrachteten sie schaudernd als »schreckliches Geheimnis«. Tote Tiere, die den fliegenden Wesen zum Opfer gefallen waren, vergruben die Indianer so rasch wie möglich. Ihre Angst vor dem Phänomen war sehr groß.

Cedar Bluff, Alabama. 21. Februar 1993. Familie Beard beobachtete ein hell leuchtendes UFO gegen 19.30 Uhr. Pat Beard: »Es stand direkt über unserem Haus!« Durchs Fernglas betrachtet, wurden Details erkennbar, die mit bloßem Auge nicht auzumachen waren. James Beard: »Da war der große Körper und um ihn herum drehten sich rote, blaue und grüne Lichter.«

Plötzlich verschwand das große Objekt, und kleine »Blitzlichter« tauchten auf. Oder war das »Mutter-UFO« noch an Ort und Stelle, und man nahm nur Lichter daran wahr, ohne den Hauptkörper mehr sehen zu können?

Gegen 20.30 Uhr wurde das große Objekt wieder sichtbar – in kunstvoller Formation mit einer Reihe kleiner Lichter. Zehn Minuten später waren die UFOs wieder verschwunden.

Mitte Januar 1993 hatte die Familie Watkins in Geraldine, Alabama, USA, ein traumatisch erschreckendes Erlebnis. Pfarrer Roger Watkins, seine Frau Betty und Sohn Chris, damals im Teenageralter, wurden durch höllischen Lärm geweckt.

»Es war, als würde ein gewaltiger Tornado mitten durchs Haus gehen. Das Haus erbebte, ich glaubte, es würde wohl

gleich einstürzen«, erinnert sich Roger Watkins verschämt. Er sprang aus dem Bett, hastete aus dem Schlafzimmer. Durch ein Fenster sah er ein gewaltiges UFO, das höchstens 20 Meter vom Haus entfernt keine drei Meter über dem Boden schwebte. Pfarrer Watkins, dessen Aussagen sich mit den Beobachtungen von Sohn Chris decken: »Es hatte die Form eines Tellers mit pulsierenden Lichtern rundum.« Das UFO glänzte silbrig-hell. Roger Watkins schätzte das monströse Ding im Durchmesser auf 45 Meter. Sohn Chris, der das Schauspiel durch ein anderes Fenster als der Vater beobachtete: »Ich hatte wahnsinnige Angst und befürchtete, daß Jesus gekommen war, um Mama und Papa in den Himmel zu holen.«
Angst hatte auch Betty Watkins. Zitternd verkroch sie sich im Bett, wagte es nicht, auch nur einen Blick aus dem Fenster zu werfen.
Wenige Tage später fand Waymon Buttram eine seiner Kühe tot auf der Weide liegend. Das muskulös-stämmige Tier, eine Angus-Brahma-Mischung, wog etwa 1300 Pfund und hätte sich gewiß zu verteidigen gewußt. Wer oder was das Tier auch tötete, nahm chirurgische Eingriffe vor und entfernte Gewebe aus dem Bereich des linken Kiefers.
Dr. Rick Sharpton, Tierarzt und Direktor des »Boaz Drug Laboratory«, untersuchte das tote Tier gründlich. »Ich weiß nicht, was ihm widerfahren ist, kann aber mit Sicherheit sagen, daß die Gewebeteile mit einem scharfen Instrument entfernt worden sind.«
Zwei Tage später wurde in Crosville, Alabama, ein totes Kalb auf der Weide gefunden. Am Rücken und im Bereich der Rippen fehlten größere Teile Fleisch, teilweise waren die Knochen sauber bloßgelegt. Sie waren aber nicht abgenagt. Überhaupt fanden sich keine Bißwunden, nichts ließ auf eine »natürliche Todesursache« schließen. Teile sowohl der Luft- als auch der Speiseröhre waren chirurgisch ent-

fernt worden. Dr. Mike Creel: »Was es auch getötet hat, Raubtiere waren es nicht!« Außerirdische? Dr. Creel: »Kein Kommentar!«

Sternen-Menschen und Tierverstümmelungen

Die Fakten liegen auf dem Tisch. Sie belegen, daß es einen direkten Zusammenhang zwischen UFO-Sichtungen und Tierverstümmelungen gibt. Zahllose UFOs wurden in unmittelbarer Nähe von dahingemetzelten Tieren beobachtet. Darüber hinaus sagen zahllose Zeugen ganz konkret aus, daß sich außerirdische Wesen als brutale Experimentatoren betätigten. In der Regel werden diese außerirdischen Wissenschaftler als kleinwüchsige Wesen mit unpassend groß wirkenden Köpfen und schrägstehenden, unheimlich schwarzen Augen beschrieben. Diese Fremden sind auch den Cherokee-Indianern seit Jahrhunderten bekannt. Sie nennen sie »Yunwi Tsundi«, »kleine Leute«, aber auch, noch deutlicher, Sternenmenschen.

Dr. Henry Moneith arbeitete viele Jahre als Physiker bei den Sandia Laboratories. Nach seiner Pensionierung widmete er sich der Erforschung des Viehverstümmelungsphänomens. Er bereiste zahlreiche Staaten der USA, stets auf den Spuren der unheimlichen Verstümmler. Er führte auch so manches Gespräch mit Indianern. »Die Cherokee sind sehr zurückhaltend, wenn es um die Fremden geht. Das Thema ist ihnen unheimlich. Sie sprechen nicht gern darüber. ›Die Sternenmenschen‹ töten die Tiere … sagen sie. Und daß die Besucher aus dem All sehr genau wüßten, was sie tun. Die Indianer fordern: Man muß den Sternenmenschen vertrauen!«

1992 sprach ich in Atlanta einen Missionar, der den Cherokee-Indianern den katholischen Glauben beibringen sollte. Wenn man mit dem hageren, etwas gestreng wirkenden Herrn von fast 60 Jahren spricht, bekommt man freilich den Eindruck, daß er mehr den Glauben der Cherokee angenommen hat als umgekehrt die »Ungläubigen« den christlichen. Auf den ausdrücklichen Wunsch des Missionars hin wahre ich seine Anonymität. Er fürchtet Repressalien von seiten seiner Kirche. Der Theologe: »Die Indianer verstehen beim christlichen Glauben das göttliche Gebot nicht, man solle sich die Erde untertan machen. Sie fühlen sich bewußt als Teil der Natur, die sie geradezu als etwas Heiliges erachten, nicht als etwas, über das sie frei verfügen können oder dürften.«

Auch mein Gesprächspartner bestätigte die Aussagen von Dr. Henry Moneith: »Die Sternenmenschen arbeiten demnach an einem langfristigen wissenschaftlichen Projekt, vertrauten mir Cherokee an. Sie wählen sorgsam bestimmte Tiere aus, töten sie nicht willkürlich. Die für die Experimente bestimmten Tiere werden markiert und langfristig beobachtet.«

Howard Burgess, langjähriger Wissenschaftler am Sandia Laboratorium, Albuquerque, New Mexico, untersuchte als einer von sehr wenigen Wissenschaftlern, ob verstümmelte Tiere in irgendeiner Form gekennzeichnet worden waren. Tatsächlich kam der Wissenschaftler zum Schluß, daß die massakrierten Tiere vorher gekennzeichnet worden waren, was freilich nur unter ultraviolettem Licht zu sehen war. Die verwendete Substanz wurde von Mitarbeitern der »Schoenfield Clinical Laboratories« in Albuquerque untersucht und stellte die beteiligten Wissenschaftler vor ein Rätsel: Es war ein Gemisch aus metallischen und organischen Stoffen, das nach etwa einem Monat, warum, konnte nicht ermittelt werden, seine Leuchtkraft verlor.

Es sieht also wirklich so aus, daß außerirdische Experimentatoren tatsächlich, nach welchen Kriterien auch immer, bestimmte Tiere auswählen, eventuell einige Zeit beobachten und dann in ihren grauenhaften Versuchen verstümmeln und töten. Jene wissensdurstigen, experimentierfreudigen außerirdischen Wissenschaftler interessieren sich freilich nicht nur für das Tierleben auf der Erde, sondern auch für uns Menschen. Und sie beschränken sich keineswegs darauf, uns aus der Distanz zu beobachten. Sie entführen immer wieder auch Menschen an Bord ihrer Raumschiffe.

Alle Entführungsopfer fühlen sich dabei mißbraucht, mißhandelt. Nicht selten stellen sie später die Frage: »Warum haben sie uns nicht wenigstens gefragt?« Carl Nagaitis und Philip Mantle widmeten diesem Thema ein ganzes Buch. Titel: »Without consent« (»Ohne Zustimmung«). (Anmerkung: Eine deutsche Übersetzung liegt noch nicht vor.)

19 »Missing time« – gestohlene Zeit

Das Phänomen der »gestohlenen Zeit« tritt stets in Verbindung mit Aufenthalten an Bord fremder Raumschiffe auf ... vor Jahrtausenden wie in der aktuellen Gegenwart.

Der erste Mensch, der an Bord eines Raumschiffs verschleppt wurde, war Adam. Im altjüdischen Text »Leben Adams und Evas« heißt es, daß der sprichwörtlich erste Mensch ein außerirdisches Flugvehikel am Firmament erspähte.

Ich zitiere wörtlich: »Da sah ich gleich einem Winde einen Wagen, und seine Räder waren feurig.« Sodann wurde Adam an Bord des Raumschiffs entführt: »Ich wurde entrückt.«

Vermutlich lernte er auch den Kapitän des Vehikels kennen: »Ich sah ... den Herrn ... da sitzen.«

Und dann klafft eine Lücke. In Adams Erinnerung wie im Text. Wurde Adam just ins fremde Raumschiff entführt, so wird er auch schon wieder zurückgebracht: »Er brachte mich an jenen Ort, von dem er mich entrückt.«

An das, was zwischenzeitlich geschah, kann sich Adam nicht mehr erinnern.

Ähnliches geschah auch Joseph ... freilich nicht dem biblischen, sondern Joseph Joslin ... und nicht in grauer Vorzeit, sondern anno 1897.

Joseph Joslin gehörte gegen Ende des 19. Jahrhunderts zu den vielen Menschen, die in zahlreichen Staaten der USA UFOs beobachteten. Doch Joseph Joslin kam in den Genuß recht enger Kontakte.

Am Abend des 23. April 1897 war der Zeuge auf der Skinker Road in Forest Park, Michigan, unterwegs. Da fuhr ein riesiges Luftschiff vom Himmel herab. Fremdartige Wesen zerrten den Entsetzten an Bord ihres Raumschiffs ... und ließen ihn erst nach drei Wochen wieder frei.

An diese drei Wochen konnte er sich anschließend überhaupt nicht mehr erinnern. »Die Fremden haben mich unter Hypnose in ihr Luftschiff entführt!« stammelte er später immer wieder. Und: »Es waren winzige, zwergenähnliche Wesen!«

Heute würde man Joseph Joslin im Forschungslabor unter Hypnose befragen, versuchen, an die verdrängten Erinnerungen des Entführungsopfers heranzukommen.

Ein solches Vorgehen ist heute in der UFO-Forschung schon Routine geworden, wenn man das Phänomen der »fehlenden Zeit« untersucht. Dann werden oft erstaunliche Erkenntnisse zutage gefördert. Wie etwa im Fall der Judy Doraty.

Der Fall Doraty

Judy Doraty aus Houston, Texas, USA, erlebte das Phänomen der fehlenden Zeit am eigenen Leibe. Im Mai 1973 hatte sie zusammen mit der Familie einen harmonischen Abend beim Bingospiel auswärts verbracht. In heiter-gelöster Stimmung befand sich die Familie auf dem Nachhauseweg zur heimischen Wohnung, als den fünf Familienmitgliedern eine Leuchterscheinung am Himmel auffiel. Etwas Gleißendes flog über ihrem Auto dahin, schien sie zu verfolgen. Man hielt an, wollte das Phänomen in Ruhe beobachten. Judy Doraty stieg aus dem Auto, verließ den Wagen – und fand sich unvermittelt plötzlich wieder im Auto, so als sei sie nie ausgestiegen. Ihr fehlte ein Stück Zeit, ein kleines Stück ihres Lebens war ihr gestohlen worden.

Was war in diesem irgendwie »gelöschten« Zeitabschnitt geschehen? Daran konnte (oder wollte?) sich Judy Doraty nicht erinnern. Irgend etwas mußte aber geschehen sein, denn jetzt war ihr unbeschreiblich schlecht, und sie hatte großen Durst. Man setzte die Autofahrt fort und nahm, als man zu Hause ankam, erneut ein unheimliches Lichtphänomen wahr. Auf einem Feld nahe der Wohnung landete ein UFO. Deutlich waren an dem runden Flugkörper eine Reihe von Lichtern und mehrere Fenster auszumachen.

Judy Doraty verfiel in panische Angst. Ohne zu wissen, warum sie so reagierte, schrie sie ihre Kinder an. Sie sollten sich unter keinen Umständen dem UFO auch nur nähern.

Was Judy auch erlebt hatte, es zeigte Wirkung. Von nun an wurde sie von grauenhaften Alpträumen heimgesucht und litt unter starken Kopfschmerzen, für die es keine medizinische Erklärung gab. Erst 1979 wagte sie es, den Dingen auf den Grund zu gehen. Sie ließ sich unter Hypnose befragen, um endlich herauszufinden, was in jener Nacht im Mai 1973 geschehen war.

Schon die erste Hypnosesitzung ergab: Judy sah damals im Mai 1973, als sie aus dem Auto gestiegen war, ein UFO am Himmel schweben. Es sandte einen gelben Strahl aus. In diesem Licht wurde, wie sie entsetzt bemerkte, ein »kleines Tier nach oben gezogen. Richtung UFO.«

Am 13. März 1980 wurde Judy Doraty nochmals hypnotisiert, von Dr. Leo Sprinkle, dem es gelang, die Gedächtnisblockade bei Frau Doraty zu brechen. Der langjährige leitende Mitarbeiter der University of Wyoming in Laramie hatte schon damals einen exzellenten Ruf als seriöser Arzt und Wissenschaftler. Nach und nach tauchten immer klarer werdende Erinnerungen an jene gespenstische Nacht auf. Es war ein braun-weißes Kälbchen, das da mit einem gelblichen Lichtstrahl an Bord des UFOs gezogen, irgendwie gesogen wurde. Und dann waren da erschreckende Bilder von zwei kleinen Wesen, die am Kalb herumoperierten. Sie entnahmen Gewebe aus den Augen des Tieres, aus seiner Zunge und aus den Hoden. Dann ließen sie das verstümmelte Tier – tot – auf die Weide zurückschweben, wieder in einem gelblichen Lichtstrahl.

Judy Doraty: »Ich hatte den Eindruck, daß es den Wesen, die die operativen Eingriffe durchführten, darauf ankam, daß das Tier bei den entsetzlichen Prozeduren lebte, daß sein Herz noch schlug.«

Weitere, noch erschreckendere Erinnerungen traten zutage. Judy sah ihre Tochter Cindy. »Sie lag auf einem Tisch, umringt von seltsamen Wesen, die mit Instrumenten in ihrem Mund arbeiteten.«

Dr. Sprinkle: »Man muß davon ausgehen, daß Judy Doraty und ihre Tochter beide an Bord eines UFOs entführt worden sind.«

Auch Tochter Cindy wurde unter Hypnose nach den Geschehnissen mit dem UFO befragt. Wie John Carpenter feststellen konnte, hatte die bei der Befragung 22jährige exzellent exakte Erinnerungen an die sieben Jahre zurückliegenden Ereignisse.

Sie hatte eben das Auto verlassen. Grelles Licht blendete sie. Sie versuchte, die Augen mit den Händen gegen das Gleißen abzuschirmen. »Es ist so hell und fühlt sich warm an auf meiner Haut.« Zusammen mit ihrer Mutter überquerte sie ein Feld. Die beiden Frauen wurden vom UFO wie magisch angezogen, hatten Angst. Dann sah Cindy »furchteinflößende Gestalten«. »Sie sahen wirklich erschreckend aus.« Mehrere Wesen näherten sich den Frauen. Eines führte Cindy am Arm, sie folgte, mußte folgen, war wie willenlos. Zwei weitere Wesen schauten aus einiger Entfernung zu. »Es war, als würde ich eskortiert.«

Die Fremden waren etwa 150, vielleicht 155 Zentimeter

groß. Ihre Augen glichen denen von Insekten, waren schwarz wie die Nacht. Statt eines Mundes hatten sie nur schmale Schlitze, wie Striche im Gesicht. »Sie gingen irgendwie komisch, wie Roboter!« erinnerte sich Cindy deutlich. Sie näherte sich dem Lichtstrahl aus dem UFO. Er traf die junge Frau. »Es kam von der Unterseite des UFOs. Es fühlte sich seltsam an, irgendwie feucht.«

Auch Cindy sah, wie das Kälbchen vom Lichtstrahl ins UFO gezogen wurde. »Es bewegte sich. Es schien zu schreien. Aber ich hörte nichts.« Cindy fühlte sich wie in einem Alptraum. Und wußte doch, daß das Schreckliche wirklich geschah. »Das Kälbchen bewegte sich und schwebte dabei in den Himmel, zum UFO. Verzweifelt trat es mit den Beinen.« Cindy sah sein Maul, meinte, das Tier würde weinen, hörte aber keinen Laut. Sie sah es höher und höher steigen, bis es im UFO verschwunden war.

Es wurde Cindy schwarz vor Augen. Sie fand sich unvermittelt im UFO wieder. Aus ihrer Beschreibung: »Es war ein runder Raum, wirklich alles war rund. Und alles war stahlgrau. Dann war da eines dieser Wesen, was es auch war. Es hatte Augen wie ein Insekt. Sein Kopf war rundlich, das Kinn war spitz, wie bei einer Ameise. Es hatte dürre Arme und Beine, war insgesamt eher mickrig. Hände hatte es nicht, sondern Krallen.« Das Wesen starrte in ein Ding, das Cindy an einen Fernsehaparat erinnerte.

Sie wurde auf einen Tisch gebracht. »Wie auf eine Plattform. Zwei der Wesen näherten sich.« Cindy fiel auf, daß sie keine Haare auf den »Insektenköpfen« hatten. Sie schnallten die fünfzehnjährige Cindy am Tisch fest. »Ich hatte Angst, versuchte nach einem der Wesen zu treten.« Drei, vier der Wesen »behandelten« Cindy. Mit kalten Augen, die Cindy an die von Reptilien erinnerten, fixierten sie das Mädchen. Eines der Wesen griff nach ihrem Gesicht. »Es war, als ob es mein Gesicht festhalten wollte, als ob es mich küssen wollte, aber das würde es nicht tun. Ich wollte diese Wesen loswerden, abschütteln. Ich wußte nicht, was sie mir antun würden.« Mit einem metallenen Instrument berührten sie die Stirn des vor Angst schlotternden Teenagers. Dann änderten sich die Gefühle des Mädchens, sie war urplötzlich ruhig und entspannt, als habe man ihr ein Beruhigungsmittel verabreicht. »Sie faßten mich an. Befühlten mich. Sie betasteten meine Hüfte, meinen Nabel. Es waren drei von diesen Wesen. Und eines zwinkerte mir zu.«

Eines der Wesen schob ein »L-förmiges« Instrument durch Cindys Mund in ihren Hals. Das »Ding« war zwölf, vielleicht sogar 15 Zentimeter lang. Sie schoben es so tief in Cindys Hals, daß sie würgen mußte, das Gefühl bekam, gleich erbrechen zu müssen. Sie spürte etwas in ihrem Hals, ein Kratzen. Die Wesen bewegten den Kopf des Mädchens hin und her, wirkten dabei kalt und gefühllos. Das Mädchen war kein menschliches Individuum für sie, nicht einmal ein hilf- und wehrloses Geschöpf zur Befriedigung perverser sexueller Gelüste. Cindy war nur ein Exemplar einer Gattung »Lebewesen«, die für Tests geeignet sind. Cindy wurde bewußt, daß ihre Mutter zu ihr herübersah. Sie hörte ihr Schreien, angstvoll in Panik. »Das ist meine Tochter!«

Judy Doraty unter Hypnose: »Sie untersuchten mein Mädchen. Ich hatte Angst, daß sie sie verletzen würden, ihr etwas wegschneiden würden. Sie entnahmen winzige Proben aus ihrem Mund, mit einem Instrument. Für sie schien es Routine zu sein. Sie behandelten meine Tochter wie ein Versuchstier im Labor.«

Auch das Kalb wurde von den Fremden untersucht. Cindy wurde übel, weil sie sah, wie Teile aus seinem Körper herausgeschnitten wurden, wie sie die Stückchen sorgsam ablegten. Sie saugten Flüssigkeit aus den Proben, spritzten et-

240

was hinein. Die Wesen versuchten dabei auch, Cindy und Judy zu beruhigen. Judy erfuhr, daß die Fremden schon »einige Zeit« Erde und Wasser testeten, Vegetation und Tiere »untersuchten«. Diese Mitteilung konnte Judy nicht als sonderlich beruhigend empfinden, auch nicht als tröstlich.

Die Entführung in ein außerirdisches Raumschiff war ganz offensichtlich ein traumatisches Horrorerlebnis für beide Frauen. Die Geschehnisse hatten die beiden so grundlegend verunsichert, ja in Panik versetzt, daß sie die Erinnerungen ins Unterbewußte verdrängten, um sich nicht bewußt mit dem erlebten Unbegreiflichen auseinandersetzen zu müssen.

Doch auch noch unter Hypnose bereitete es Cindy Probleme, sich an manche Details ihres Martyriums zu erinnern. So ging der Therapeut John Carpenter sehr einfühlsam vor und nahm sich viel Zeit. In einer zweiten Hypnosebefragung erinnerte sich Cindy an weitere »vergessene« Einzelheiten. Sie sah vor ihrem geistigen Auge wieder das Labor an Bord des UFOs. Im Boden des Raums waren »Röhren« eingelassen. Sie nahm auch Behältnisse wahr, in welche die Teile des verstümmelten Kalbs sorgsam gelegt wurden, als benötige man sie noch für weitere Tests.

Unter Hypnose tauchten immer schrecklichere Bilder auf. »Da war ein Wesen, eine dieser Gestalten, ich denke, es war eine Frau. In ihren dreifingerigen Klauen hielt sie ein Skalpell. Sie hatte eine abgeschnittene, große Zunge, von der sie anscheinend die Haut löste. Als würde sie eine Karotte schälen.« Cindy bekam panische Angst. Wollte man auch ihre Zunge herausschneiden?

Aus den Wänden ragten Röhren heraus, in die steckten die Wesen Gewebeproben vom Kälbchen. Überall im Raum schienen Teile von Tieren zu liegen, wissenschaftliche Präparate. Eine abgeschnittene Hundeschnauze, die Knochen teilweise penibel von Haut und Fleisch befreit, die Zähne lagen bloß. In einem gläsernen Behältnis schwamm ein Schweinefötus in einer gallertartigen Masse. Auf einem Tisch lagen zwei Vögel, wahrscheinlich ein Eichelhäher und ein Spatz, beide tot.

Der Fall Walton

1975 wollte die amerikanische Regierung im Sitgraves National Park in Arizona Holzfällerarbeiten ausführen lassen. Auf die amtliche Ausschreibung hin bewarben sich mehrere Firmen, der Auftrag wurde schließlich einer Gruppe von sieben Männern zugesprochen, zu der auch die Brüder Travis und Duane Walton gehörten. Am Abend des 5. November befanden sich die Männer nach einem arbeitsreichen Tag auf dem Rückweg zu ihrem Quartier. Von ihrem LKW aus sahen sie »ein großes goldenes UFO«, das niedrig über den Baumwipfeln schwebte. Es hatte die Form eines Diamanten, an der Oberseite befand sich so etwas wie eine Kuppel. Übereinstimmend erklärten später die sieben Zeugen, deutlich Fenster wahrgenommen zu haben.

Den Holzfällern war unheimlich zumute. Sollten sie das UFO vom LKW aus beobachten oder einfach weiterfahren? Sie hielten an. Travis Walton wollte sich die Sache näher ansehen, sprang aus dem Fahrzeug und rannte in Richtung UFO. Seine Kollegen schrien ihm nach, forderten ihn auf zurückzukommen. Travis Walton aber hörte nicht auf sie.

Ein blauer Lichtstrahl schoß aus dem Flugobjekt, traf Travis und schleuderte ihn zu Boden. Seine Kollegen packte die Angst. Sie fuhren in Panik davon, direkt zur nächsten Polizeistation. Sheriff Ellison organisierte sofort einen

Suchtrupp. Drei von Waltons Kollegen weigerten sich, mit in den Wald zurückzukehren. Sheriff Ellison: »Einer der Männer weinte. Wenn sie logen, dann waren es verdammt gute Schauspieler.«

Zweifel an der Geschichte wurden laut. War der verschwundene Arbeiter etwa von seinen Kollegen ermordet worden? Hatten sie sich die UFO-Geschichte nur ausgedacht, um ein brutales Verbrechen zu vertuschen? So wurden die Männer einem Lügendetektortest unterzogen. Cy Gilson, ein Verwaltungsbeamter: »Der Test ergab, daß die Männer die Wahrheit sagten!« Trotzdem zweifelten die Behörden an ihren Aussagen. Travis Walton blieb für fünf Tage spurlos verschwunden.

Als er plötzlich wieder erschien, konnte sich Travis Walton an die verstrichenen 120 Stunden nicht mehr erinnern. Fünf Tage waren ihm gestohlen worden. Von wem?

Unter Hypnose kehrten seine Erinnerungen an unheimliche Erlebnisse zurück. Demnach war der Holzfäller an Bord des UFOs genommen und dort medizinisch untersucht worden. Er beschrieb bleichhäutige Wesen mit unnatürlich großen Köpfen und unpassend großen Augen. Anscheinend herrschte unter den Außerirdischen Uneinigkeit darüber, wie weit die Untersuchung des Erdlings gehen sollte. Einer Gruppe schwebte offenbar sogar vor, ihn zu töten und zu sezieren. Sie konnte sich aber nicht durchsetzen. Zwei »menschenähnliche Wesen mit durchsichtigen Helmen auf den Köpfen«, so Walton, hätten ihn schließlich gerettet und in den Wald zurückgebracht.

Dr. Gene Rosenbaum aus Durango, Colorado, unterzog den Entführten einem Lügendetektor-Test. Sein Ergebnis: »Dieser junge Mann lügt nicht. Er glaubt wirklich, was er erzählt.«

Über den für den Holzfäller so glimpflich verlaufenen Entführungsfall konnten sich seine Kollegen wirklich freuen.

Sie wären sicher des Mordes angeklagt worden, ja sogar ins Gefängnis gewandert, wäre Travis Walton verschwunden geblieben oder gar als verstümmelte Leiche gefunden worden, zugerichtet in der Art, wie man das von den Animal-Mutilations zur Genüge kennt.

Der Walton-Fall wurde ausführlich in der US-Presse behandelt. Eine auflagenstarke Zeitung der Sensationspresse zahlte den Holzfällern eine Belohnung von 5000 US-Dollar, was Anti-UFO-Sektierer, ungeachtet der positiv verlaufenen Lügendetektortests, zur Aussage verleitete, die Männer hätten wegen dieser Belohnung die Geschichte erfunden.

Inzwischen sind zwei Jahrzehnte seit der Entführung des Holzfällers verstrichen. Keiner der beteiligten Männer ist je von der Geschichte auch nur einen Deut abgerückt. Dabei wäre für jeden einzelnen von ihnen ein kleines Vermögen zu verdienen gewesen, mit dem Geständnis, alles sei erfunden gewesen.

Travis Walton hatte Glück gehabt. Das kann man von Jao Prestes Filho leider nicht sagen. Der Bauer aus Aracriguama, Brasilien, hatte schon 1946 ein Erlebnis, das ganz so wie das von Travis Walton begann, aber tragisch endete. Auch er wurde von einem Lichtstrahl getroffen, er stand dabei vor seinem Häuschen. Auch er wurde zu Boden geschleudert, konnte sich aber aufrappeln und zum Haus seiner Schwester schleppen. Er verspürte zwar zu keinem Zeitpunkt Schmerzen, sein Körper verfiel aber in grauenerregender Weise. Mitfühlende Dorfbewohner sahen entsetzt, wie sich sein Fleisch von den Knochen zu lösen schien, so als sei sein Körper gekocht worden. Haut und tiefe Gewebeschichten lösten sich ab. Bald konnte er nicht mehr sprechen, blieb aber stets bei vollem Bewußtsein. In Panik versuchte man, den armen Mann auf einem Karren ins nächste Krankenhaus zu schaffen. Sechs Stunden, nachdem er vom Lichtstrahl getroffen worden war, starb Jao Prestes Filho. Als sein Körper ins heimatliche Dorf zurückgebracht wurde, hatte sich der Leichnam sehr stark verändert. Er sah »wie verwest« aus und wurde sofort, ohne daß eine Untersuchung durchgeführt worden wäre, bestattet.

Tödlich dürfte auch am 20. August 1962 ein UFO-Kontakt für einen weiteren Brasilianer ausgegangen sein. Am 1. 8. 1962 beobachtete Rivalino do Aleuia Mafra aus Duas Pontes »zwei kleinwüchsige Wesen«, die in der Nähe seines Hauses eine Grube aushoben. Als er sich den Gestalten näherte, startete ein »hutförmiges glühendes UFO«.

Am 20. August kehrten zwei UFOs wieder. Rivalino do Aleuia Mafras Sohn Raimondo schilderte später die Begebenheit der Polizei. »Ich sah zwei Kugeln in der Luft schweben, knapp einen Meter über dem Boden, sie waren groß, eine von ihnen war schwarz und hatte so etwas wie Antennen und einen kurzen Schwanz. Die andere war schwarzweiß, hatte die gleichen Umrisse.« Raimondo rief nach seinem Vater, der aus dem Haus gestürzt kam und sich den UFOs näherte. Raimondo: »Er ging zu den Objekten, blieb zwei Meter entfernt von ihnen stehen. Da verschmolzen die beiden Kugeln zu einer, die größer war als die beiden einzelnen Kugeln zuvor. Staub wurde aufgewirbelt, Rauch stieg auf, der Himmel wurde verdunkelt. Langsam kroch das Objekt auf meinen Vater zu, machte dabei eigenartige Geräusche.« Der Mann war von gelblichem Rauch eingehüllt, verschwand in einer Wolke. Raimondo rannte seinem Vater hinterher, konnte außer gelbem Rauch und Dunst nichts sehen. Panik erfaßte den jungen Mann. So laut er konnte, schrie er den Namen seines Vaters, bekam aber keine Antwort. »Schließlich wurde es wieder still. Der gelbe Rauch löste sich auf. Mein Vater war und blieb verschwunden.«

Wie im Fall Travis Walton vermuteten die Behörden ein Gewaltverbrechen. Raimondo wurde strengen Verhören unterworfen, Polizeichef Wilson Lasboa befragte ihn nach allen Regeln der Kunst, Priester Jose Avila Garcia erinnerte ihn an seine heilige Christenpflicht, die Wahrheit zu sagen. Die Psychiaterin Dr. Joan Antumes de Oliveira untersuchte den jungen Zeugen nach den Regeln ihres Berufsstandes. Sie kam zu dem Schluß, daß er die Wahrheit sagte. Die Polizeibehörden stellten ihre Untersuchungen und Nachforschungen ein, konnten keinen noch so geringen Hinweis auf ein »normales« Verbrechen finden.

Ein Zeuge meldete sich kurz darauf, der die Geschichte mit dem UFO bestätigte. Es war der angesehene Dr. Giovani Pereira, der Arzt von Duas Pontes. Der hatte am Tag, als Rivalino do Aleuia Mafra verschwand, »ein scheibenförmiges UFO ... gesehen«, und zwar ganz in der Nähe des Hauses des Verschwundenen.

Im Gegensatz zu Travis Walton tauchte Rivalino do Aleuia Mafra nie wieder auf. Kam er ums Leben? Oder wurde er entführt? Wird er je zurückkehren? Und wenn ja, wird er sich im irdischen Alltagsleben wieder zurechtfinden?

Der Fall Dave

Professor Dr. John E. Mack unterrichtet an der berühmten Harvard-Universität. Der Psychologieprofessor, Gründer und Direktor des »Center for Psychology and Social Change«, lebt in Chestnut Hill, Massachusetts, USA, und verfaßte mehrere Bücher. 1977 erhielt er die höchste journalistische Auszeichnung, die in den USA vergeben werden kann, den weltberühmten Pulitzer-Preis.

Aufsehen erregte Professor Dr. Mack mit seinem bahnbrechenden Buch »Abduction – Human Encounters with

Aliens« (»Entführung – Menschliche Begegnungen mit Außerirdischen«), das jedem UFO-Interessierten als Pflichtlektüre angeraten werden muß. Der Gelehrte hat sich inzwischen darauf spezialisiert, Menschen zu helfen, die traumatische Begegnungen mit Außerirdischen hatten. Ihre Erlebnisse waren oftmals so erschreckend, daß die Betroffenen das Erlebte verdrängen und so schnell wie möglich vergessen wollten. Die Verdrängungen hatten aber fast immer zur Folge, daß die Erlebnisse in entsetzlichen Alpträumen und undefinierbaren Angstzuständen zurück an die Oberfläche des Bewußtseins drängten.

Im Juni 1992 wandte sich der 38jährige Dave, beruflich in der Sozialhilfe tätig, an Professor Dr. John E. Mack. Dave hatte von frühester Kindheit an immer wieder seltsame Erlebnisse mit geheimnisvollen Lichtern und UFOs. Immer wieder geschah es ihm, daß Stunden seiner Zeit gestohlen, einfach aus seinem Bewußtsein gelöscht wurden.

Professor Mack, der den Fall Dave eingehend untersuchte und publizierte, hält es für alles andere als unwahrscheinlich, daß Dave wiederholt, vom frühesten Kindesalter an, von Außerirdischen entführt wurde.

Seine früheste Erinnerung reicht bis ins Jahr 1957 zurück. Dave war damals drei Jahre alt. »Vielleicht wurde ich schon als Knirps von Außerirdischen entführt.« Damals spielte er abends auf einer Straße unweit des elterlichen Wohnhauses nahe am Pemsit Mountain im südlichen Pennsylvania im Susquehenna-Tal. Drei »Lichter« kamen die Straße entlang, brausten auf den Jungen zu. Dann fehlt ein Stück Erinnerung. Danach entfernten sich die Lichter wieder. Während der »Erscheinung« spürte der Bub »eine Art Vibration, ein Kribbeln«, eine Empfindung, die er Jahre später bei einer Entführung durch Außerirdische wieder wahrnehmen sollte.

Mit zwölf erlebte Dave einen zweiten »Zeitdiebstahl«. Er

erforschte damals die Wälder in der Umgebung, hört etwas, ein Geräusch, das er nicht näher bestimmen konnte, sah suchend an den Himmel und fand sich plötzlich wieder, als er die Veranda des elterlichen Hauses betrat. Ähnliches widerfuhr ihm, als er seinen Onkel besuchte. Eben marschierte er noch einen Weg an einer alten Bahnlinie entlang, hörte wieder ein störendes Geräusch, versuchte herauszufinden, woher es wohl kam, und stand unvermittelt auf der Lichtung vor dem Blockhaus des Onkels. 45 Minuten fehlten ihm, an die er sich beim besten Willen nicht erinnern konnte. Onkel und Tante hatten sich schon sehr große Sorgen gemacht, seine Cousins hatten schon nach ihm gesucht, vergeblich.

Mit 19 hatte Dave, zusammen mit seinem Bruder Ralph und einem Freund namens Jerry, ein UFO-Erlebnis. Die jungen Männer hatten sich, um ungestört plauschen zu können, auf eine Wiese zurückgezogen. Es war später Abend, die Luft war klar, und die Sterne funkelten am Himmel. Ein Flugobjekt stieg über einem nahe gelegenen Hügel auf, schlug einen Haken und flog direkt auf die faszinierten Beobachter zu. Es schien einem Fluß zu folgen, führte einige Kursrichtungswechsel aus und näherte sich wieder den jungen Männern. Direkt über ihnen schien es stehenzubleiben. Dave: »Wir konnten deutlich die Unterseite sehen. Ein blauweißes Licht kam heraus in einem Kreis von Punkten. Dann machte es *wuuuhhsch,* gab ein zischendes Geräusch von sich, sauste davon, hielt inne. Das UFO glühte etwas. Und startete urplötzlich mit phantastischer Beschleunigung, wie von einem Katapult abgeschossen. Immer schneller wurde es, flog dabei auf einer bogenförmigen Bahn, zum Schluß mit einem Steigungswinkel von 45 Grad, in den Himmel. Innerhalb von zehn Sekunden war es jenseits des Horizonts verschwunden.

Das Flugvehikel hinterließ bei Dave ein merkwürdiges Gefühl. Er hatte den Eindruck, von etwas angestarrt worden zu sein, von einem Wesen im UFO, das einen unnatürlich großen Kopf, große schwarze, schrägstehende Augen hatte.

In den Jahren um 1990 scheinen die Außerirdischen lebhaftes Interesse an Dave bekundet zu haben. Immer wieder wurden von Freunden und Nachbarn UFOs gesehen – und zwar oft direkt über dem Haus von Daves Eltern oder in der nächsten Umgebung davon.

Das wichtigste, einschneidendste Erlebnis fand am 8. Juli 1992 statt. Am 14. August 1992 führte Professor Dr. John E. Mack eine erste Hypnosesitzung mit Dave durch, die höchst erstaunliche Details zutage förderte.

An diesem 8. Juli 1992 hatte Dave den Abend im Hause seiner Eltern verbracht. Er saß am Computer und schrieb einen ausführlichen Brief an Professor Dr. Mack, in welchem er über seine bisherigen UFO-Erlebnisse berichtete. Doch was ihm bislang widerfahren war, war nichts im Vergleich zu dem, was in der folgenden Nacht auf ihn zukommen sollte.

Gegen 0.45 Uhr verließ Dave das Haus seiner Eltern und fuhr die etwa 72 Kilometer zum eigenen Haus. Gegen 1.30 Uhr kam er an, fand seine Frau schlafend vor. Er zog sich aus und krabbelte behutsam ins Bett, bemüht, seine Frau nicht zu wecken. Vermutlich war es kurz nach 2.30 Uhr, als er einschlief. Dabei hatte er das Gefühl, das ihm so vertraut war. Er kannte es von seiner Begegnung als dreijähriger Knirps mit den merkwürdigen Lichtern. »Es war eine Vibration, die unterhalb des Nabels zu spüren war und die sich bis in den Brustbereich fortsetzte, wie ein Kribbeln.«

Im Traum, doch Dave bezweifelte stark, daß es überhaupt unwirklich und ein Traum war, erschien ihm eine Frau, die ihn aus dem Bett zerrte und auf den Boden daneben drückte. Es waren aber noch weitere »fremde Wesen« zugegen. Obwohl sich Dave schlafend wähnte, denn etwas anderes als ein Traum konnte, durfte es nicht sein, was um ihn herum geschah, hatte er das Empfinden, aktiv Herr der Lage zu sein. Er hob den Kopf und sah aus dem Fenster, erkannte die vertrauten Bäume im Hintergrund. Er nahm ein Gesicht hinter der Glasscheibe wahr, das Gesicht eines weiblichen Wesens, das ihn intensiv anstarrte. Dave fühlte sich wie hypnotisiert, bevor es ihm schwarz vor den Augen wurde. Unvermittelt fand er sich im Ehebett neben seiner Frau wieder, zusammengerollt in der Position eines ungeborenen Babys. »Ich drängte mich an meine Frau, sehr nah, wir waren ganz dicht zusammen.«

Als er auf die Uhr sah, stellte er überrascht fest, daß es jetzt 4 Uhr morgens war. Etwa zwei Stunden Zeit fehlten.

An diese Details konnte sich Dave bewußt erinnern. Unter Hypnose aber wurde das Erlebnis erst in seiner Gesamtheit greifbar. Auch unter Hypnose erinnerte sich Dave daran, wie ihn die fremde Frau aus dem Bett holte, zu Boden drückte. Deutlicher konnte er das Gesicht am Fenster beschreiben: »Es war eine Frau mit lederartiger, grauer Haut. Sie starrte mich hypnotisierend an.«

Dave weiter: »Ich sah ihre schrägstehenden Augen. Irgend etwas gab mir die Gewißheit: Sie sind wieder da, diese Wesen, um mich zu holen.« Weitere Wesen sind zugegen. Wie viele es wohl sein mögen? Dave weiß es nicht. Sie führen ihn aus dem Haus, geleiten ihn in den nahen Wald, zu einer Lichtung, keine 50 Meter entfernt, die Dave Jahre zuvor, wie unter einem Zwang handelnd, geschlagen hat. Als Landeplatz für ein UFO?

Auf dieser Lichtung steht ein »großes rundes Raumschiff«, eine Untertasse mit einer Kuppel an der Oberseite, 20 Meter im Durchmesser. In der Unterseite befindet sich so et-

250

was wie ein Eingang, durch den er an Bord gebracht wird. Angst befällt Dave. Man zwingt ihn, in einem »grauen, erdig riechenden Raum auf einer Art Tisch« Platz zu nehmen, sich auszustrecken. Mehrere Wesen versammeln sich um ihn, er ist wie gelähmt. Die Fremden versuchen ihn zu beruhigen. Er empfängt telepathisch »strenge Ermutigung«. Ein weibliches Wesen vermittelt ihm, alles werde gut verlaufen. Sie hilft ihm beim Ausziehen.

Dave hat freilich eine ganz andere Vorstellung von »gut verlaufen« als die Fremden. Sie hantieren mit einem biegsamen Instrument, etwa 1,20 Meter lang. An einem Ende befindet sich so etwas wie ein kleines Drahtgehäuse, das ein kugelförmiges Objekt umgibt. 60 Zentimeter des dünnen Instruments werden durch den After in Daves Körper eingeführt. Er fühlt sich verletzt, gedemütigt und ohnmächtig einer fremden Macht ausgeliefert. Etwa zwölf Minuten später wird das Instrument wieder aus Daves Körper herausgezogen. Die Untersuchungen gehen weiter. Ein Wesen, es ist etwas größer als die anderen kleinwüchsigen Gestalten, tritt an ihn heran, hält ein weiteres Instrument an eine seiner Schläfen. Er spürt »nur einen kleinen Schmerz«, was ihn überrascht. Schließlich taucht ein drittes Instrument auf. Etwas wird über seinen Penis gestülpt. »Sie brachten mich dazu, daß ich eine Ejakulation hatte. Es war angenehm, so wie jeder Samenerguß wohl von jedem Mann als angenehm empfunden wird, nur daß die Begleitumstände sehr störten.«

Ein viertes Instrument, etwas rundes, eine Art Meßgerät wohl, befindet sich in Daves Magen. Er meint, es habe einen Durchmesser von etwa 20 Zentimetern.

»Es machte kleine Vibrationen, war aber gar nicht angenehm!« Damit war – endlich – die körperliche Untersuchung beendet. Die Wesen halfen Dave beim Aufsetzen. Sie brachten ihn, wie unter Geleitschutz, wieder ins Schlafzimmer zurück, setzten ihn neben seine Frau ins Bett, die immer noch schlief. Und verschwanden.

»Was habe ich durchgemacht!« erinnert sich Dave später unter Hypnose. »Es war die Hölle!«

Sein Entführungserlebnis wirkte sich stark auf Daves weiteres Leben aus. So vermied er es lange Zeit, nachts mit dem Auto unterwegs zu sein. »Lichter, und seien es nur die Scheinwerfer entgegenkommender Autos, irritierten mich zutiefst.«

Exkursion in die Vergangenheit

Als »irritierend« empfindet Dave auch heute noch die Erinnerung an das UFO-Erlebnis, das er als 19jähriger hatte. Noch heute hat er, fest verankert im Gedächtnis, das seltsame Gesicht vor Augen, das ihn aus dem UFO heraus anzustarren schien. Als ich Daves Beschreibung des unheimlichen Erlebnisses zum ersten Mal las, hatte ich das deutliche Gefühl, eine ähnliche Darstellung schon gesehen zu haben: ein UFO, aus dem heraus beobachtend ein Gesicht starrt.

Tatsächlich gibt es eine bildliche Darstellung, die deutliche Parallelen zu Daves UFO-Begegnung aufzuweisen hat. Sie ist freilich bereits über drei Jahrhunderte alt.

In Mtskheta, der alten Hauptstadt Georgiens, erfreut sich die Svetitskoveli-Kirche bei den Anhängern des christlichen Glaubens großer Beliebtheit. In frommer Andacht versammeln sich hier die Menschen zu Gottesdiensten, aber auch zu stillem Gebet. Ehrfürchtig knien sie vor einer Darstellung des gekreuzigten Jesus nieder, schicken ihre flehentlichen Gebete gen Himmel. Das Fresko stammt von einem unbekannten Künstler aus der Zeit um 1650. Im Vordergrund sieht man den gequälten Heiland am Kreuz. Zu seinen Füßen haben sich einige Menschen versammelt. Römische Soldaten sind auszumachen, ins Gespräch vertieft. Sie mögen darüber diskutieren, ob der Sterbende nun wirklich Gottes Sohn sei, wie er behauptete. Weitere Menschen sind in tiefer Trauer zu sehen. Es können Jünger Jesu sein, Heiligenscheine zieren ihre Häupter. Den Hintergrund bildet die Mauer einer wehrhaften Stadt mit kleinen Türmchen.

Doch was ist da, rechts und links vom Kreuz am Himmel zu sehen? Es sind zwei Flugobjekte, in klassischer UFO-Form. Und aus den UFOs heraus starrt je ein Gesicht – ganz wie es Dave erlebt hat.

UFOs als Zeugen der Kreuzigung Jesu? Oder gab es im 17. Jahrhundert in Georgien UFO-Sichtungen, die vom unbekannten Künstler in die Kreuzigungsszene »eingebaut« wurden? Fragen, die vielleicht nie beantwortet werden können. Aber wie auch immer: Die Parallele zu Daves UFO-Erlebnis ist offensichtlich!

20   Genesis II – eine zweite Schöpfung

Einer der renommiertesten UFO-Forscher Europas ist Illobrand von Ludwiger. 1974 übernahm er die Leitung der zentraleuropäischen Sektion des »Mutual UFO-Network«, wo sich Wissenschaftler verschiedener Fachgebiete organisiert haben, um das UFO-Phänomen seriös zu erforschen. Nach Erkenntnissen von Ludwigers tritt bei zwei Dritteln aller Entführungen von Menschen durch UFOs das Phänomen der »fehlenden Zeit« auf. Erst unter Hypnose wird den Zeugen wieder bewußt, was mit ihnen geschah. Illobrand von Ludwiger schreibt in seinem Standardwerk »Der Stand der UFO-Forschung«: »Das Entführungssyndrom ist immer ähnlich: Einer oder mehrere Zeugen beobachten zunächst ein landendes unidentifiziertes Flugobjekt. Aus diesem sehen sie angeblich kleine Gestalten mit großen kahlen Köpfen und großen schwarzen Augen herauskommen. Die Zeugen fühlen sich von diesen, wie unter Hypnose, willenlos unter Kontrolle an Bord gebracht. Dort erfolgt eine im allgemeinen furchteinflößende ›medizinische Untersuchung‹, die gelegentlich als sehr schmerzhaft geschildert wird. Danach werden die Zeugen wieder zurückgebracht.«
Auch Linda Moulton Howe bezeichnet das »Missingtime«-Phänomen als häufig bei Entführungen von Menschen durch Außerirdische beobachtete Begleiterscheinung: »Eine Person oder eine Gruppe von Menschen sieht ein seltsames Licht. Dann wird festgestellt, daß Zeit fehlt, was unerklärlich erscheint. Oft treten Orientierungslosig-

keit und Verwirrung auf. Manchmal haben diese Menschen rote Markierungen, Schnitte oder Nadeleinstiche. Später werden sie von verstörenden Träumen über Lichtphänomene, Flugobjekte und außerirdische Wesen, die gewöhnlich als kleinwüchsig (1–1,3 Meter), grauhäutig, mit schwarzen Augen und vierfingrigen Händen beschrieben werden, heimgesucht. Unter Hypnose beschreiben diese Menschen dann gewöhnlich eine körperliche Untersuchung durch kleine graue Wesen in einem Raum, erfüllt von hellem, weißem Licht. Männliche Entführte haben berichtet, Samenproben seien von ihnen genommen worden, weibliche Opfer sprachen von vaginalen Untersuchungen. Kleine Stückchen Fleisch wurden aus Beinen, Hüften, Rücken oder anderen Körperteilen entnommen. Wenn außerirdische Wesen Flüssigkeit und Gewebeproben von Menschen und Tieren sammeln, wozu dient das dann?

Eine Spekulation besagt, daß die Außerirdischen genetisches Material zusammentragen, um biologische Doppelgänger, Roboter oder irgend etwas Unbegreifbares zu schaffen.«

Nach intensivem Studium zahlreicher Zeugenberichte, verfaßt von Entführungsopfern, komme ich zur Erkenntnis, daß es da ein übereinstimmendes Merkmal gibt: Sehr viele der Betroffenen haben das deutliche Gefühl, daß Viehverstümmelungen und Entführungen von Menschen einem Zweck dienen, nämlich der Erschaffung von teils menschlichem, teils außerirdischem Leben. Eine solche Vorstellung mag befremdlich, ja geradezu erschreckend abstoßend auf uns wirken. Aber erinnern wir uns: Die heiligen Bücher der Menschheit berichten übereinstimmend, daß der Mensch selbst Kunstprodukt außerirdischer Experimentatoren ist.

Die Astronautengötter der Vorzeit sind zurückgekehrt. Sie experimentieren mit Zigtausenden Tieren, sezieren sie zu

Tode. Und sie entführen – ebenfalls für Versuche – Menschen.

Dr. Henry Moneith kam nach wissenschaftlicher Untersuchung von verstümmelten Tieren zum Schluß, daß die außerirdischen Experimentatoren nicht willkürlich Tiere herausgreifen und zu Tode untersuchen. Sie wählen ganz offensichtlich – nach welchen Kriterien auch immer – bestimmte Exemplare aus, beobachten sie womöglich länger und töten sie dann auf grauenvolle Weise.

Ähnlich gehen sie bei ihren Entführungen von Menschen vor. Ob überhaupt und wenn ja, wie viele ihrer menschlichen Opfer im Rahmen von »Experimenten« getötet wurden – wir wissen es nicht. Fest steht aber, daß bei den Menschen-Entführungen ganz offensichtlich ein längerfristig angelegtes Programm läuft, oft über Jahre hinweg. Menschen werden von frühester Kindheit an immer wieder entführt, an Bord von UFOs gebracht und eingehendst untersucht. Aus der erdrückenden Fülle von Fällen habe ich zwei ausgewählt.

Der Fall Kathy Davis

Kathy Davis, 1959 in Indianapolis, Indiana, USA, geboren, hatte von ihrem 7. Lebensjahr an immer wieder UFO-Sichtungen. Fliegende Untertassen sind aus ihrem Leben eigentlich schon gar nicht mehr wegzudenken. Zu fragen ist allerdings, wer sich mehr für wen interessiert. Kathy für die UFOs oder die UFOs für Kathy? Letztgenanntes scheint wahrscheinlicher!

So sah Kathy 1975 »spiralförmige Lichter«. Zwei Jahre später, im Dezember 1977, war sie abends mit Freundinnen im Auto unterwegs, als sie zunächst aus der Distanz beobachtend Zeugin einer UFO-Landung wurde, dann von kleinwüchsigen Wesen an Bord gebracht und dort einer unangenehmen gynäkologischen Untersuchung unterzogen wurde. Zu einer weiteren höchst intimen Untersuchung kam es dann, wieder in einem UFO, März 1978.

Die Fremden kamen 1979 wieder, entführten Kathy aus ihrer Wohnung in Indianapolis, brachten sie – wieder – in ein UFO. Erneut kam es zu einer medizinischen Untersuchung, wobei man freilich ihren Unterleib verschonte, da sie inzwischen schwanger war. Dünne Sonden wurden ihr durch die Nasenlöcher geschoben.

Am 30. Juni 1983 landete ein UFO direkt beim Haus der Familie Davis. Wie so oft bei Entführungen wurde etwa eine Stunde aus dem Gedächtnis der Frau »gelöscht«. Erst unter Hypnose erinnerte sie sich. Wahrscheinlich kam es bei ihrem Aufenthalt an Bord zu einer Panne. Oder setzte man sie absichtlich einer Dosis radioaktiver Strahlung aus? Die Folgeerscheinungen waren typisch: Kathy spürte Brechreiz, Haare fielen ihr aus.

UFO-Forscher waren freilich nicht nur auf Kathys Zeugenaussagen angewiesen. Es gab nicht zu leugnende, handfeste Spuren! Das UFO hinterließ bei Landung und Start unter anderem eine kreisrunde Fläche im gepflegten Rasen. Über Jahre hinweg wuchs absolut nichts auf dieser Fläche. Untersuchungen ergaben, daß Erdproben aus dem Davis-Garten auch nach sechsstündiger Erhitzung auf 430 Grad zwar einen ähnlichen Farbton erreichten wie die Erde im Kreis selbst, nicht aber deren Härtegrad. Ohne Zweifel ist da etwas aus der Luft kommend gelandet, das so etwas wie einen »Raketenantrieb« hatte.

So wie das UFO Spuren im Boden hinterlassen hatte, so blieben auch bei Kathy Davis deutliche Spuren im Gedächtnis zurück, oft aber von der Zeugin ins Unterbewußte verdrängt, so daß die Erinnerungen erst wieder mit dem bewährten Mittel Hypnose zutage gefördert werden konnten.

Als vielleicht erstes Entführungsopfer der Neuzeit bekam Kathy ein kleines Kind gezeigt, das nicht Mensch, nicht Außerirdischer zu sein schien. Am 3. Oktober 1983 befand sie sich wieder einmal an Bord eines UFOs, von den Fremden anscheinend gezielt geholt, um ihr etwas zu zeigen ... Nämlich ein kleines Kind, ein Mädchen, anscheinend etwa vier Jahre alt.

Es sah weder so wie eines der fremden Wesen noch wie wir Menschen aus, erinnerte sich Kathy Davis später unter Hypnose. »Es war blaß, nur die Lippen waren rosa, der Kopf etwas größer als gewöhnlich, die Stirn ausgeprägter.« Der Hinterkopf sei irgendwie »ganz anders« geformt gewesen.

Sollte es sich bei dem Kind-Wesen um eine Art ... ich scheue etwas vor dem Ausdruck zurück ... Mischwesen, um eine Art Zwitter gehandelt haben? Um eine genetische Mischung aus irdischem und außerirdischem Erbgut?

Kathy Davis erlebte viel Befremdliches während ihrer UFO-Kontakte, die Begegnung mit dem Kind-Wesen aber erschütterte sie zutiefst.

Der Fall Catherine

Catherine, 1969 geboren, studierte Musik und verdiente sich nebenbei Geld als »Dame an der Rezeption« bei einem Stadtclub. Im März des Jahres 1991 bat sie Professor Dr. John E. Mack um Hilfe, weil sie mit bedrängenden Erinnerungen an unheimliche Erlebnisse nicht mehr fertig wurde. Wie so viele Entführungsopfer hatte Catherine schon in frühester Kindheit Begegnungen mit Außerirdischen.

Sie wurde von Prof. Dr. Mack in mehreren Sitzungen immer wieder hypnotisiert und zu den verschiedenen, teilweise geradezu gespenstisch-makabren Erlebnissen befragt, die sie im Laufe ihres Lebens hatte. An manches konnte sie sich zwar auch bei vollem Bewußtsein erinnern, doch erst unter Hypnose kamen alptraumhafte Begebenheiten zutage, die Catherine aber, davon ist Professor Dr. Mack überzeugt, wirklich erlebt hat.

Zum ersten Mal wurde Catherine vermutlich als dreijähriges Kleinkind von Außerirdischen entführt. Sie wachte nachts auf und sah ein fremdartiges Wesen durchs Fenster starren. »Es hatte große schwarze Augen, ein spitz zulaufendes Kinn. Der Kopf hatte die Form eines umgekehrten, mit der Spitze nach unten gedrehten Tropfens.«

Das Wesen tauchte in Catherines Schlafzimmer auf. Sie versuchte zu schreien, konnte aber nur den Mund stumm bewegen. Weitere Wesen erschienen und verschleppten Catherine ins Freie, wo sie ein tellerförmiges UFO sah. Man brachte sie ins Innere des Vehikels, in einen Raum, der von hellem, fast gleißendem Licht erfüllt war. Fünf oder sechs andere Kinder, alle älter als Catherine, spielten in dem Raum. Die Dreijährige bekam für einige Zeit ein futuristisch aussehendes Spielzeug, eine metallische Kugel, die sie mit einer Art Fernsteuerung im Raum herumfliegen lassen durfte.

Spätestens vier Jahre später. Die inzwischen Siebenjährige warf gerade mit Steinen nach Pfauen, als sie von einem »kleinen Mann« entführt wurde. Sie beschreibt ihn in der Erinnerung als »kleinwüchsig, mit übermäßig großem Kopf, unpassend großen Augen und kahl«. Das Wesen wirkte noch Jahre später in der Hypnosesitzung angsteinflößend auf Catherine. Sie spürte noch genau, wie sie ausreißen wollte, aber nicht konnte. Wiederum wurde sie in ein UFO geschafft, wo weitere »kleine Männer« auf sie warteten. Eines dieser Wesen hantierte mit einem Skalpell, fügte dem ängstlichen Mädchen einen Schnitt am vierten Finger der linken Hand zu. »Ich muß eine kleine Probe entnehmen für die Forschung!« erklärte es. Bevor das Kind wieder zurückgebracht wurde, hörte es ein Versprechen. Oder war es eine Drohung? »Wir holen dich wieder!«

1990 hatte Catherine, inzwischen 21jährig, ein weiteres UFO-Erlebnis. Sie hatte die Weihnachtstage bei ihrer Mutter in Alaska verbracht. Was dann ein oder zwei Tage nach Weihnachten 1990 geschah, war so erschreckend, daß sie schon wenige Stunden später nur noch ein dumpfes Gefühl, ein vages Bild im Kopf hatte. »Ich sah mich an Bord eines UFOs, in einem Raumschiff, sonst fehlte mir jede Erinnerung daran.«

Erst unter Hypnose gelang ihr, was ihr sonst trotz intensiver Anstrengung nicht möglich war, nämlich sich an ein unheimliches Erlebnis zu erinnern: Mitten in der Nacht, noch unter dem Eindruck des weihnachtlichen Idylls, wachte sie auf, wanderte unruhig in der Wohnung der Mutter umher, sah aus dem Fenster, halb wach, halb schlaftrunken. Da stand auf einem steifgefrorenen Sumpfgebiet ein diskusförmiges UFO, das silbrig-metallen glänzte. Zahllose Lichter blinkten am UFO.

Catherine war fast nackt, sie hatte nur ein altes, ausgedehntes T-Shirt an. Gähnend schlüpfte sie in die großen Gummistiefel ihrer Mutter, mit bloßen Füßen, ging nach draußen, in die klirrende Kälte. Linkerhand sah sie das geparkte Auto ihrer Mutter. Catherine fühlte so etwas wie ein bedrückendes Angstgefühl, eine merkwürdige Schwere kam über sie. Aber entschlossen marschierte sie durch den knirschenden Schnee auf das UFO zu. Taubheit machte sich in ihrem Körper breit, bei der Kälte war das auch kein Wunder.

Ihr fielen fünf fremdartige Kreaturen auf. Ein eigentümliches goldenes Leuchten ging von ihnen aus. Sie umringten die junge Frau, die immer noch nicht zu frieren meinte, obwohl sie unter dem dünnen T-Shirt nackt war und weiter nichts anhatte, und geleiteten sie zu ihrem Schiff. Über so etwas wie eine metallene Rampe ging die seltsame Gesellschaft an Bord des Raumschiffs, durch eine schmale, ovale Tür.

Im Verlauf ihres Entführungserlebnisses kam Catherine in mehrere Räume des UFOs. So sah sie so etwas wie ein Labor, reich ausgestattet mit fremdartigen Geräten. Ein außerirdisches Wesen wartete bereits auf sie, ließ sie zu einem massiven Tisch führen, blockartig im Aussehen, auf den sie sich legen mußte. Das alles geschah gegen Catherines Willen. Als sie auf dem Block lag, fiel ihr das komische Aussehen der Fremden auf. Sie registrierte fünf insgesamt geradezu gebrechlich wirkende Wesen. Ihre Hälse waren so dünn, daß sie kaum die großen Köpfe tragen zu können schienen. Dann folgte eine Untersuchung, die Catherine als Vergewaltigung empfand.

Furchteinflößend war schon die Art und Weise, wie der »Hauptuntersucher« die junge Frau musterte. »Wie einen Frosch, den er gleich sezieren würde.« Geschäftig agierten die Wesen im Hintergrund. Eines von ihnen zwang Catherines Beine auseinander, der »Examinator« starrte auf ihre Genitalien. Er befahl einem der Wesen etwas, legte eine Hand auf Catherines Oberschenkel. Sie fühlte sich kalt an. Ihm wurde ein Instrument gereicht. An der Spitze hatte es etwas Kegelartiges. Es fühlte sich kalt an, als es durch ihre Scheide immer tiefer in ihren Körper geschoben wurde. »Es tat nicht weh! Es fühlte sich aber so an, daß da etwas war, was da nicht sein sollte, was da nicht hingehörte. Aber sie haben nicht einmal gefragt, ob sie das mit mir machen dürfen!«

Catherine hatte das Gefühl, als sei das Instrument in ihrer rechten Seite bis zu den Eierstöcken geschoben worden. »Sie haben wohl Gewebe entnommen, aus der Gebärmutter, dem Gebärmutterhals oder dem Eileiter.«

Ein weiteres Instrument wurde gebracht, metallen, dünn, etwa 30 Zentimeter lang. Der Examinator schob es in Catherines Nase, immer tiefer. Sie hatte das Gefühl, daß es einmal auf etwas Hartes traf, etwas durchstieß, dann weitergeschoben wurde, bis es in ihr Gehirn eindrang. Als nach der unangenehmen Prozedur das Instrument wieder herausgenommen wurde, wies es Blutspuren auf. Blut trat auch aus einem ihrer Nasenlöcher aus.

Das Instrument wurde vom »Untersucher« einem Assistenten gereicht, der sich damit entfernte. Immer wieder betonte Catherine, die unter Hypnose bei den Erinnerungen an das Erlebte oftmals von Weinkrämpfen geschüttelt wurde, daß sie sich so »total schutzlos« gefühlt hätte.

Schließlich half man ihr vom Operationstisch und geleitete sie in einen anderen Raum. Was sie darin sah, daran wollte sich Catherine auch unter Hypnose nicht erinnern.

Professor Dr. Mack wandte einen Trick an. Sie, Catherine, könne ja in der Erinnerung vor diesem Raum stehen bleiben. Ihr stünde dann ein kleiner unsichtbarer »Spion« zur Verfügung, der nachsehen könne, was sich im Raum befinde, vor dem ihr so grauste.

Langsam kamen Catherines Erinnerungen wieder, schreckliche Erinnerungen von der Art, aus denen man Horrorfilme macht. Doch Catherines Erinnerungen basierten auf einem höchst realen Erlebnis.

Professor Dr. Mack, der alles andere als ein Anfänger ist und zahllose Entführungsberichte kennt, war über die Schilderung der Zeugin selbst schockiert.

»An der linken Seite des Raums war so etwas wie ein Regal in die Wand eingelassen, etwa 2,40 Meter hoch, wobei es vom Boden bis zur Decke reichte. Das Regal bestand aus vier oder fünf Reihen übereinander. In jeder Reihe standen von links nach rechts acht oder zehn gläserne Behältnisse.« In jedem der Behältnisse befand sich ein kleines Wesen.

Eines sah wie das andere aus, seltsam deformiert wirkend, mit unpassend großen Köpfen auf den kleinen Leibern.

Die Glasbehältnisse waren alle von hinten angestrahlt, so daß Catherine die schrecklichen Kreaturen darin genau sehen konnte, zu genau sehen mußte. Sie sei sich vorgekommen wie vor dem Schaufenster eines Spielzeugladens, als betrachte sie unzählige kleine Barbiepuppen in einem Regal, jede aufrecht stehend in einem durchsichtigen Gehäuse. Doch die brutal zur Schau gestellten Wesen, sie waren nackt und schwammen in einer Flüssigkeit, die bis zum oberen Rand der Gefäße reichte, waren keine Puppen, keine leblosen Objekte aus Plastik, es waren Lebewesen aus Fleisch und Blut, Kreaturen der UFO-Wesen.

Wie diese Kreaturen entstanden, erlebte Catherine bei zwei Entführungen am eigenen Leibe. Bereits im Oktober 1990 war sie, wieder einmal, an Bord eines UFOs genommen worden, es kam zu einem Novum: Sie wurde geschwängert, vermutlich nahmen die Außerirdischen eine künstliche Befruchtung bei ihr vor. Ende Februar 1991 war Catherine gegen Mitternacht im Auto unterwegs, von ihrer Arbeitsstelle kommend. Doch anstatt nach Somerville, wo sie wohnte, zu fahren, veranlaßte sie ein innerer Zwang, ihr Auto nach Sagus, nördlich von Boston, zu lenken.

In jener Nacht wurde ein UFO gemeldet, zahlreiche Fernsehanstalten berichteten über die Sichtung. Als Catherine davon hörte, wunderte sie sich. Das UFO war nach zahllosen Zeugenaussagen, über die öffentlich diskutiert wurde, anscheinend jenen Straßen gefolgt, auf denen sie in der Nacht ziellos gefahren war.

Bewußt war Catherine noch erinnerlich, daß sie scheinbar ohne einen bestimmten Reisegrund vor Augen umherkurvte. Und irgendwann in der Nacht hielt sie plötzlich an, stellte ihr Auto ab, obwohl sie selbst nicht wußte, warum.

Als Catherine so im Auto saß, spürte sie plötzlich etwas so Unbegreifliches, daß sie vor Angst fror. Und schnell gewann sie die Gewißheit: Die Fremden würden sie – wieder einmal – holen. Sie sollte sich nicht täuschen. Sie wurde tatsächlich an Bord eines riesigen Raumschiffs gebracht. »Es war enorm groß, von silbermetallischer Farbe, überall waren Lichter.«

An Bord warteten die ihr inzwischen vertrauten kleinwüchsigen Wesen auf Catherine. Sie zerrten an ihrer Kleidung, wollten sie ausziehen. »Hört auf damit!« dachte sie, und anscheinend wurde ihr Gedanke telepathisch empfangen und verstanden. Sie zog sich nackt aus. »Warum leihen sich diese Kerle nicht einfach ein Pornovideo?« ging ihr dabei durch den Kopf.

Nackt wurde sie in einen Raum von gewaltiger Größe gebracht. Sie nahm Hunderte von Behandlungstischen wahr, etwa jeder dritte war mit einem Menschen belegt. Zwischen 100 und 200 Frauen und Männer wurden von zahllosen Außerirdischen behandelt, mit unterschiedlichsten Instrumenten traktiert.

Eines der Wesen, auch auf einem der Tische liegend, veranlaßte Catherine schließlich, Platz zu nehmen. Auf einer Art Karre wurde ein medizinisches Gerät herangebracht. »Ein großes metallenes Ding« wurde in ihre Vagina geschoben, immer tiefer. Sie fühlte Scham und Schmerz. »Er schneidet in mir. Ich spüre es. Er hat es. Er holt etwas heraus, eine Art Klumpen.«

Dann sah sie auch, was es war. Ein Fötus!

Ob es ein ungeborenes menschliches Wesen ist, konnte Catherine nicht genau erkennen. Es hatte jedenfalls die seltsam schrägstehenden Augen der Fremden.

Wut erfaßte Catherine, sie beschimpfte ihre Entführer, was diese nicht verstehen zu können schienen. »Du solltest stolz auf dich sein!« Stolz worauf? Daß sie eine Art Eva sein würde, eine neue Urmutter in einer neuen, zweiten Schöpfung?

»Warum zerstört ihr, verdammt noch mal, mein Leben!« wollte sie wissen. »Wir zerstören es doch nicht!« vernahm sie. »Du wirst dich nicht einmal daran erinnern können!«

Catherine wehrte sich verzweifelt, als sie förmlich spürte, wie man die Erinnerungen an das, was ihr widerfahren war, aus dem Gedächtnis streichen wollte. Tatsächlich gelang es aber den Fremden, sie vergessen zu machen. Erst unter Hypnose kamen die Erinnerungen wieder. Die Erinnerungen daran, daß sie von Außerirdischen entführt und geschwängert worden war und daß die Fremden etwa drei Monate später den Fötus wieder geholt haben.

Was Catherine geschah, scheint ein häufiges Phänomen im Zusammenhang mit UFO-Entführungen zu sein. So schreibt Dr. Johannes Fiebag: »Seit einigen Jahren gibt es, bislang vorwiegend aus den USA, Berichte von Entführten, die glauben, man habe sie künstlich befruchtet und ihnen Wochen oder Monate später den heranwachsenden Embryo wieder entfernt.« Das Phänomen ist mittlerweile schon so weit verbreitet, daß man in der UFO-Forschung vom »Missing-Embryo-Syndrom« spricht.

Professor David Jacobs schreibt zum gleichen Thema: »Das Problem einer unerklärlichen Schwangerschaft ist eine der häufigsten physikalischen Folgeerscheinungen eines Entführungserlebnisses. Typischerweise entdeckt die Frau dann am Ende des dritten Monats plötzlich, nicht mehr schwanger zu sein. Sie hatte keine Fehlgeburt, keine außergewöhnlich starke Blutung oder einen Abgang. Der Fötus ist einfach verschwunden – mit keinem Hinweis auf das seltsame Phänomen der ›Resorption‹, bei der es möglich ist, daß ein lebensunfähiger Fötus innerhalb des Körpers einer Frau aufgelöst werden kann.«

Unter Hypnose erinnern sich die Frauen daran, daß sie von Außerirdischen entführt wurden, daß ihnen von diesen Fremden, die schon für ihre Schwangerschaften verantwortlich gewesen waren, wieder die Embryos gestohlen wurden.

Die Götter aus dem All, die zur Erde zurückgekehrt sind, entwenden Menschen also nicht nur Zeit, sondern auch Embryos. Zu welchem Zweck?

21   Die Rückkehr der Riesen

In den Monaten November, Dezember 1993 und Januar 1994 werden zahllose Menschen im San Luis Valley, Colorado, und in weiten Teilen New Mexicos Zeugen unheimlicher Phänomene. Wie aus dem Nichts tauchen UFOs auf. Immer wieder melden Zeugen, sie hätten monströse, riesenhafte Wesen in Verbindung mit den Flugobjekten gesehen. Und Riesen wie UFOs werden von den Einheimischen für gräßliche Viehverstümmelungen verantwortlich gemacht, die in jenen drei Monaten die Bevölkerung in Angst und Schrecken versetzten. Ähnliche, aber höchst reale Alpträume hatte es bereits 1975 in zahlreichen Staaten der USA, hauptsächlich im Westen des Mississippi, gegeben. Ein Schwerpunkt des mörderischen Gemetzels war damals schon New Mexico.

Auch 1975 wurden UFOs und Riesenwesen für eine Blutspur verantwortlich gemacht, die sich durch viele Staaten der USA zog.

Sollten die Riesen der Vorzeit zurückgekehrt sein?

Zur Erinnerung: In grauer Vorzeit schufen außerirdische Wissenschaftler furchteinflößende Monsterwesen, genetische Kombinationen aus verschiedenen Tierarten. Das geschah zum Beispiel im alten Ägypten, aber auch auf der Osterinsel. Zu den von den »Göttern« erzeugten Monstrositäten gehörten auch die Riesen. Sie gingen, wie viele heilige Bücher (etwa der Schöpfungsbericht des Alten Testaments und die Henochrolle) überliefern, aus der Verbindung zwischen Göttersöhnen und Menschentöchtern hervor.

In unsere moderne Sprache vor dem Backgroundwissen um die Möglichkeiten der Gentechnik übersetzt heißt das wohl: Die Riesen entstanden aus der Vermischung von irdischen und extraterrestrischen Genen.

Als 1896/1897 eine gigantische UFO-Welle über die USA schwappte, wurden immer wieder zweierlei Wesen in Verbindung mit den Flugkörpern beschrieben: einmal kleinwüchsige, zierliche Gestalten ... und dann Riesen.

Mit Riesen aus dem All sehen sich am 25. 11. 1896 Colonel H. G. Shaw und Camille Spooner konfrontiert. Die beiden sind mit einer kleinen Kutsche unterwegs. Gegen 6 Uhr abends scheuen die Pferde. Warum? Drei Wesen von riesenhaften Ausmaßen nähern sich, unterhalten sich dabei in trillernden Tönen.

Die besondere Aufmerksamkeit des Colonel gilt dem Flugvehikel der Wesen. »Es war etwa 50 Meter lang, lief an den Enden spitz zu und hatte, an der dicksten Stelle, einen Durchmesser von etwa sieben Metern.« Der Offizier hatte den deutlichen Eindruck, die Fremden wollten ihn und Camille entführen. Als sich die beiden aber wacker wehrten, zogen sich die Wesen enttäuscht zurück.

Gleich »mehrere Zeugen« sichteten am 14. April 1897 eine Flugmaschine bei der Landung. Die Besatzung soll aus »Riesen«, etwa drei Meter groß, bestanden haben, sich die Umgebung von Reynolds in Michigan angesehen haben.

Ob es sich bei den beschriebenen Riesen um jene Giganten handelte, die am 13. April 1897 nahe bei Lake Elmo ihr Unwesen trieben? Frederick Chamberlain war mit einem Bekannten per Pferd von Lakeland, Minnesota, nach Hudson, Wisconsin, unterwegs, als »zischende Geräusche« und »Krachen im Gehölz« die Pferde scheu zu machen drohten. Sekunden später war ein Flugobjekt, mit zahlreichen Lichtern versehen, das in steilem Winkel gen Himmel flog, auszumachen. Auch angesichts der späten Stunde – Mitternacht nahte – flohen Frederick Chamberlain und sein Reitkumpan mit Grausen. Erst am hellen Morgen wagten sie sich zurück an den Ort ihrer geheimnisvollen Beobachtung. Jetzt entdeckten sie fremdartige Fußabdrücke, zweifelsohne von Riesen hinterlassen: Schaudernd nahmen die Männer Maß: so ein Fußabdruck war knapp 60 Zentimeter lang und 15 Zentimeter breit!

Maria Popowitch, führende UFO-Expertin des einst kommunistischen Ostens, sieht eine deutliche Verbindung zwischen UFOs, Außerirdischen und Riesenwesen, die nach Zeugenaussagen gut drei Meter (und mehr) messen. Es soll sie im Eis des Himalaya ebenso geben wie in zahlreichen Wäldern verschiedener Staaten der USA, wo sie »Big-Foot« heißen, oder in Gefilden der Sowjetunion, etwa im Pamir-Altai-Gebirge oder im Steppengebiet von Saratow.

Wiederholt nahm Maria Popowitsch an Expeditionen teil, wandelte auf den Spuren des monströsen Yeti-Riesen, bei dem es sich ihrer Meinung nach um einen »Abgesandten außerirdischer Zivilisationen, einen Sammler von Informationen auf der Erde, einen Bioroboter« handeln könnte. Sie bekam zwar keinen der Giganten zu Gesicht, stieß aber wiederholt auf deren mehr als beeindruckende Fußspuren und notierte in ihrem wisenschaftlichen Report, daß dort, wo Yeti-Riesen gewesen sein müssen auch »ungewöhnliche Lichterscheinungen« bemerkt, UFOs gesichtet wurden.

In einem meiner letzten Gespräche mit Hermann Oberth spekulierten wir über die »Herkunft der Riesen«. Auch dem »Vater der Weltraumfahrt« war die Verbindung zwischen heutigen Riesen (»Yeti«, »Big Foot«) und UFOs bekannt. »Vielleicht sind die Giganten auch heute wieder Produkte der Außerirdischen?« fragte Oberth.

Sollten die Astronauten der Vorzeit zurückgekehrt sein,

um auf der Erde wieder Riesen erstehen zu lassen? Durch Experimente mit Genen?

Der Gedanke mutet befremdlich an: Außerirdische Wesen, oftmals als »zwergenwüchsig« beschrieben, erzeugen Monsterwesen und setzen sie in abgelegenen Gefilden unserer Erde aus. Um zu beobachten, was aus ihren Kreationen wird? Aus wissenschaftlichem Interesse?

Vor etwa 3000 Jahren tauchte in der chinesischen Kunst ein merkwürdiges Motiv relativ häufig auf. Es zeigt, zum einen, mythologische Mischwesen und, zum anderen, kleinwüchsige »Zwerge«. Sie erscheinen uns irgendwie vertraut ... jene Wichtel ähneln in verblüffender Weise jenen Wesen, die in unseren Tagen Menschen an Bord von UFOs entführen, die aber auch für grauenhafte Tierversuche verantwortlich gemacht werden.

Riesen aus dem All

Die Astronautengötter der Vorzeit sind zurückgekehrt. Sind sie wieder am »Schöpfer-Gott-Spielen«?

Der Zusammenhang zwischen UFOs und Riesenwesen kann heute nicht mehr geleugnet werden. Offen ist die Frage, ob es sich bei den Giganten um Geschöpfe der Außerirdischen oder um monströse Besucher aus dem All handelt.

Rätselhaftes geschah bei Unitown, östlich von Pittsburg in Pennsylvania, USA, gelegen. In den Jahren 1973/74 wurden hier wiederholt geheimnisvolle Riesenwesen gesichtet – und das oft im Zusammenhang mit UFOs. Am späten Abend des 24. Oktober 1973 war George Kowalczyk mit dem LKW seines Vaters unterwegs, als er am Himmel ein UFO ausmachte. »Es flog, orange glühend, über dem Feld meines Vaters.« George Kowalczyk fuhr rasch nach Hause, holte ein Gewehr, bat zwei Nachbarn, die auch das UFO bemerkt hatten, ihn zu begleiten, und kehrte in das Gebiet der UFO-Sichtung zurück. Gemeinsam beobachteten die Männer das UFO. »Es glühte immer noch rötlich, hatte etwa einen Durchmesser von dreißig Metern, war so groß wie ein Haus, hatte eine Kuppel. Es war äußerst hell und gab Geräusche wie ein riesengroßer Rasenmäher von sich.« Im Schein des UFOs waren zwei riesengroße, affenähnliche Kreaturen zu erkennen.

Dr. Johannes Fiebag hat in seinem Standardwerk »Die Anderen« eine Reihe von Vorfällen aufgelistet, bei denen UFOs und Riesenwesen zusammen auftraten. Drei Beispiele seien aufgeführt:

Am 12. September 1952 wurde hinter einem Hügel bei Flatwood, West Virginia, USA, eine »leuchtende Kugel«, so groß wie ein Haus, beobachtet. In unmittelbarer Nähe davon: ein Drei-Meter-Wesen, das entsetzlichen Gestank verbreitete.

Am 11. Oktober 1973 wurden Charles Hickson und Calvin Parker beim Angeln im Pascagoula-Fluß, Mississippi, von drei »furchterregenden Kreaturen, etwa zwei Meter groß«, an Bord eines außerirdischen Raumschiffs verschleppt.

Riesengroß waren auch die Gestalten, die Farmer Stephen Polaski am 25. Oktober 1973 in Greensburg, Pennsylvania, zusammen mit 15 weiteren Zeugen am Ort einer UFO-Landung sahen.

Ein Zusammenhang zwischen UFO-Sichtungen und Beobachtungen von Riesen kann also nicht geleugnet werden. Oft sind die imposanten Wesen anscheinend Begleiter der so oft beobachteten kleinwüchsigen Außerirdischen mit den unnatürlich großen Köpfen und den nachtschwarzen Augen.

Ron und Paula Watson aus Mount Vernon, Missouri, USA – ich ging bereits in Kapitel 18 auf ihren Fall ein –, sahen im Juli 1983 solche kleinwüchsigen Wesen, wie sie ein Kalb an Bord ihres kegelförmigen UFOs verschleppten. Ganz in der Nähe des Flugvehikels standen ein monströser Riese und ein weiteres Etwas, eine Art Mischwesen aus Mensch und Eidechse.

Derlei Berichte nehmen die Cherokee-Indianer mit einem Achselzucken hin. Überzeugt davon, daß »Sternenmenschen« für die grauenhaften Tierverstümmelungen verantwortlich sind, wissen sie aus heiligen Überlieferungen von »Yunwi Tsundi« (»Kleine Leute«) und von »Tsunil kalu«, den Riesen.

Seltsam: Diese Riesen, die von weither aus dem All gekommen sein sollen, werden als Wesen mit »Schlitzaugen« beschrieben. Das ist ein äußeres Merkmal, das von vielen Zeugen auch bei kleinwüchsigen Außerirdischen beobachtet wurde, die für die entsetzlichen Viehverstümmelungen verantwortlich gemacht werden.

In der Nacht vom 15. auf den 16. August 1994 hatte die 18jährige Yvonne Schneider (Name geändert) aus Bad Salzuflen ein unheimliches Erlebnis bei Detmold im Teutoburger Wald. Zusammen mit ihrem damaligen Freund fuhr sie zu den Externsteinen. Unweit des uralten germanischen Heiligtums liebten sich die beiden intensiv in der freien Natur. »Es war wohl so gegen ein Uhr morgens«, erinnert sich Yvonne Schneider. »Wir lagen nach der Liebe nackt im Gras, mein Freund war eingeschlafen, worüber ich mich ärgerte. Ich wollte schon leise abhauen, blieb aber doch noch liegen, starrte in den Himmel. Langsam wurde mir kalt. Da fiel mir ein besonders heller Stern auf, der sich aber bewegte und rasch näher und näher, tiefer und tiefer kam. Plötzlich stand er als große helle Scheibe über mir. Ich wollte schon meinen Freund wecken, da ging von der Unterseite dieses runden Dings, es mag fünfzig Meter im Durchmesser gehabt haben und schwebte wohl dreihundert Meter über dem Erdboden, ein heller Lichtstrahl aus. Er traf mich voll, was ein seltsames Kribbeln auf der nackten Haut auslöste.«

Sie habe sich »wie schwerelos« gefühlt und sei in einem Winkel von etwa 45 Grad »zum Himmel geflogen«. »Dabei hatte ich keine Angst, obwohl mir sonst schon bei kleinen Höhen schwindelig wird.«

Plötzlich habe sie sich im Inneren der Scheibe, in einem kreisrunden, metallenen Saal, befunden. »Wie ich reinkam, weiß ich nicht mehr. Kleine Männchen, höchstens 1,20 Meter groß, umstanden mich. Eines legte mich auf einen metallenen Tisch, beschmierte mich mit einer dünnflüssigen, leicht öligen Flüssigkeit, die ganz angenehm duftete.«

Bei den Berührungen durch das fremde Wesen seien »sexuelle Regungen« aufgekommen, die aber angesichts der Fremdartigkeit des »kleinwüchsigen Außerirdischen« rasch wieder abklangen. »Einen Augenblick fuhr mir durch den Kopf: Nicht schon wieder Sex, und schon gar nicht mit solch einem Knirps!«

Die Zeugin weiter: »Eines der Männchen untersuchte mich, die anderen assistierten, reichten Geräte. Da war auch so ein Kasten, aus dem führten sieben dünne, durchsichtige Schläuche heraus. An den Enden befanden sich kleine Saugnäpfe. Diese etwas klebrigen Dinger wurden an meinem Körper angebracht, an den Brüsten, um den Nabel, am Unterleib.« Etwa fünf Minuten habe die Untersuchung gedauert. »In dieser Zeit surrte der Kasten, mal lauter, mal leiser!«

Ein Wesen habe etwas am Kasten abgelesen und in gurrenden Tönen dem »Untersucher« mitgeteilt. »Es war so, als ob es ihm irgendwelche Meßwerte zuraunte. Verstanden habe ich aber nichts.«

Die ganze Zeit sei sie nackt gewesen, habe aber zu »keinem Zeitpunkt Scham« empfunden. »Es war viel weniger peinlich als bei meinem Gynäkologen.« Der sei schließlich ein »erwachsener Mann mit sexuellen Regungen«, die »seltsamen kleinen Wesen« hingegen seien ihr mehr wie »spielende Kinder vorgekommen«.

Aus den Augenwinkeln heraus habe sie einen »großen Kasten« wahrgenommen. »Es war so etwas wie ein riesiger Schneewittchensarg, irgendwie in einer Wand eingebaut.« Der »Kasten« aus durchsichtigem Material (Glas, »wie ein Aquarium«) sei von hinten angestrahlt gewesen.

»Darin befand sich ein sehr großes Wesen, vielleicht drei Meter lang. Es war wie ein Mensch, hatte aber Haare am ganzen Leib, wie ein riesiger Affe, nur komisch dünn angesichts der Größe. Das Ding schwamm in einer trüben, aber durchsichtigen Flüssigkeit. Es war anscheinend nackt, ich konnte aber keine Geschlechtsorgane erkennen.«

Sie habe sich, auch um sich etwas von den Prozeduren, die an ihr vorgenommen wurden, abzulenken, immer wieder »diesem Ding« zugewandt, habe, so gut das aus ihrer Position heraus möglich gewesen sei, hingesehen. Je aufmerksamer sie das Wesen betrachtet habe, um so lauter sei das surrende Geräusch aus dem Kasten, aus dem die Schläuche herausführten, die mittels der Näpfe an Yvonnes Haut klebten, geworden.

Yvonne Schneider: »Manchmal hatte ich das deutliche Gefühl, das Ding würde leichte Atembewegungen ausführen. Aber das war wohl eine optische Täuschung!«

Ihr Interesse an dem »Ding« sei den kleinwüchsigen Wesen aufgefallen. Das sie behandelnde Wesen habe ihr mitgeteilt, ohne daß sie Worte akustisch wahrnahm: »Das ist so etwas, womit wir experimentieren. Du brauchst keine Angst davor zu haben! Es sieht zwar fremdartig aus, hat aber auch viel von dir.«

Yvonne verstand nicht, was das Wesen damit meinte. Die Erklärung kam umgehend, kaum daß sie die Frage gedacht hatte. »Es ist eine Art Züchtung von uns. Es hat Teile vom Tier, aber auch Teile vom Menschen!«

Über diese Worte mochte Yvonne nicht weiter nachdenken. Der Kasten surrte lauter als je zuvor. Schließlich habe das kleinwüchsige Wesen die Behandlung beendet, die Saugnäpfe entfernt und sorgsam die Reste der Flüssigkeit von ihrem Körper gewaschen. Spuren von den Näpfen seien nicht zurückgeblieben.

Dann habe sie plötzlich immer noch nackt neben ihrem immer noch schlafenden Freund gelegen. »Ich hoffe, daß ich alles geträumt habe! Wenn das alles wahr gewesen sein soll ... ich würde an meinem Verstand zweifeln!« Mit ihrem Freund, von dem sie sich inzwischen getrennt hat, sprach Yvonne kein einziges Mal über das Erlebnis bei den Externsteinen. »Der hätte doch nur gelacht!«

Was sah Yvonne Schneider im geheimnisvollen Glaskasten? Etwa eines jener Wesen, einen jener Riesen, ein Ergebnis gentechnischer Versuche der zurückgekehrten Astronautengötter? Vielleicht würde eine Befragung unter Hypnose Yvonne mehr Details ins Gedächtnis zurückrufen, vielleicht sogar ganz neue Aspekte ans Tageslicht fördern. Zu einer Befragung unter Hypnose ist die junge Frau aber unter keinen Umständen bereit. »Die Erinnerungen, die ich habe, reichen mir vollständig. Mehr möchte ich wirklich nicht wissen!«

Nachwort:
Die Rückkehr der Astronautengötter

»Die Welt hat sich der Menschheit aufgetan, die Menschheit selbst hat sich das Reisen leicht und angenehm gemacht. Was sie einst in Träumen sich vorgezaubert hat, was ihr als Märchen ferner Welten einst geschildert wurde, ist heute fast mühelos erreichbar.« Mit diesen Worten leitete der Weltreisende Ernst von Hesse-Wartegg (1851–1913) sein üppiges Werk »Die Wunder der Welt«, das kurz vor dem Ersten Weltkrieg in zwei Bänden erschien, ein.

Inzwischen zielen die utopischen Träume des Menschen, was Reisen anbelangt, schon weit über die Grenzen unseres zu klein gewordenen Globus hinaus. Vieles von dem, was vorgestern noch Utopie war, ist schon lange wieder Vergangenheit. Der Mensch hat den Erdtrabanten Mond erreicht, seine Vehikel haben, noch unbemannt, die anderen Planeten unseres Sonnensystems erreicht, vieles erforscht und unser Sonnensystem bereits verlassen, mit Mitteilungen für Außerirdische an Bord. Sie sind unterwegs zu fernen Welten irgendwo in den Weiten des Universums.

In futuristischen Romanen sind es ferne Sterne, die besucht werden, und es scheint, daß sie uns Heutigen kaum noch ferner sind, als es etwa die Osterinsel für den Europäer zu Zeiten des Ernst von Hesse-Wartegg war.

Und wie jener wißbegierige Reisende durch phantastische Berichte über ferne, exotische Länder dazu veranlaßt wurde, zu abenteuerlichen Expeditionen aufzubrechen, so wurde Prof. Dr. Dr.-Ing. Hermann Oberth (1894–1989) zu seinen ersten Berechnungen über die Möglichkeiten der

Raumfahrt angeregt, nachdem er als Schüler Jules Vernes Roman »Die Reise zum Mond« gelesen hatte.

Hermann Oberth war von Stund an von der Vorstellung, fremde Planetenwelten müßten per Raumschiff zu erreichen sein, förmlich wie besessen. Schon 1923 erschien sein Werk »Die Rakete zu den Planetenräumen«, 1929 gefolgt von »Wege der Raumschiffahrt« und weiteren Büchern.

Heute, Jahre nach Oberths Tod, setzt sich auch in Kreisen der »breiten Öffentlichkeit« das Wissen durch, daß der stets bescheiden auftretende Gelehrte, der seinen beschaulichen Lebensabend in Feucht bei Nürnberg verbrachte, wo ich ihn über viele Jahre hinweg besuchen durfte, der »Vater der Weltraumfahrt« war.

Hermann Oberth legte aber keineswegs »nur« das Fundament der Raumfahrt. Bewundernd konstatierte Prof. Dr. Harry Ruppe, Inhaber des Lehrstuhls für Raumfahrt in München: »Ich stehe voller Erstaunen vor diesem Genie: Gibt es Raumfahrtgedanken, die er nicht gedacht hat?« Tatsächlich finden sich alle Projekte, die heutige Raumfahrtingenieure als ferne Zukunftsziele anstreben oder auch nur als mögliche Utopien diskutieren, bereits in vor Jahrzehnten publizierten Werken Oberths. Das sogenannte Terraforming, das Umgestalten von aus menschlicher Sicht lebensfeindlichen Planetenwelten in für menschliche Besiedlung geeignete Ziele, ist alles andere als eine neue Erfindung. Und wenn heute Experten an Projekten für interstellare Reisen arbeiten, dann sollten sie unbedingt beim »Vater der Weltraumfahrt« nachlesen. In Spezialbüros entwerfen NASA-Leute riesige Raumschiffe, oft in Rad- oder Röhrenform. Sie sollen, sich um die eigene Achse drehend, künstliche Schwerkraft an Bord erzeugen.

Eine neue Idee? Keineswegs! Schon 1954 beschrieb Oberth in seinem Werk »Menschen im Weltraum« Siedlungen im Kosmos. Der Gelehrte stellte sich sehr konkret gigantische

278

»Wohnräder« vor, Scheiben von sechs bis acht Kilometer Durchmesser. »Das Wohnrad dreht sich in 110 bis 126 Sekunden einmal um die eigene Achse. Dadurch entsteht ... Fliehkraft, die ... unserer irdischen Schwerkraft entspricht.«

Mit solchen »Wohnrädern«, selbständigen Miniaturwelten, wäre interstellare Raumfahrt möglich, wenn auch die startende Besatzung niemals am Ziel ankommen würde und Jahrtausende währende Reisen einkalkuliert werden müßten.

Prof. Dr. Dr.-Ing. Oberth in »Menschen im Weltraum«: »Man könnte sich vorstellen, daß Menschen ferne, unbekannte Planeten anderer Sonnen erreichen. Sie würden sich in Wohnwalzen als auf sich selbst gestellte Gemeinschaften auf den ungeheuer weiten Weg machen und nach Tausenden von Jahren ans Ziel kommen. Am Ziel würden die Nachfahren der einst von der Erde ausgezogenen Menschen neue Planeten erforschen und für ihre Nachkommen erschließen. Die Erinnerungen an die alte Erde, die für sie in den Tiefen des Weltraums versunken sein würde, wäre nur noch schwach und unwirklich, und die auf Mikrofilme und Tonbänder gebannte Geschichte der irdischen Menschheit klänge diesen Weltraumfahrern nicht anders als ein geheimnisvolles Märchen aus dem sagenhaften Reich der Toten.«

Tatsächlich liegen uns solche von Oberth geschilderten Erinnerungen bereits vor. Sie sind Jahrtausende alt und stammen aus dem alten Indien. Die Texte, die von manchen Wissenschaftlern Europas immer noch gern als »Märchen« abgestempelt würden, berichten folgendes: In grauer Vorzeit kamen gigantische Weltraumstädte, die sich (wie die von Oberth projektierten) um die eigene Achse drehten, aus dem Weltall. Indiens Schriftgelehrte nehmen diese Überlieferungen sehr ernst. Sie sprechen von Außerirdischen, die vor Jahrtausenden zur Erde kamen und angesichts ihrer scheinbaren Allmächtigkeit von den Indern und vielen anderen Völkern als »Götter« verehrt wurden.

Dabei verhielten sich diese Besucher aus dem All doch alles andere als göttlich-positiv im religiösen Sinne. Für sie war unsere Erde ein Testlabor. Sie schufen den Menschen als Produkt wissenschaftlicher Tests, vermutlich in einer klinisch-manipulierbaren Miniaturwelt auf dem Meeresgrund. Sie wählten Exemplare aus, die überleben und sich vermehren durften. Alle übrigen Exemplare wurden vernichtet.

Auf der Arche Noah, einer Art U-Boot, verfrachteten sie die Lebewesen, die aus dem ersten Testlabor auf die wirkliche Welt geschafft werden sollten – vom Meeresgrund an die Oberfläche. Die Arche (nach biblischen Angaben maß sie etwa 150 mal 25 mal 15 Meter, sie verfügte über einen Laderaum von mehr als 50 000 Kubikmetern) war groß genug, um von jeder Spezies ein Paar aufzunehmen.

Die Versuche gingen weiter. Immer wieder wurde selektiert, wurden atomare Vernichtungen inszeniert, grausam berechnend.

In grauer Vorzeit schufen die Astronautengötter Monster, sie mischten Gene. Es sieht ganz so aus, als ob sie wieder zur Erde zurückgekehrt sind und nun ihre Versuche fortsetzen. Arbeiten sie wieder an Mischwesen wie Riesen, so wie vor Jahrtausenden? Soll ein neuer Adam, soll eine neue Eva das Licht der Welt erblicken? Haben sie den Menschen von morgen schon konzipiert?

Und was geschieht dann mit uns, den »veralteten Modellen«?

Die Astronautengötter lassen sich nicht in die Karten schauen. Sie halten uns wohl nicht für würdig oder intelligent genug, in ihre Pläne eingeweiht zu werden.

»›Entfernung‹ ist ein leeres Wort geworden, und damit

sind die Wunder aller Welt nunmehr erschlossen«, schrieb etwas vollmundig von Hesse-Wartegg. Gewiß, so einfach wie bisher nie zuvor können wir heute etwa zu den Pyramiden Ägyptens oder zu jenen der Mayas und Azteken gelangen. Doch ungelöste Fragen gibt es dennoch viele, viel mehr als eigentlich nötig, wenn nur alle vorliegenden Fakten in die Überlegungen einbezogen würden. Doch leider fristen noch heute viele Tatsachen, so wie es der nimmermüde Erforscher des Rätselhaften, Charles Hoy Fort, bereits 1919 beschrieb, immer noch eine kümmerliche Existenz des Verdammtseins. Sie werden »übersehen«, mißachtet und verschwiegen.

Dieses Buch versuchte, so manch unbequeme Tatsache in das faszinierende Mosaik der Geschichte unserer Erde mit einzubeziehen. Dadurch wird freilich so manch radikale Veränderung bewirkt. Ich muß wiederholen: Vor vielen Jahrtausenden kamen Außerirdische aus dem All auf die Erde. Sie erzeugten den Menschen im »Testlabor Erde«, experimentierten auch mit gespenstischen Monstern aus der Retorte. Diese Astronautengötter sind heute auf die Erde zurückgekehrt. Was haben wir von ihnen zu erwarten? Müssen wir Angst vor ihnen haben?

Millionen Menschen in aller Welt lesen seit Jahrzehnten die Bestseller Erich von Dänikens über vorgeschichtliche Astronautengötter. Millionen tun aber die Gedanken des Pioniers einer neuen Forschungsrichtung achselzuckend ab. »Was habe ich mit Außerirdischen zu tun, die vor Ewigkeiten hier auf der Erde gewesen sein sollen?« fragt so mancher, ohne sich auch nur oberflächlich mit der Thematik zu beschäftigen.

Die Astronautengötter der Vorzeit gehen uns alle an. Denn sie sind in unserer Zeit wieder zur Erde zurückgekehrt. Ich frage deshalb nochmals: Was haben wir von ihnen zu erwarten oder zu befürchten?

1979 hielt ich in Mainz auf der Weltkonferenz der »Deutschen UFO-Studiengesellschaft« einen Vortrag zum Thema »Astronautenbesuche vor Jahrtausenden«. Zu meinem Befremden verbreiteten die meisten anderen Referenten geradezu überschwengliche Euphorie. Gewiß, große Probleme bedrohten die Menschheit. Doch es stünden, sozusagen bereits in Warteposition, außerirdische Retter parat. So lautet auch die Kunde von Claude Vorilhon, der sich Rael nennt und als angeblicher Botschafter der Außerirdischen die Welt bereist. Die Fremden aus dem All hätten ihn dazu auserkoren, frohe Kunde zu verbreiten: Menschen, glaubt an uns, und wir werden euch aus jeder Bedrängnis helfen!

Am 24. April 1985 nahm ich an einer von Wolfgang Priester moderierten Radiosendung eines Münchner Senders teil, diskutierte mit Claude Vorilhon über seine Thesen. Ich verdeutlichte dabei, daß sie – wie auch die zahllosen UFO-Sektierer, die Religionen mit Besuchern aus dem All in der Rolle von Heilsbringern schaffen wollen – gefährlich sind. Gefährlich? Warum?

Auch nach dem Fall des Eisernen Vorhangs, auch nach dem Verschwinden des Ost-West-Konflikts gibt es zahllose Krisenherde, brechen fast täglich irgendwo auf der Welt neue Kriege aus. Kriege, Hungersnöte, Seuchenepidemien, Umweltverpestung – mit diesen und anderen Problemen müssen wir Menschen selbst fertig werden. Wir können uns nicht auf die Hilfe von Außerirdischen verlassen. Denn die begegnen uns Menschen wie Wissenschaftler ihren Versuchstieren. Sie beobachten, sie studieren, aber sie helfen nicht. Wie beobachten sie uns wohl? Von ihren Raumschiffen aus? Aber vielleicht sind die Fremden auch mitten unter uns.

Wladislaw Raab, Herausgeber des Fachblatts »UFO-Report«, ist schon seit einiger Zeit damit beschäftigt, eine Datei zu erstellen, in der so viele Zeugenaussagen über

Kontakte mit Außerirdischen wie nur möglich zusammengefaßt werden sollen. Die bislang verarbeiteten Berichte ergeben kein einheitliches Bild über das Aussehen der Außerirdischen. Oder anders gesagt: *Den* Außerirdischen schlechthin gibt es nicht.

So liegen Beschreibungen vor von »kleinen grauen Wesen«, von Gestalten in taucheranzugähnlicher Kluft, von Gnomen, von Riesen und von affenähnlichen Typen à la Yeti.

Was besagt die Vielfalt der Erscheinungsformen von außerirdischen Besuchern? Theoretisch denkbar wäre, daß unser blauer Planet nicht nur von einer einzigen Art von Außerirdischen, sondern von ganz unterschiedlichen Vertretern besucht wird, die vielleicht in ganz unterschiedlichen Sonnensystemen, verteilt auf die Weiten des Universums, zu Hause sind. Aber warum sollten sie dann alle von überall her ausgerechnet zur Erde kommen? Angesichts der unendlichen Vielzahl der möglichen Ziele erscheint eine solche Annahme als wenig plausibel!

Das altindische Epos »Subhaparvam« hält eine Lösung des Problems parat. Da heißt es nämlich: »In alten Zeiten pflegten die Götter zur Erde zu kommen. Sie nahmen menschliche Züge an, studierten die Menschen.« Sie »nahmen menschliche Züge an«? Sollte das heißen, daß die Außerirdischen ihr Aussehen nach Belieben verändern können?

Die Astronautengötter der alten Inder, die ihr Aussehen dem der Menschen anpassen können, finden ihr Pendant in einem Außerirdischen, der im Winter 1966 die siebenjährige Kathy Davis entführte. An Bord des UFOs gebracht, erschien der Alien dem Kind zunächst »wie ein kleiner Junge«. Aber für einen Augenblick ließ er seine Maske fallen, verwandelte sich in eine kleine, großköpfige, grauhäutige Gestalt. Sehen wir also die Außerirdischen so, wie sie wollen, daß wir sie sehen? Und ist es ihr Wunsch, daß wir wissen, daß das so ist?

Dr. Johannes Fiebag entwickelte die sogenannte »Mimikry-Hypothese«. Demnach erscheinen uns die Außerirdischen so, wie sie gesehen werden wollen. Wir nehmen die Fremden also optisch nicht so wahr, wie sie sind, sondern wir sehen immer nur ihre Masken.

Dr. Fiebag schreibt in seinem Buch »Kontakt«: »Mimikry bedeutet ›perfekte Tarnung‹. Wir wissen nichts oder nur sehr wenig über die Motivation jener Intelligenz, die sich hinter dem UFO-Phänomen verbirgt. Sie benutzt dieses Phänomen, es ist ihr Werkzeug, ihr Instrument. Es ist nichts weiter als die Maske, die wir sehen, eine schillernde Maske, voll bizarrer, glitzernder, verwirrender Züge. Wir lassen uns davon blenden, weil wir gar keine andere Möglichkeit haben. Wir können nur die Oberfläche sehen, der Blick ins Innere bleibt uns verwehrt.«

Die Außerirdischen können demnach als »Menschen« unter uns weilen, ohne daß wir sie als Fremde erkennen. Wie sollen wir uns aber angesichts der möglichen Allgegenwart der Außerirdischen verhalten? Müssen wir in Panik verfallen, eingedenk der drastischen Gewalt, die die Fremden im Laufe der Menschheitsgeschichte gegenüber Mensch und Tier angewandt haben?

Ich glaube, die Menschheit steht vor ihrer entscheidendsten Bewährungsprobe überhaupt. Überleben können wir nur, wenn wir uns als intelligente Spezies verhalten.

Die Dummheit oder die Intelligenz der Gattung Mensch wird sich darin zeigen, wie wir mit den akuten Problemen unserer Zeit fertig werden, etwa der gewaltigen Überbevölkerung und den daraus erwachsenden Konsequenzen. Oder in der Art und Weise, wie wir mit unserer Heimat, mit dem blauen Planeten, umgehen. Ob wir ihn weiterhin bedenkenlos ausbeuten, verpesten und zerstören, dem irreführenden Motto »Macht euch die Erde untertan!« folgend. Oder ob wir ihn nach Indianerart als ein komplexes, verletzliches Gebilde erachten, das dem Menschen nur leihweise, auf begrenzte Zeit, zur Verfügung gestellt wurde.

Dummheit oder Intelligenz des Menschen wird sich auch im Umgang mit der Kreatur Tier offenbaren. Wenn wir unsere Mit-Lebewesen auf der »Arche Erde« weiterhin so behandeln wie bisher – ich nenne nur die Schlagworte Massentierhaltung und Tierversuche –, dürften wir uns wohl kaum als intelligent qualifizieren.

Von dieser Qualifikation aber dürfte es abhängen, wie wir weiterhin von den Astronautengöttern, die zur Erde zurückgekehrt sind, behandelt werden: als ernstzunehmende, intelligente Wesen oder als Material, mit dem geforscht, experimentiert, aber nicht kommuniziert wird.

Wird es uns gelingen, endlich wirklich in Kontakt mit den Astronautengöttern zu treten? Wenn ja, dann stehen uns Offenbarungen ins Haus, die so extrem unser Leben beeinflussen und ändern werden, wie wir uns das vermutlich selbst in unseren kühnsten Träumen nicht vorstellen können.

Die Gegenwart der Außerirdischen wurde dieser Tage von Lord Peter John Hill-Newton, von 1971 bis 1973 britischer Militäroberbefehlshaber und Ex-Flottenadmiral, bestätigt: »Die USA, die NATO und auch Rußland verfolgten über Jahre Außerirdische unter dem Codewort Operation Moondust. UFO-Sichtungen, ja UFO-Landungen waren in hohen Militärkreisen bekannt, wurden aber geheimgehalten! Ich habe da sehr konkrete Informationen!«

Anhang

Aufruf zur Teilnahme an der internationalen Roswell-Initiative

In Kapitel 16 des vorliegenden Buches ging ich ausführlich auf den Absturz eines UFOs bei Roswell in New Mexico ein. Obwohl nie zuvor so viele Details über den faszinierenden Fall bekannt gemacht wurden, liegt doch nach wie vor vieles im verborgenen. Es muß endlich wirklich Klarheit geschaffen werden. Das versuchen internationale UFO-Forscher mit der Roswell-Deklaration zu erreichen.

Ich bitte meine Leserinnen und Leser, sich an der Aktion zu beteiligen.

Roswell-Deklaration

1947 ereignete sich in einer Wüstengegend der Vereinigten Staaten ein Zwischenfall, der bedeutende Auswirkungen auf die gesamte Menschheit haben könnte. Er beinhaltet die Bergung von Material, von dem angenommen wird, es sei außerirdischer Herkunft, durch das US-Militär. Das Ereignis wurde durch US-Militärstellen am 8. Juli 1947 durch eine Pressemitteilung bekanntgegeben, die dann durch Zeitungen im ganzen Land weiterverbreitet wurde. Sie wurde hinterher wieder dementiert und durch etwas ersetzt, von dem angenommen wird, daß es sich um eine Vertuschungsgeschichte handelt. Es wurde nunmehr behauptet, das Material sei nichts weiter als ein Wetterballon. Die Angelegenheit ist seither durch die Regierung mit dem Schleier des Geheimnisses zugedeckt worden.

Die Pressemitteilung, die zuerst das ungewöhnliche Ereignis bekanntgab, wurde vom Kommandeur der 509. Bombereinheit des Roswell Army Air Field, Oberst William Blanchard, herausgegeben, der später zum Viersternegeneral und Vizechef der Air Force der Vereinigten Staaten befördert wurde. Die Wetterballon-Geschichte war zur Vertuschung des tatsächlichen Ereignisses erfunden worden, was durch Personen, die direkt beteiligt waren, bestätigt wurde, einschließlich des späteren Generals Thomas Du Bose, der das Telefonat aus Washington D.C. entgegennahm, in dem die Vertuschung angeordnet wurde. Zahlreiche andere glaubwürdige militärische und zivile Zeugen haben bestätigt, daß die originale Pressemitteilung korrekt gewesen ist und daß die Wrackteile von Roswell extraterrestrischen Ursprungs waren. Eine dieser Personen war Major Jesse Marcel, der Abwehroffizier der 509. Bombereinheit und einer der ersten Militäroffiziere am Ort des Geschehens.

Am 12. Januar 1994 gab der Abgeordnete des Kongresses der Vereinigten Staaten, Steven Schiff aus Albuquerque, New Mexico, auf einer Pressekonferenz bekannt, daß er im Verteidigungsministerium wie gegen Mauern gelaufen sei, als er im Namen der Bürger und Zeugen Informationen, das Roswell-Ereignis von 1947 betreffend, verlangte. Indem er weitere Untersuchungen in der Sache ankündigte, nannte der Kongreßabgeordnete Schiff das Fehlen jeder Antwort seitens des Vereteidigungsministeriums »erstaunlich« und schloß daraus, daß es sich hier offensichtlich um ein »weiteres Vertuschungsmanöver handelt«.

Die Geschichte hat gezeigt, daß offizielle Versicherungen oder Dementis durch die Regierung oft bedeutungslos sind. Dennoch gibt es einen logischen und geradeaus führenden Weg, die Wahrheit über Roswell zu finden: ein Exekutivbeschluß, der die Geheimhaltung jeglicher Informationen betreffend der Existenz von UFOs und extraterrestrischer Intelligenz aufhebt. Solch eine Aktion würde berechtigt und angemessen sein, denn es handelt sich hier um eine Angelegenheit von universeller Bedeutung. Um alle potentiellen Zeugen mit der nötigen Sicherheit zu versehen, wäre es nötig, solch einem klar formulierten Beschluß Gesetzeskraft zu verleihen. Eine derartige Verfügung ist grundlegend notwendig, und genau das war es auch, was Präsidentschaftskandidat Jimmy Carter 1976 versprach. Bis heute wurde dieses Versprechen nicht eingelöst.

Wenn, wie offiziell behauptet wird, keine Informationen über Roswell, UFOs oder extraterrestrische Intelligenz zurückgehalten werden, würde ein Exekutivbeschluß zur Aufhebung der Geheimhaltung nur eine bloße Formalität bedeuten, denn es gäbe ja nichts, was enthüllt werden müßte. Der Beschluß hätte den positiven Effekt, daß die Sache ein und für allemal wahrheitlich richtiggestellt würde. Jahre der Kontroverse und Verdächtigungen würden enden, vor den Augen der Bürger der Vereinigten Staaten von Amerika und der ganzen Welt.

Wenn andererseits die Zeugen von Roswell die Wahrheit sagen und Informationen über extraterrestrische Intelligenz existieren, dann kann es nicht eine Sache sein, über die ein paar Privilegierte innerhalb der amerikanischen Regierung Exklusivrechte besitzen. Es stellt Wissen von grundlegender Bedeutung dar, an dem alle Menschen auf diesem Planeten ein unleugbares Recht haben. Seine Preisgabe würde fraglos universell als ein historischer Akt von Ehrlichkeit und gutem Willen anerkannt werden.

Es folgt nun die eigentliche Roswell-Erklärung. Ich bitte meine Leserinnen und Leser, den folgenden kurzen Text abzuschreiben und an mich zu senden. Ich werde die unterschriebenen Erklärungen an die zuständige Behörde weiterleiten. Bitte schicken Sie die Erklärung an

Walter-Jörg Langbein
c/o Langen Müller Verlag
Thomas-Wimmer-Ring 11
D-80539 München

Der Text:

Ich unterstütze die Initiative für einen Exekutivbeschluß, alle Informationen der US-Regierung, die Existenz von UFOs oder extraterrestrischer Intelligenz betreffend, von der Geheimhaltung zu befreien. Unabhängig davon, ob solche Informationen existieren oder nicht, glaube ich, daß die Völker der Welt das Recht haben, in dieser Sache die Wahrheit zu erfahren. Es ist an der Zeit, die Kontroverse zu beenden, die diese Thematik umgibt.

_____

Unterschrift/Datum

_____

Berufsbezeichnung

_____

falls vorhanden: Diplom, Titel, akademischer Grad

_____

Name (Vorname, Nachname, bitte in Druckbuchstaben)

_____

Straße

_____

Postleitzahl/Ort

_____

Land

Empfehlenswerte Organisationen und Zeitschriften

1. *Organisationen, die sich mit der Erforschung des UFO-Phänomens oder Besuchen außerirdischer Intelligenzen in der Geschichte der Menschheit beschäftigen:*

Ancient Astronaut Society (AAS)
Baselstraße 10
CH-4532 Feldbrunnen

Gemeinschaft zur Erforschung außerirdischer Spuren e.V.
(GEAS)
Oliver Koch
Schwalbenflucht 17
D-27751 Delmenhorst

Gesellschaft zur Erforschung des UFO-Phänomens e.V.
(GEP)
Postfach 2361
D-58473 Lüdenscheid

Interessengemeinschaft Prä-Astronautik e.V.
(IPE)
Wintgenstraße 26
D-45239 Essen

Mutual UFO Network – Central European Section
(MUFON-CES)
Gerhart-Hauptmann-Straße 5
D-83620 Feldkirchen-Westerham

Regional-UFO-Forschungszentrum Nord
(RUFON)
Gerhard Cerven
Groten Hoff 11
D-22359 Hamburg

2. Zeitschriften zum Thema:

Ancient Skies
Organ der Ancient Astronaut Society (siehe AAS, oben)
Erscheint zweimonatlich, Themenbereich Paläo-SETI-Hypothese, neue Erkenntnisse und theoretische Ansätze, Literaturrezensionen. Chefredakteur: Dr. Johannes Fiebag.

AURA-Z
Chefredakteur: Alexander Avshalumov
Redaktionsanschrift: P.O. Box 224, Moscow
117463, Rußland.
Periodisch erscheinendes Magazin, u. a. in Englisch, mit Schwerpunktthemen UFOs, Parapsychologie und Grenzwissenschaften.

Discover
Hrsg. von Martin Lehmann
Postfach 1633
CH-4901 Langenthal
Berichte aus Archäologie, Paläo-SETI, SETI, Forschung und
Technik.

Explorer
Erscheint als Eigenproduktion der Mitglieder in der AAS und
wird herausgegeben von
Gerald Appel
Schwalbenweg 37
D-67063 Ludwigshafen

G.R.A.L. – Geheimnisse/Rätsel/Analysen/Lösungen
Hrsg. von Michael Haase, Arckos-Verlag,
Lepiusstraße 1, D-12163 Berlin.
Erscheint zweimonatlich, kritisches Magazin mit Hauptaspekt
Paläo-SETI, daneben Themen wie Astronomie, Astronautik, Archäologie und Grenzgebiete der Forschung.

International UFO Reporter
Hrsg. vom J. Allen Hynek Center for UFO Studies,
2457 West Peterson Avenue, Chicago, Ill. 60659, USA. Englischsprachige UFO-Zeitschrift, erscheint zweimonatlich. Gute, fundierte und wissenschaftliche Beiträge zu aktuellen und historischen UFO-Fällen. Hauptschwerpunkt: Sichtungen in den USA.

Journal für UFO-Forschung
Organ der GEP (siehe oben), herausgegeben von Hans-Werner Peiniger und Gerald Mosbleck
Erscheint monatlich, Themenbereich UFO-Forschung, kritische Analysen einzelner Fälle, weltweite UFO-Forschung, umfassende Literaturrezensionen.

Magazin für Grenzwissenschaften
Hrsg. von Walter Kelch und Stefan E. Rickes, Niederstraße 31, D-56637 Plaidt.
Das Magazin behandelt Themen wie UFO-Forschung, die Paläo-SETI-Hypothese, sogenannte »Fabelwesen« und andere Mysterien. Es gibt Informationen über Astronomie, Meteorologie und Weltraumtechnik sowie Archäologie.

MUFON UFO Journal
Hrsg. vom Mutual UFO Network, 103 Oldtown Rd., Seguin, Texas 78155, USA.
Monatlich erscheinendes, englischsprachiges Magazin der derzeit weltweit größten UFO-Forschungsgruppe.
Wissenschaftlich abgesicherte, gut recherchierte Berichte. Themenschwerpunkt: USA.

NSIS THE NEW SCIENCE INFORMATIONSHEFT

Hrsg. von Hans Ebert, Ganghoferstraße 23, D-83059 Kolbermoor.

Das NSIS kombiniert Beiträge zur Paläo-SETI-Hypothese mit solchen zur UFO-Forschung, zur Esoterik und zur Computerforschung.

SETI

Hrsg. von IPE e.V. (siehe oben) und Thomas Mehner.

SETI, IPE-Info, Präastronautik-Jahrbuch, Spurensuche EXTRA.

Erscheinen in Heftform oder Buchreihe. Thematisch konzentriert sich die Arbeit auf die Paläo-SETI-Hypothese und Querverbindungen zum UFO-Komplex.

UFO-Kurier

Hrsg. von Jochen Kopp, Hirschauer Straße 10, D-72108 Rottenburg.

Erscheint zweimonatlich und veröffentlicht sowohl deutsche Originalarbeiten als auch Übersetzungen aus dem aktuellen englischen und amerikanischen Schrifttum.

UFO-Report

Hrsg. von Wladislaw Raab, Klenzestraße 17, D-80469 München.

Aktuelle UFO-Meldungen und Entführungsberichte, Kommentare zum weltweiten Geschehen, Buchrezensionen und insbesondere auch Übersetzungen aus der ehemaligen Sowjetunion. Erscheint viermal im Jahr.

Dank

Der erste Dank geht an meine Lebensgefährtin, Frau Barbara Kern, die es wahrscheinlich nur aufgrund enormer Geduld und einer gehörigen Portion Humor ausgehalten hat, daß es für mich monatelang nur »Das Sphinx-Syndrom« als akzeptables Gesprächsthema gegeben hat.

Dank geht an meine so effektive Agentur, vertreten durch die Herren Dirk R. Meynecke und Claus S. Dörner, die bei aller Professionalität niemals die menschlich-emotionale Seite unserer erfolgreichen und stets erfreulichen Verbindung vergaßen.

Dank geht an Hermann Hemminger, meinen Lektor, an die Verlagsleiterin Frau Dr. Brigitte Sinhuber und an den Verleger selbst, Herrn Dr. Herbert Fleissner.

Dank schulde ich zahllosen UFO-Forschern, deren schier unermüdlicher Fleiß so viele hochinteressante Ergebnisse zutage förderte, auf die sich das vorliegende Buch – auch – stützt. Alle ihre Namen zu nennen, das ist wohl letztlich unmöglich. Stellvertretend seien genannt: Charles Bowen, Dr. Johannes Fiebag, Edith Fiore, Budd Hopkins, Linda Moulton Howe, Prof. Dr. David M. Jacobs, Professor Dr. John E. Mack, Dr. Karla Turner.

Auch die Liste all jener Menschen aus dem Bekannten- und Freundeskreis, die mit Material und Anregungen zum vorliegenden Buch beigetragen haben, wird wohl unvollständig bleiben. Besonders danken möchte ich: Dr. h. c. Erich von Däniken, Willi Dünnenberger, Peter Fiebag, Dr. Karl Grün, Reinhard Habeck, Edith und Ilse Pollo, Hans-Werner Sachmann und Julia Zimmermann.

Über viele Jahre hinweg erfuhr ich großen Zuspruch von Seiten zahlreicher Leserinnen und Leser, die rege an meiner Arbeit Anteil nahmen und mir so zu weiterem Forschen, Arbeiten und

Schreiben Mut machten. Stellvertretend möchte ich mich an dieser Stelle bei Frau Edeltraud Brandner aus Österreich bedanken.

Meinungsbekundungen zum vorliegenden Buch sind bei mir ebenso willkommen wie Anregungen oder Berichte über eigene Erlebnisse, etwa im Zusammenhang mit UFO-Sichtungen, rätselhaften Geschehnissen und geheimnisvollen Orten dieser Welt. Besonders interessiert bin ich an Zeugenaussagen über UFO-Sichtungen im allgemeinen und im Zusammenhang mit den Geschehnissen in der Nacht vom 15. auf den 16. August 1994 im Raum Detmold im speziellen.

Bitte schreiben Sie mir. Auf Wunsch werden Ihre Angaben gern vertraulich behandelt. Meine Anschrift:

Walter-Jörg Langbein
c/o Langen Müller Verlag
Thomas-Wimmer-Ring 11
D-80539 München

Vielen Dank im voraus!

Literatur

Vorwort: »Big Mama« oder »Jack the Ripper« aus dem All?

Moulton Howe, Linda: »An alien harvest«, Littleton, Colorado, USA, 1989

1 *Testlabor Erde – Testprodukt Mensch*

»Ärzte Zeitung«, 25./26. 2. 1994: »Der Homo sapiens entstand wahrscheinlich aus 10 000 Individuen«
Bibel – diverse Ausgaben wurden benutzt, empfehlenswert sind besonders:
  Buber, Martin: »Die fünf Bücher der Weisung«, Köln 1954
  »Neue-Welt-Übersetzung der Heiligen Schrift«, revidierter Text, Selters 1986
  Zunz, Leopold: »Die vierundzwanzig Bücher der heiligen Schrift«, Basel 1990
Farkas, Viktor und Krassa, Peter: »Lasset uns Menschen machen«, München 1985
Ginzberg, Louis: »The Legends of the Jews«, Band I, o. O., 1954
»Henoch-Buch«, wiedergegeben in Kautzsch, Emil: »Die Apokryphen des Alten Testaments«, Ausgabe in zwei Bänden, Tübingen 1900
Langbein, Walter-Jörg: »Entstand die menschliche Intelligenz durch eine genetische Manipulation?«, »Ancient Skies«, deutsche Ausgabe, November 1977
–: »Astronautengötter. Versuch einer Chronik unserer phantastischen Vergangenheit«, Luxemburg 1979
–: »Lag das Paradies auf dem Meeresboden?«, »esotera«, Februar 1980

Wainscoat, Jim: »Out of Eden«, Artikel in »Nature«, London, Ausgabe vom 1. Januar 1987

Zimmerli, Walther: »Alte Ethik und Neue Technologie – Der Fall Gentechnologie«, Artikel, veröffentlicht in »Neue Zürcher Zeitung«, Zürich, Ausgabe Nr. 141, 21./22. 6. 1986

Exkurs in die Gegenwart: Kampf um Planet Erde:

Girard, Robert C.: »Ambiguity in UFO Behavior. UFOs 1947–1987«, compiled and edited by Hilary Evans with John Spencer, London 1987

2 Das Atlantis der Südsee

Agassiz, Alexander: »Reports on the scientific results of the expedition to the eastern tropical Pacific«, Cambridge 1906

Barthel, Thomas (u. a.): »1500 Jahre Kultur der Osterinsel«, Mainz 1989

Felbermayer, Fritz: »Sagen und Überlieferungen der Osterinsel«, Nürnberg 1971

Grumley, Michael: »There are giants in the earth«, New York 1974

Langbein, Walter-Jörg: »Die großen Rätsel der letzten 2500 Jahre«, Augsburg 1992

–: »Geheimnisvolle Osterinsel«, »Para«, Österreich, Ausgaben März, April und Mai 1993

Lavachery, Henri: »Easter Island«, Smithsonian Institution, 1936

Metraux, Alfred: »Easter Island«, Honolulu, Hawaii, 1971

Routlegde, Katherine: »The Mystery of Easter Island«, London 1917

Schmidt, Hans: »Die Steinbilder-Typen der Osterinsel und ihre Chronologie«, Universität Hamburg 1927

3 Monster in Ägypten

Beckerath, Jürgen von: »Abriß der Geschichte des Alten Ägypten«, München 1971

Däniken, Erich von: »Wir sind alle Kinder der Götter«, München 1987

–: »Die Augen der Sphinx«, München 1989

Eggebracht, Eva: »Die Geschichte des Pharaonenreiches«, »Das Alte Ägypten«, München 1984

Ettinger, Robert: »The Prospect of Immortality«, New York 1965

Herodot: »Historien«, München 1963

Hopfner, Theodor: »Der Tierkult der Alten Ägypter«, Wien 1913

Lauer, Jean-Philippe: »Saqqara, die Königsgräber von Memphis«, Bergisch Gladbach 1977

Leca, Pierre: »Die Mumien«, Düsseldorf 1982

Lurker, Manfred: »Götter und Symbole der Alten Ägypter«, Bern 1974

Meyer, Eduard: »Geschichte des Altertums«, Stuttgart 1909

Mulack, Christa: »Am Anfang war die Weisheit«, Stuttgart 1988

Tompkins, Peter: »Cheops«, Bern 1975

Wahrmund, Adolf: »Diodor von Sizilien«, Stuttgart 1986

Wolf, Doris: »Was war vor den Pharaonen?«, Zürich 1994

Zehren, Erich: »Scherben, Schriften und Geschichte«, Bergisch Gladbach 1980

Exkurs in die Gegenwart: Frankenstein 1994:

Jewsejew, Alexander: »Dr. Jiangs verblüffende Experimente«, Beitrag in »Nedelja«, nachgedruckt im »Magazin für Grenzwissenschaften«, Heft 7/1994

Langelann, George: »Die Fliege«, Bern, München, Wien 1987

4   *Experiment Wüste – Manna von den Göttern*

Amiet, Pierre u. a.: »Handbuch der Formen und Stilkunde«, »Antike«, Wiesbaden 1988

Ancient Astronaut Society (Hrsg.): »Neue Beweise der Präastronautik«, Rastatt 1979

Brunner, Helmut u. a.: »Lexikon alte Kulturen«, Band II, Mannheim, Leipzig, Wien, Zürich 1993

Däniken, Erich von: »Beweise«, Düsseldorf, Wien 1977

Dopatka, Ulrich: »Lexikon der außerirdischen Phänomene«, Bindlach 1992

Fohrer, Georg: »Einleitung in das Alte Testament«, Heidelberg 1969

Keller, Werner: »Und die Bibel hat doch recht«, Düsseldorf, Wien, New York 1989

Sassoon, George und Dale, Rodney: »Die Manna-Maschine«, Berlin 1994 (Ullstein Taschenbuch 35 462)

»Watch Tower Bible and Tract Society of Pennsylvania«: »Einsichten über die Heilige Schrift«, 2 Bände, Selters (o. J.)

Exkurs in die Gegenwart: Wo ist die Manna-Maschine heute?:

Fiebag, Johannes und Peter: »Die Entdeckung des Grals«, München 1989

5   Das Geheimnis der Dogon (Besucher vom Sirius I)

Däniken, Erich von: »Beweise«, Düsseldorf, Wien 1977

Davoust, Emmanuel: »Signale ohne Antwort?«, Basel 1993

Dieterlen, Germaine und Griaule, Marcel: »Un système soudanais de Sirius«, »Journal de la société des Africanistes«, Band 21, Fascicule I, Paris 1951

Griaule, Marcel: »Schwarze Genesis«, Freiburg 1970

Mertz, Bernd A.: »Magisch Reisen – Ägypten«, München 1991 (Hrsg. von Wulfing von Rohr)

»Sind die Pyramiden ein Spiegelbild des Sternenhimmels?«, »Welt am Sonntag«, 13. 2. 1994

Temple, Robert K. G.: »The Sirius Mystery«, London 1976

6   Das Geheimnis der Steinernen Scheiben (Besucher vom Sirius II)

Agamon, David (Hrsg.): »Sungods in exile«, Sudbury 1978

Däniken, Erich von: »Zurück zu den Sternen«, Düsseldorf, Wien 1969

Däniken, Erich von: »Aussaat und Kosmos«, Düsseldorf, Wien 1972

Hausdorf, Hartwig: »Die weiße Pyramide«, München 1994

Kassanzew, Alexander: »Raumschiff vor 12 000 Jahren?«, »Sputnik«, Heft 1/1968

Kolosimo, Peter: »Sie kamen von einem anderen Stern«, München (o. J.)

Krassa, Peter: »Und sie kamen auf feurigen Drachen«, Wien 1984

–: »Ich fand meine ›Fata Morgana‹«, »Kosmische Spuren«, hrsg. von Erich von Däniken, München 1988

Langbein, Walter-Jörg: »Astronautengötter. Versuch einer Chronik unserer phantastischen Vergangenheit«, Luxemburg 1979

7 Das Geheimnis der Taiga (Besucher vom Sirius III)

Borsenko, A.: »Tunguska Explosion – 80 Jahre danach«, »Kultur und Leben«, UdSSR, Heft 12/1988

Krassa, Peter: »Feuer fiel vom Himmel«, Luxemburg 1980

Langbein, Walter-Jörg: »Die großen Rätsel unserer Zeit. Die Tunguska-Explosion«, »Das Neue Zeitalter«, Heft 47/1983

Mechedow, W. N.: »Über die Radioaktivität von Baumaschen im Gebiet der Tunguska-Katastrophe«, Vereinigtes Kernforschungsinstitut Dubna, Laboratorium für Kernprobleme, UdSSR 1967

Mehner, Thomas: »Der Tunguska-Körper. Doch ein außerirdisches Raumschiff?«, Manuskript, Archiv Langbein

XXX, sowjetischer Rekordkosmonaut, persönliche Informationen für Walter-Jörg Langbein. Informant bleibt auf Wunsch anonym.

Däniken, Erich von: »Beweise«, Düsseldorf, Wien 1977
Ginzberg, Louis: »The Legends of the Jews«, The Jewish Publication Society of America, 1954, Vol.1
Groth, Hans Ulrich: »Prä-astronautische Aspekte der Qumran-Rollen«, »Ancient Skies«, Nr. 1/94
Langbein, Walter-Jörg: »Die Sache mit den Urtexten«, »Neue Beweise der Prä-Astronautik«, hrsg. von der Ancient Astronaut Society, Rastatt 1979
–: »Engel im Orbit«, »esotera« 6/1981
–: »Freizeitspaß der Götter«, »esotera« 7/1981
Ranke-Graves, Robert von: »Hebräische Mythologie«, Reinbek 1986
Rießler, Paul: »Altjüdisches Schrifttum außerhalb der Bibel«, Rottenburg 1927

9   *UFOs, Engel und Atombomben*

Bibelausgaben:

»Die Bibel oder die ganze Heilige Schrift aus dem Alten und Neuen Testament nach der Übersetzung Martin Luthers«, Württembergische Bibelanstalt Stuttgart 1972
»Die Bibel oder die ganze Heilige Schrift des Alten und Neuen Testaments nach der Übersetzung D. Martin Luthers«, neu durchgesehen und nach dem vom Deutschen Evangelischen Kirchenausschuß genehmigten Text, Stuttgart 1975
Buber, Martin: »Die Schriftwerke«, Heidelberg 1976
»Bücher der Kündung«, Köln 1966
»Die Bücher der Heiligen Schrift«, übersetzt von Leopold Zunz, Basel 1980
»Neue Weltübersetzung der Heiligen Schrift«, Selters 1986
»Biblia Hebraica«, Württembergische Bibelanstalt, Stuttgart 1973

Dopatka, Ulrich: »Lexikon der außerirdischen Phänomene«, hrsg. von Erich von Däniken, Bindlach 1992

Drake, Walter Raymond: »Gods and spacemen in Ancient Israel«, London 1976

Hamp/Stenzel: »Die Heilige Schrift«, Aschaffenburg 1957

Krassa, Peter: »Gott kam von den Sternen«, Freiburg 1974

Langbein, Walter-Jörg: »Bomben auf Sodom und Gomorrha«, »esotera« 4/1980

Sagan, Carl und Schlovsky, Josif S.: »Intelligent Life in the Universe«, New York 1966

Schlippe, Gunnar von: »Biblische Dokumente und die kosmische Astronautentheorie«, »Waren die Götter Astronauten?«, hrsg. von Ernst von Khuon, Düsseldorf 1970

Schulz, Curt F. E.: »Und das alles im Namen Gottes. Kritische Stellungnahme zur Bibel und zum Christentum«, Berlin 1992

Exkurs ins 20. Jahrhundert: Luzifers Rückkehr?:

Sachmann, Hans Werner: »Die Epoche der Engel. Eine Analyse biblischer Behauptungen über Engel im Sinne präastronautischer Hypothesen«, Baden Baden 1980

Steiger, Brad: »Haunted Lovers«, New York 1971

–: »Visitors from Space«, London 1976

10   Hesekiel, zwei Ingenieure und ein Tempel

Beier, Hans Herbert: »Kronzeuge Ezechiel. Sein Bericht, sein Tempel, seine Raumschiffe«, München 1985

Blumrich, Josef F.: »Da tat sich der Himmel auf. Die Raumschiffe des Propheten Ezechiel und ihre Bestätigung durch modernste Technik«, Berlin 1994 (Ullstein Taschenbuch 35 447)

Buber, Martin: »Bücher der Kündung«, Köln 1966

Däniken, Erich von: »Erinnerungen an die Zukunft«, Düsseldorf 1968

–: »Strategie der Götter. Das achte Weltwunder«, Düsseldorf 1982

Dummermuth, Fritz: »Biblische Offenbarungsphänomene«, »Theologische Zeitschrift« Nr. 21/1965

Eichrodt, W.:»Das Alte Testament deutsch«, Göttingen 1968
Hauck, Albert:»Realenzyklopädie für Protestantische Theologie
und Kirche«, 16. Jahrgang, Heft 12, Tübingen 1912
Smend, Rudolf:»Der Prophet Ezechiel«, Leipzig 1880

11   Salomo, die Königin von Saba und eine Flugmaschine

»Ältägyptische Märchen«, übertragen von E. Brunner-Traut,
Köln 1986
Calvocressi, Peter:»Who's Who in der Bibel«, Stuttgart 1993
Däniken, Erich von:»Prophet der Vergangenheit«, Düsseldorf,
Wien 1979
Dendl, Jörg:»Herkunft und Verbleib der Bundeslade aus histori-
scher Sicht«,»G.R.A.L.«-Sonderband 1, 3. Auflage, Berlin
1993
Diederichs, Inge:»Märchen aus dem Land der Königin von
Saba«, München 1987
Ginzberg, Louis:»Legends of the Bible«, Philadelphia 1968
Hancock, Graham:»The Sign and the Seal«, London 1992
»Koran«, Übersetzung von Friedrich Eberhard Boysen, Halle
1773, 27. Sure (»Ameisensure«)
Littmann, Enno:»The Legend of the Queen of Sheba in the Tra-
dition of Axum«, Leyden 1904
Walker, Barbara G.:»Das Geheime Wissen der Frauen«, Frank-
furt 1993

12   Tempel, Raumschiffe und Atombomben

Allgemeine Literatur:

Berlitz, Charles:»Weltuntergang 1999«, Wien, Hamburg 1981
Däniken, Erich von:»Raumfahrt im Altertum«, München 1993
Davenport, David W.:»2000 A.C. Distrizione Atomica«, Mai-
land 1979
Mooney, Richard E.:»Gods of air and darkness«, New York
1975

Sachmann, Hans-Werner: »In Schutt und Asche«, Baden Baden 1989

Thompson, Richard L.: »Vedic Cosmography and Astronomy«, Los Angeles, Bombay 1990

Volwahsen, Andrea und Stierlin, Henri (Hrsg.): »Architektur der Welt«, Band 9, Indien, Lausanne o. J.

Empfehlenswerte Quellentexte:

Meine Ausführungen über die vedische Literatur des alten Indien basieren auf umfangreichen Recherchen in diversen Universitätsbibliotheken. Viele der heiligen Texte existieren zwar in englischer Übersetzung, sind aber – wenn überhaupt – nur schwer zugänglich. Die folgenden Angaben sollen es dem interessierten Laien ermöglichen, die Zitate des Autors zu überprüfen und sich noch intensiver mit der spannenden Thematik auseinanderzusetzen.

Den besten Überblick mit ausführlichen, wissenschaftlich verwertbaren Quellenangaben bietet das Werk:

Kanjilal, Dileep Kumar: »Fliegende Maschinen im Alten Indien«, abgedruckt in: Erich von Däniken: »Habe ich mich geirrt?«, München o. J.

Bei Professor Kanjilals Arbeit handelt es sich um eine Kurzfassung von:

Kanjilal, Dileep Kumar: »Vimana in ancient India«, veröffentlicht von Sanskrit Pustak Bhandar, 38, Bidhan Sarani, Calcutta 700 006, 1985. Verlagsanschrift: Arunima Printing Works, 81, Simla Street, Calcutta 700 006, Indien.

Eine deutsche Fassung des wichtigen Werkes kursiert als Fotokopie, steht zur Veröffentlichung an. Die Übersetzung ins Deutsche wurde von Frau Julia Zimmermann, Bonn, vorgenommen.

»Vymaanika-Shastra« ist der vielleicht wichtigste altindische Text über Raumfahrt im alten Indien. Eine komplette Übersetzung des Textes ins Englische findet sich bei:

Childress, David Hatcher: »Vimaana Aircraft of Ancient India«, Stelle, Illinois, USA, 1991. Publiziert wurde der Text auch in Indien: »Vymaanika-Shastra Aeronautics«, übersetzt ins Englische, herausgegeben und veröffentlicht von G. R. Joyser, Mysore, Indien 1979.

Zahlreiche Hinweise auf Astronautengötter im alten Indien enthält auch das »Mahabharata«. Für intensive Beschäftigung mit diesem Werk empfiehlt sich die Ausgabe:
Chandra Protap Roy: »The Mahabharata«, Calcutta 1888.
Eine deutsche Übersetzung und Zusammenfassung bietet:
Biren Roy: »Das Mahabharata«, Düsseldorf, Köln 1961. (Achtung: zusammengefaßter Text!)
Ebenso als Quellenwerke empfehlenswert sind:
Bopp, Franz: »Ardschunas Reise zu Indras Himmel«, Berlin 1824
Ramachandra Dikshitar: »War in Ancient India«, Madras, London 1944
Geldner, Karl Friedrich: »Der Rig Veda«, Wiesbaden 1951

13 Sprechende Statuen, heilige Steinkreise, Telepathie

Anonym: »The Conquest of Peru«, New York 1929
Brönnle, Stefan: »Landschaften der Seele«, München 1994
Däniken, Erich von: »Erinnerungen an die Zukunft«, Neuauflage, München 1992
Davies, Nigel: »Die Azteken«, Düsseldorf 1974
Deveraux, Paul: »Earth Light Revelation«, Blandford 1989
Jaynes, Julian: »Der Ursprung des Bewußtseins durch den Zusammenbruch der bikameralen Psyche«, Hamburg 1988
Langbein, Walter-Jörg: »Als Steine reden konnten – Gab es einst ein weltweites Kommunikationssystem?«, Vortragsmanuskript, Vortrag gehalten am 20. 10. 1984 auf dem One-Day-Meeting der Ancient Astronaut Society in Freiburg
–: »Das Geheimnis von Stonehenge«, Beitrag in Wulfing von Rohr (Hrsg.): »Orte der Kraft-Kräfte des Leben«, Münsingen-Bern 1991
Squier, E. G.: »The primeval Monuments of Peru compared with those in other parts of the world«, American Naturalist, 4/1870

Colligan, Douglas: »Mayan Astronomy – Science of a super civilization«, »Science Digest«, Februar 1974

Cordan, Wolfgang: »Popol Vuh – Das Buch des Rates«, Düsseldorf 1962

Kohlenberg, Karl F.: »Enträtselte Vorzeit«, München 1970

Krickeberg, Walter: »Märchen der Azteken und Inkaperuaner, Maya und Muisca«, Jena 1928

Lehmann, Walter: »Die Geschichte der Königreiche von Colhuacan und Mexico«, Stuttgart 1938

Markman, Roberta und Markman, Peter: »The flayed god. The Mythology of Mesoamerica«, New York 1992

Schultze-Jena, Leonhard: »Popol Vuh – Das heilige Buch der Quiche-Indianer von Guatemala«, Stuttgart 1944

15   Kontakt – UFOs auf dem Radarschirm

Bowen, Charles: »Beyond Condon«, »Flying Saucer Review«, London 1969

Fort, Charles: »The book of the damned«, in: Charles Fort: »The complete books of Charles Fort«, New York 1974

Good, Timothy: »Sie sind da«, Frankfurt 1992

Keel, John A.: »Operation Trojan Horse«, London 1971

Popowitsch, Maria: »UFO-Glasnost. Ein Geheimnis wird enthüllt«, München 1991

Spencer, John: »UFOs, the definitive casebook«, London, New York 1991

Trench, Brinsley Le Poer: »The Sky People«, London 1960

Vallee, Jacques: »Konfrontationen«, Frankfurt 1994

Young, Mort: »UFO – Top secret«, New York 1967

16   Roswell – Zwerge aus dem All

Berlitz, Charles und Moore, William: »Der Roswell-Zwischenfall«, Wien, Hamburg 1980

Eberhart, George (Hrsg.): »The Roswell Report – A historical perspective«, Chicago 1991
Hazard, Christine: »Did the airforce hush up a flying saucer crash?«, »Woman's World«, 27. Februar 1990
Hughe, Patrick: »UFO-Files«, »New York Times Magazine«, 14. Oktober 1979
Palmer Ray und Arnold, Kenneth: »The coming of the saucers«, Amherst 1952
Randle, Kevin D. und Schmitt, Donald R.: »The truth about the UFO crash at Roswell«, New York 1994
Stringfield, Leonhart H.: »Situation Red«, New York 1977
–: »UFO crash«, »Status Report II«, Seguin, 1980
–: »UFO crash«, »Status Report III«, Cincinnati 1982
–: »UFO crash«, »Status Report VI«, Cincinnati 1991
–: »UFO crash«, »Status Report VII«, Cincinnati 1994

17 Animal Mutilations – Versuch einer Annäherung an einen realen Alptraum

Adams, Tom: »The choppers and the choppers«, überarbeitete Fassung, Paris, Texas 1991
Duplantier, Gene: »The night mutilator«, Ontario, Kanada, 1979
Fiebag, Johannes: »Die Anderen«, München 1993
Fort, Charles Hoy: »The complete books of Charles Fort«, New York 1974
Good, Timothy: »Sie sind da«, Frankfurt 1992
Langbein, Walter-Jörg und Sachmann, Hans-Werner: »Charles Hoy Fort – der Chronist des Unerklärlichen«, »Ancient Skies«, Heft 6/1994
Little, D. und Gregory, L.: »Grand Illusions«, Memphis 1994
Moulton Howe, Linda: »An alien harvest«, Littleton, Colorado, 1989

18 Kleine Wesen – große Killer ... aus dem All!

Farkas, Viktor: »Unerklärliche Phänomene jenseits des Begreifens«, Frankfurt 1988

Fiebag, Johannes: »Kontakt«, München 1994
Keel, John A.: »Mysterious beings«, New York 1994
Moulton Howe, Linda: »Earth Mysteries«, Dokumentarfilm, 1990
-: »Glimpses of other realities«, Huntingdon Valley, Pennsylvania 1993
Nagaitis, Carl und Mantle, Philip: »Without consent«, London 1994
Sanders, Ed: »The mutilation mystery«, »Oui«, September 1976
Vallee, Jacques: »Messengers of deception«, Berkeley 1979
Wolverton, Keith und Donovan, Roberta: »Mystery stalks the prairie«, Raynesford, Montana, 1976

19 »Missing time« – gestohlene Zeit

Fiebag, Johannes: »Kontakt«, München 1994
Ludwiger, Illobrand von: »Der Stand der UFO-Forschung«, Frankfurt 1992
Mack, John E.: »Abduction. Human encounters with aliens«, New York 1994
Rogo, Scott (Hrsg.): »True cases of alien kidnappings«, New York 1980
Sprinkle, Leo: »Hypnotic and psychic implications in the investigation of ufo-reports«, in: C. E. Lorenzen: »Encounters with ufo occupants«, New York 1976
Vallee, Jacques: »Confrontations. A scientist's search for alien contact«, New York 1990

20 Genesis II – eine neue Schöpfung

Fiore, Edith: »Abductions. Encounters with extraterrestrials«, London 1989
Hopkins, Budd: »Intruders«, New York 1987
Jacobs, David: »Secret lives«, New York 1992
Mack, John E.: »Abduction. Human encounters with aliens«, New York 1994
Wilson, Clifford: »The alien agenda«, New York 1988

Clark, Jerome und Coleman, Loren: »The unidentified«, New York 1975

Cohen, Daniel: »The great airship mystery«, New York 1981

Gross, Loren: »The UFO wave of 1896«, Fremont, Kalifornien, 1974

Lore, Gordon und Denault, Harold: »Mysteries of the skies«, Engelwood Cliffs, New Jersey, 1968

Menzel, Donald und Taves, Ernst: »The UFO-enigma«, Garden City, New York 1977

Popowitsch, Marina: »UFO-Glasnost. Ein Geheimnis wird enthüllt«, München 1991

Raab, Wladislaw: »Humdat-Analyse«, in: »Ufo-Report«, Heft 3, 1994

Story, Ronald (Hrsg.): »The encyclopedia of UFOs«, Garden City, New York 1980

Nachwort: Die Rückkehr der Astronautengötter

Barth, Hans: »Hermann Oberth – Begründer der Weltraumfahrt«, Feucht 1991

Hesse-Wartegg, Ernst von: »Die Wunder der Welt«, Band I, Stuttgart, Berlin, Leipzig (o. J., um 1910)

»Arche Noah als Ozeanriese«, »Illustrierte Wissenschaft«, Juni 1994

Oberth, Hermann: »Mensch im Weltraum«, Düsseldorf 1954

Vorilhon, Claude: »Space aliens took me to their planet«, Vaduz, Liechtenstein 1978

Anmerkung des Autors:

Zahlreiche Werke von grundlegender Bedeutung zum Thema meines Buches sind bei Ullstein als Taschenbücher erschienen, etwa »Die Manna-Maschine« von George Sassoon und Rodney Dale (Ullstein Taschenbuch 35 462) oder »Da tat sich der Himmel auf« von Josef F. Blumrich (Ullstein Taschenbuch 35 447).

Register